21 世纪高等院校创新课程规划教材

国际贸易实务

主　编　琚向红

副主编　姜　红　何勇金　陈福炯

中国财经出版传媒集团

经济科学出版社
Economic Science Press

·北京·

图书在版编目（CIP）数据

国际贸易实务 / 琚向红主编；姜红，何勇金，陈福
炯副主编 . -- 北京：经济科学出版社，2024.8
21 世纪高等院校创新课程规划教材
ISBN 978 - 7 - 5218 - 5799 - 3

Ⅰ. ①国…　Ⅱ. ①琚… ②姜… ③何… ④陈…　Ⅲ.
①国际贸易 - 贸易实务 - 高等学校 - 教材　Ⅳ. ①F740.4

中国国家版本馆 CIP 数据核字（2024）第 072201 号

责任编辑：周胜婷
责任校对：郑淑艳
责任印制：张佳裕

国际贸易实务

主　编　琚向红

副主编　姜　红　何勇金　陈福炯

经济科学出版社出版、发行　新华书店经销

社址：北京市海淀区阜成路甲 28 号　邮编：100142

总编部电话：010 - 88191217　发行部电话：010 - 88191522

网址：www. esp. com. cn

电子邮箱：esp@ esp. com. cn

天猫网店：经济科学出版社旗舰店

网址：http: //jjkxcbs. tmall. com

固安华明印业有限公司印装

787 × 1092　16 开　17.25 印张　380000 字

2024 年 8 月第 1 版　2024 年 8 月第 1 次印刷

ISBN 978 - 7 - 5218 - 5799 - 3　定价：56.00 元

（图书出现印装问题，本社负责调换。电话：010 - 88191545）

（版权所有　侵权必究　打击盗版　举报热线：010 - 88191661

QQ：2242791300　营销中心电话：010 - 88191537

电子邮箱：dbts@ esp. com. cn）

前言
QIANYAN

随着经济一体化与经济全球化的发展，国与国之间的贸易往来越来越密切。在我国持续扩大开放、深化改革和加大对外贸易的新形势下，为更好地适应我国对外贸易活动的开展，以及满足教学和相关从业人员的需求，我们根据国内外最新修订、公布的有关法规和国际贸易惯例，结合近几年来国际贸易实践中出现的新情况、新做法，编写了这部教科书。

国际贸易是一门研究国家或地区间商品交换具体过程的学科，本教材集理论性、涉外性、实践性和政策性于一体，对从事实际国际贸易活动具有重要的实践指导意义。全书共分11章，主要介绍了国际贸易中涉及的贸易术语、货物运输、货物保险、货款结算、商品检验、争议与处理、合同的磋商、合同的签订与履行、贸易方式以及国际电子商务等内容。

在编写过程中，始终贯彻以下编写原则：

（1）紧跟时代特点，反映最新国际贸易实务理论，体现这一学科的发展性和变化性趋势。

（2）强调理论性与实践性有机结合，在系统介绍国际贸易实务理论的同时，从实务性出发，务真求实。

（3）从系统性和实用性角度出发，既考虑到理论体系的系统性完整性，又兼顾国际贸易实用性的要求，内容简明清晰。

（4）采用合一式编写方法，适应学生自主学习的需求。

全书每章都设置了"学习要求""引题案例""阅读资料""本章要点""练习题""课堂讨论题"等栏目，这种合一式编写方法，体现了开放教育和自主学习需求的特点，有利于学生明确教学目的与要求，掌握各章的重点和难点；引题案例，可以使学生初步了解本章所涉及的知识点；本章要点部分，有利于师生对整章内容的梳理与回顾；练习题，便于学生巩固所学知识点；课堂讨论题，便于教师组织学生进行小组学习与讨论。

本教材由浙江开放大学教师琚向红任主编，姜红、何勇金、陈福炯任副主编，最后由琚向红负责总纂、统稿和定稿。

各章编写分工如下：琚向红编写第一章、第二章、第四章、第五章、第八章、附录；陈福炯编写第四章、第五章、第十一章；姜红编写第三章、第九章；何勇金编写第七章、第十章；王凯编写第六章。

　　本书在编写过程中，参阅和引用了国内外有关论著的资料、观点及其他文献资料，引用了一些国际贸易实务案例，从网站上也引用了一些资料数据，书中未一一列出，在此编者一并表示衷心的感谢。限于时间仓促，水平有限，书中可能存在缺点和不足之处，敬请读者不吝批评指正。

编者

2024 年 5 月

目录
MULU

第一章 绪 论

学习要求

●·重点·●

(1) 国际贸易的特点。

(2) 国际贸易经济法。

(3) 外贸从业人员的职业素质要求。

●·掌握·●

(1) 国际贸易实务的概念。

(2) 国际贸易的概念。

(3) 国际贸易实务的主要研究内容。

(4) 外贸从业人员的概念。

●·了解·●

(1) 国际贸易实务的研究对象。

(2) 外贸从业人员的知识要求。

引题案例

卖方甲在某年 3 月向贸易商乙发实盘，乙转至客户丙确认接受，寄回的确认书因投递原因于 7 月初才送达卖方，此时货价已猛涨几倍，双方发生纠纷。问：本契约是否有效？卖方能否要求加价？为什么？

按照《联合国国际货物销售合同公约》，如果卖方甲向贸易商乙发实盘，只有乙接受时才有效，客户丙接受则无效，所以合同不成立。如果客户丙欲向卖方甲采购，可另外磋商，甲完全可以加价。本案例涉及的知识点正是本章所要研究的主要内容之一。

第一节　国际贸易实务的研究对象与内容

一、国际贸易实务的研究对象

国际贸易是国际经济活动中最主要和最基本的形式，也是促进世界经济发展的重要因素。随着世界市场的不断发展和国际分工的不断细化，国际贸易也不断地扩大和发展。各国要实现国民经济的增长，都必须大力发展对外贸易。国际贸易与国内贸易不同，虽然都是商品交换，但国际贸易远比国内贸易复杂得多，不仅涉及的法律不同，而且在面临风险、业务操作及经营管理上都与国内贸易存在很大的差异。国际贸易实务，有时也被称作进出口贸易实务，是一门实务操作性课程。广义的国际贸易实务是指包含国际货物买卖、加工贸易、租赁贸易、技术贸易和劳务输出业务在内的商品交换过程。狭义的国际贸易实务是指国际货物买卖。因实践操作过程中，技术贸易、服务贸易与货物贸易脱胎于货物买卖，所以本课程立足于狭义的国际贸易实务，即研究国际货物贸易的具体运作过程。

二、国际贸易实务的研究内容

国际贸易实务是集涉外性、理论性和实践性于一体的一门综合应用性学科，它的主要研究内容有以下几个方面。

（一）国际贸易程序

国际贸易程序是指进出口实务操作是按照什么样的流程进行的过程。通常情况下，国际贸易程序可分为四个阶段：一是交易前准备阶段，该阶段主要涉及申请进出口许可证、市场调研与目标市场选择、对客户进行资信调查和拟定进出口经营方案等；二是贸易磋商与合同订立阶段，该阶段主要包括询盘、发盘、还盘和接受，最后是订立合同；三是合同履行阶段，在签订合同后，买卖双方履行合同，并注意相关问题，以避免违约；四是业务善后阶段，该阶段主要涉及出口收汇核销和出口退税，以及可能出现的业务善后与索赔工作。

（二）国际贸易条件

在国际贸易实务中，买卖双方为实现各自的经济利益，必然会围绕贸易条件展开谈判，在各项贸易条件磋商达成一致后，以合同的形式确立下来，并按订立好的合同行使权利，履行义务。另外，《联合国国际货物销售合同公约》① 中明确规定，合同中应包括商品条件、价格条件、装运条件、货物运输保险条件、支付条件和争议与违约处理条件等。

（三）国际贸易法律规范

国际贸易必须在一定的法律规范体系下运行，这样才能保证国际贸易合理合法、持久有序，才能保证进出口贸易商的合法权益不受侵害。

（四）国际贸易方式

国际贸易方式是指国际贸易中采用的各种方法。随着国际贸易的发展，国际贸易方式也日趋多样化，涌现出不少综合性的贸易方式。除采用逐笔售定的方式外，还有包销、代理、寄售、拍卖、招标与投标、期货交易、对销贸易等。此外，跨境电商也是一种新的国际贸易方式。

第二节　国际贸易的特点

一、国际贸易的概念

国际贸易（international trade）也叫世界贸易，描述的是不同国家或地区之间进行的商品和劳务交换活动。这种贸易行为由两个部分组成，即进口贸易（import trade）和出口贸易（export trade），因此有时也被简称为进出口贸易。

二、国际贸易与国内贸易的区别

国际贸易实务是从实务的角度出发，来研究国际贸易的具体交换过程。国际贸易是一个复杂的过程，涉及的部门多、环节多、范围广、手续烦琐。它与国内贸易相比较，既有一定的相同点，又有各自不同的特性。其相同点主要表现在：两者在社会再生产中的地位相同，都处在社会再生产中的交换环节；都通过商品交换来实现商品的价值，具有共同的商品运动方式；都受到商品经济规律的影响和制约。两者的主要区别在于：国内贸易是发生在一国内部或国民经济范围内的商品交换活动，而国际贸易是越过关境、超出国民经济范围进行的商品交换活动。关境是两者最明显的区分依据。

---

① 《联合国国际货物销售合同公约》（the United Nations Convention on Contracts for the International Sale of Goods，CISG）是由联合国国际贸易法委员会主持制定的，1980 年在维也纳举行的外交会议上获得通过。该公约于 1988 年 1 月 1 日正式生效。

三、国际贸易的特点

由于各国在生产力发展水平、社会经济制度和文化制度等方面存在着差异，经济政策和对外贸易政策也不同，国别界限客观上阻碍了商品的自由流通。但经济的全球化又要求商品交换跨越关境，把各国经济联结成为一个世界范围的互相联系、互相依赖的整体，这就决定了国际贸易不同于国内贸易的特点。

（一）参与主体的双重性，体现国家对外经济政策

国际贸易不仅是厂商与厂商之间的贸易关系，也是国家与国家之间的贸易关系，也就是说，参与贸易的主体具有双重性。而且一国为了维持国际收支平衡，保护民族工业发展以及保证正常的国民经济秩序运行，往往采取一些政策和措施来干预国际贸易，如各国政府都设有海关，制定有关进出口贸易措施，鼓励出口或限制进口，从一个国家的对外贸易情况中，可以看出该国的对外经济政策。

（二）情况复杂，风险大

与国内贸易不同，国际贸易所涉及的情况比国内贸易复杂得多，所面临的贸易风险也比国内大得多。

1. 信用风险

在国际贸易中，从磋商交易到订立合同，再到卖方交货，买方付款，需要经过相当长的一段时间。在此期间，买卖双方的财务状况可能发生变化，有时危及履约，给对方造成损失，导致信用风险的出现。

2. 商业风险

在交货过程中，如果出现货样不符、交货期晚、单证不符等情况，进口商往往会拒收货物或拒付，从而给出口商带来商业风险。

3. 汇率风险

在国际贸易中，买卖双方必须有一方要采用外币进行计价、结算和支付，这就发生了两种货币的兑换问题。如果汇率波动大，信息不灵，措施不力，就可能出现汇兑风险，给有关国家在进出口贸易、国际收支、国际储备、物价等方面带来影响。

4. 运输风险

国际贸易的运输里程超过国内贸易，情况也比较复杂，可能会遇到一些突发性事件，如暴风雨、海啸、运输工具故障等，导致货物损失或因延期到达造成的损失。

5. 价格风险

价格风险主要是指从订立合同到货物到达目的地期间所发生的价格变化而导致的交易者的损失。国际市场价格瞬息万变，双方签订合同后，货价可能上涨或下跌，无论出现何

种情况，都会给贸易的一方带来经济损失。而且国际贸易多为大宗买卖，这使得双方面临的价格风险更大。

6. 政治风险

国际贸易经济活动经常会受到所在国家或有关国家政治因素的影响，如贸易对象国发生政局变动、政策改变、军事冲突等，都会给交易者造成损失。

（三）竞争更加激烈

与国内贸易相比，国际贸易有着更广阔的发展空间，这不仅有利于厂商在更大的范围内开发和利用资源、拓展市场，同时也意味着他们将在竞争中面临更大的挑战。在国际贸易环境中，厂商将遇到更多、更强的竞争对手，特别是来自发达国家的企业，他们在资本实力、管理手段和技术水平方面都占据优势。此外，国际贸易中的竞争方式也更加多样和复杂，竞争不仅依赖于厂商自身的实力，还得到了国家的支持。除了价格竞争，还有非价格竞争等多种竞争形式。

（四）需求多样性明显

由于各国在经济发展水平、风俗习惯、宗教信仰及文化传统等方面存在差异，具有不同的需求特点，因此企业在出口商品时一定要考虑到国际市场的需求多样性。

1. 经济发展水平对市场需求的影响

一般来说，经济发达国家具有高收入、高消费、高福利等特点，他们的购买力强，市场容量大，对商品的需求表现为高质量、高档次。发展中国家与发达国家相比，购买力较弱，市场容量远不如发达国家大，多数消费者首先要解决生存或温饱问题，对商品的需求更多地倾向于经济适用。

2. 风俗习惯、宗教信仰对市场需求的影响

不同的国家、民族具有不同的风俗习惯和宗教信仰，这也对市场需求带来影响。如日本人喜欢吃泥鳅，但黄鳝很难销售。又如熊猫在世界上许多地方都很受欢迎，但不能把有熊猫图案、商标的商品输往伊斯兰国家。诸如此类，说明在国际贸易中要注意了解贸易对象国的风俗民情、宗教信仰，要实地调查，否则会对商品的销售带来麻烦。

3. 文化传统对市场需求的影响

主要表现为语言、文字、图案、颜色、数字等对市场的影响。比如，要注意到语言的一词多义以及各个国家、地区对语言的不同解释和习惯用法，如大象在英国被认为是大而无用的东西，印有"elephant（大象）"字样的商品在英国就很难销售。此外，还要注意到不同的国家、地区对图案、颜色的不同喜好或忌讳；还要注意到数字的使用，有的数字在一些国家、地区受到欢迎，在另外一些地方则要回避。

第三节　国际贸易经济法

在国际贸易中，货物的买卖既是一种经济行为，又是一种法律行为，体现了买卖双方当事人的意志。因此在订立国际贸易合同时，必须遵循一定的法律规范。通常情况下，国际贸易合同适用的法律规范主要有三种：各国国内的对外贸易立法、国际贸易惯例、国际贸易条约或协定。

一、各国国内的对外贸易立法

各国国内的对外贸易立法，主要包括各国制定的有关本国对外贸易方面的法律、法规、条例、规章、办法、决议以及法令等规范性文件，如美国的《统一商法典》、英国的《货物买卖法》。我国的对外贸易法律有《中华人民共和国对外贸易法》《中华人民共和国民法典》等。各国国内的对外贸易立法主要可分为两大法律体系。

一是大陆法系（continental law system），又称民法法系（civil law system）、罗马法系、法典法系、罗马－德意志法系或成文法法系，是以罗马法为基础发展起来的法律的总称。大陆法系最先产生于欧洲大陆，以罗马法为历史渊源，以民法为典型，以法典化的成文法为主要形式。大陆法系包括两个支系，即法国法系和德国法系。在大陆法系中，各国把有关贸易的法律编入民法典中，作为民法典的一个重要组成部分。属于这一法系的国家，除法国和德国外，还有瑞士、比利时、奥地利、荷兰、意大利、西班牙、葡萄牙等一些欧洲国家，以及明治维新后的日本和拉丁美洲的一些国家。

二是英美法系（Anglo-American law system），又称普通法系（common law system）、英国法系或判例法系，是以英国自中世纪以来的法律，特别是以普通法为基础发展起来的法律的总称。英美法系国家通常不分民法与商法，没有民法典，也没有商法典，这些国家的贸易法通常由两部分组成：（1）由法院判例形成的普通法原则；（2）由立法机关通过颁布单行法规的形式制定成文的货物买卖法。采用这一法系的国家除英国（不包括苏格兰）、美国（不包括路易斯安那州）外，还有加拿大（不包括魁北克省）、澳大利亚、新西兰等国家和地区。

由于历史传统和发展背景上的差异，两大法系的基本法律原则和风格有一定差别，而且它们的差别仍会继续存在。

二、国际贸易惯例

国际贸易惯例（international trade practice）是指在长期的国际贸易活动中，经过反复实践形成的，并逐渐被普遍接受和遵守的商业习惯或做法。它本身并不是法律。由于目前国际贸易公约数量较少，调整的范围有限等，很多国际贸易关系只能依据国际贸易惯例来处理。国际贸易惯例实际上已成为国际贸易法的主要渊源，被各国在立法中予以认可或接受。

与法律和公约相比，国际贸易惯例具有一定的法律约束力，但并非强制性的。一般说来，国际贸易中，当事人有自由选择合同所适用的法律或公约或惯例的权利，如果当事人通过合同直接约定适用某一惯例，该惯例就成为合同的一部分，对当事人有约束力。当事人可以在合同中明确修改、补充或排除惯例。当合同与惯例相抵触时，应以合同规定为准，对于合同没有规定的事项，则应以合同所援引的惯例办理。如果合同当事人没有在合同中明确规定适用惯例，根据《联合国国际货物销售合同公约》第九条规定，"除非另有协议，双方当事人应视为已默示地同意对他们的合同或合同的订立适用双方已知道的或理应知道的惯例，而这种惯例，在国际贸易上已为有关特定贸易所涉及同类合同的当事人所广泛知道并为他们所经常遵守"。

作为国际商法渊源的国际贸易惯例，具有以下特点：（1）它是在长期国际贸易实践中逐渐形成的，并为从事特定贸易的商人们所共知的行为规则。（2）它有明确的内容，能确定合同当事人之间的权利义务关系，因而被有关国家和当事人接受。（3）在效力上，它属于任意性规范，即只有当事人根据"意思自治"原则在合同中明示或默示适用某项惯例时，该项惯例才对他们产生法律约束力。

国际贸易惯例有成文和不成文两种形式，效力相同。成文的国际贸易惯例是指由某些国际组织或某些国家商业团体根据长期形成的商业习惯或者做法而制定的规范性文件。比如，《美国1941年对外贸易定义修订本》、国际商会制定的《2000年国际贸易术语解释通则》《国际销售示范合同》《跟单信用证统一惯例》（第500号出版物）、国际法协会1932年制定的《华沙—牛津规则》以及国际统一私法协会1994年编撰的《国际商事合同通则》等，都是具有广泛影响力的成文惯例。不成文的贸易惯例范围更大，特定地区、特定行业、特定交易都有其特有的惯例，比如，由于长期使用标准合同而在某些行业中形成的行业惯例，世界上一些主要贸易港口的港口码头惯例等。

三、国际贸易条约或协定

国际贸易条约或协定是两国或多国为设定、变更或终止他们之间有关国际贸易的权利义务关系而达成的协议。按照参与国的多少和效力范围不同，国际贸易条约和协定分为双边和多边两种。前者如1979年的《中美贸易关系协定》，后者如1980年的《联合国国际货物销售合同公约》和1978年的《联合国海上货物运输公约》等。国际贸易公约属于制定法或成文法，是国家立法的重要组成部分，只是这种立法表现为与其他国家达成的协议，而国家普通立法是一个国家单独进行的主权行为。

根据国家主权原则，只有一国正式参加的国际公约才对该国具有法律效力。国际贸易公约的法律效力要高于国内法效力，当国内法与该国参加的国际公约相抵触时，应以公约为准，但缔约国声明保留的除外。这一国际法的基本原则有时被概括为"条约必须遵守"或者"公约优先适用"原则。

在全球化的贸易环境中，一些具有广泛影响力的贸易公约在各个领域起着重要的作用。在国际货物贸易领域，几个重要的公约包括《联合国国际货物销售合同公约》《国际货物买卖时效期限公约》《国际货物买卖合同法律适用公约》等。这些公约为国际贸易提供了法律依据和规范。

在货物运输方面，1924 年的《统一提单的若干法律规则的国际公约》（简称《海牙规则》）和 1978 年的《联合国海上货物运输公约》（简称《汉堡规则》）等公约具有很高的影响力。

在国际贸易支付方面，1930 年的《日内瓦统一汇票本票法公约》对国际贸易支付的法律规范起到了重要作用。

在知识产权领域，1883 年的《保护工业产权巴黎公约》和 1891 年的《商标国际注册马德里协定》等公约为知识产权的保护提供了国际法律依据。

在协调各国外贸政策方面，主要有 1947 年的《关税与贸易总协定》及 1995 年的《马拉喀什建立世界贸易组织协定》等。

此外，在处理国际贸易问题时，要遵循最惠国待遇原则、互惠待遇原则和国民待遇原则三个基本的国际贸易条约的法律原则。

第四节　外贸从业人员基本素质

一、外贸从业人员的概念

外贸从业人员是指国际贸易中从事对外贸易业务的销售人员。他们不仅要寻找客户，还要进行贸易磋商、签订合同、组织履行、核销退税和处理争议等综合性活动。

二、外贸从业人员的职业素质要求

（一）基本心态

（1）热爱外贸工作，永不放弃。

（2）站在客户的立场上想问题、做事情。

（3）勤奋工作，虚心学习。

（4）有良好的自信心。

（二）职业素质

（1）爱国精神。外贸从业人员要有爱国之心，在从事外贸活动时，要维护祖国的尊严。

（2）守法精神。每个外贸从业人员都要遵纪守法，遵循国际贸易法律法规，依法办事。

（3）忠诚品质。外贸从业人员要忠诚于企业，要从企业的利益出发，争取维护企业的最大利益，从而实现个人的利益追求。

（4）团队精神。外贸从业人员要具有团队合作精神，要以大局为重，与同事精诚合作。

（5）诚信品质。外贸业务员对待客户要诚实守信。

（6）敬业精神。外贸从业人员必须具备敬业精神，吃苦耐劳，热爱本职工作。

（7）责任意识。外贸从业人员要一丝不苟、严谨细致，做好贸易中的每一个环节。

（8）开拓精神。外贸从业人员要具有开拓精神，要积极进取，不断开拓市场。

三、外贸从业人员的职业能力要求

（1）市场营销能力。外贸从业人员应能够寻找市场机会，培育开发客户群；能利用各种途径宣传企业，扩大企业的知名度。

（2）商务谈判能力。外贸从业人员应掌握一定的谈判实务技能，具有较好的随机应变能力。

（3）函电处理能力。外贸从业人员应具有较好的函电处理能力，能准确熟练地处理各种函电。

（4）综合管理能力。外贸从业人员应能对进出口业务进行系统全面的管理。

（5）信息处理能力。外贸从业人员应能高效、及时地处理外贸业务中的各类信息。

（6）人际沟通能力。外贸从业人员应具备较好的沟通能力，与外商客户保持友好的、可持续的业务关系。

（7）持续学习能力。外贸从业人员应不断地学习，熟悉各国贸易法规，补充相关的外贸知识。

四、外贸从业人员的知识要求

（1）政策水平。外贸从业人员必须熟悉我国对外经济贸易方面的方针政策和具体措施。同时应具有较高的政策水平、策略水平和较好的心理素质，并善于机动灵活地处理洽商过程中出现的各种问题。此外，在我国"一带一路"建设中，外贸从业人员要有政策觉悟，要有意识地推动"一带一路"高质量发展。

（2）商品知识。外贸从业人员必须了解进出口产品的生产流程，对产品品质能够准确作出判断，对产品的主要材料有一定的了解，能够草拟专业的报价单，熟悉工厂运营方式的组织机构构成。

（3）企业知识。外贸从业人员必须了解企业的地位、战略、战术、定价、策略、交货、付款方式等；了解企业是否具有增加生产的能力、应变的能力、控制质量的能力及维持信誉的能力；了解企业能否保证质量始终如一，并提供定时服务，以及是否具有新产品设计能力等。

（4）行业知识。外贸从业人员必须对竞争对手的产品有一定的了解；对从事的行业有正确的整体把握；对国外的同类产品有详细的了解。

（5）市场营销知识。外贸从业人员必须了解客户需求，掌握一定的客户管理知识，熟悉客户的基本情况，如客户数量、特点、需求偏好、购买动机与习惯、资信情况、所处的地点等，研究客户需求以及满足需求的思想、战略、方法、途径等。

（6）外贸知识。外贸从业人员必须熟悉各国关税制度以及非关税方面的规定；熟悉国际汇兑方面的知识、保险知识、运输知识、WTO 的相关规定、EDI 方式；熟悉货运、报关、检验等手续。

（7）法律知识。外贸从业人员必须熟悉贸易各方的合同法、反不正当竞争法、反倾销条例、知识产权法等法律法规；了解国际贸易、国际技术转让和国际运输等方面的法律、惯例以及有关国家的外汇制度和税法等方面的知识。

（8）外语知识。外贸从业人员必须熟练地掌握外语，能处理外文函电并用外语直接洽谈交易。

本章要点

（1）国际贸易是国际经济活动中最主要和最基本的形式，也是促进世界经济发展的重要因素。本课程立足于狭义的国际贸易实务，即研究国际货物贸易的具体运作过程。

（2）国际贸易实务是集涉外性、理论性和实践性于一体的一门综合应用性学科，它的主要研究内容有：国际贸易程序；国际贸易条件；国际贸易法律规范；国际贸易方式。

（3）国际贸易也叫世界贸易，是指不同国家或地区之间的商品和劳务的交换活动。国际贸易由进口贸易和出口贸易两部分组成，故有时也被称为进出口贸易。

（4）国际贸易与国内贸易既有相同点也有区别。它们的相同点主要表现在：两者在社会再生产中的地位相同，都处在社会再生产中的交换环节，通过商品交换来实现商品的价值，具有共同的商品运动方式，受商品经济规律的影响和制约。两者的主要区别在于：第一，国内贸易是发生在一国内部或国民经济范围内的商品交换活动；第二，国际贸易是越过关境、超出国民经济范围进行的商品交换活动。关境是两者最明显的区分依据。

（5）国际贸易的特点：参与主体的双重性，体现国家对外经济政策；情况复杂，风险大；竞争更加激烈；需求多样性明显。

（6）国际贸易合同适用的法律规范主要有三种：各国国内的对外贸易立法；国际贸易惯例；国际贸易条约或协定。

（7）外贸从业人员是指国际贸易中从事对外贸易业务的销售人员。他们不仅要寻找客户，还要进行贸易磋商、签订合同、组织履行、核销退税和处理争议等综合性活动。

（8）外贸从业人员的职业素质：爱国精神；守法精神；忠诚品质；团队精神；诚信品质；敬业精神；责任意识；开拓精神。

（9）外贸从业人员的职业能力要求：市场营销能力；商务谈判能力；函电处理能力；综合管理能力；信息处理能力；人际沟通能力；持续学习能力。

（10）外贸从业人员的知识要求：政策水平；商品知识；企业知识；行业知识；市场营销知识；外贸知识；法律知识；外语知识。

练习题

一、填空题

（1）_____是国际经济活动中最主要和最基本的形式，也是促进世界经济发展的重要因素。

（2）国际贸易合同适用的法律规范主要有三种：_____、_____和_____。

（3）各国国内对外贸易立法主要可分为两大法律体系：_____和_____。

（4）国际贸易惯例有_____和_____两种形式，效力相同。

二、单项选择题

（1）下列（　　）不是国际贸易实务活动开展的基本内容。

A. 国际贸易程序　　　　　　　　B. 国际贸易条件

C. 商品品质　　　　　　　　　　D. 国际贸易方式

（2）下列（　　）不属于英美法系国家。

A. 英国　　　　　B. 美国　　　　　C. 西班牙　　　　　D. 加拿大

（3）下列（　　）不属于成文的国际贸易惯例。

A.《2000 年国际贸易术语解释通则》　　B. 港口码头惯例

C.《国际销售示范合同》　　　　　　　　D.《跟单信用证统一惯例》

（4）合同中没有明确约定时，我国涉外货物买卖合同应适用（　　）。

A. 我国有关法律　　　　　　　　B. 贸易对方所在国法律

C. 第三国法律　　　　　　　　　D. 国际贸易条约与惯例

（5）国际贸易与国内贸易不同，所涉及的情况比国内贸易复杂得多，所面临的贸易风险更大。下列（　　）不属于国际贸易所面临的风险。

A. 信用风险　　　　B. 商业风险　　　　C. 运输风险　　　　D. 生产风险

（6）企业在出口商品时一定要考虑到国际市场和不同国家需求多样性的特点，下列（　　）因素不属于考虑的范围。

A. 地域　　　　　　　　　　　　　　　B. 经济发展水平

C. 风俗习惯、宗教信仰　　　　　　　　D. 文化传统

（7）以下（　　）属于知识产权方面的公约。

A.《联合国海上货物运输公约》　　　　B.《商标国际注册马德里协定》

C.《关税与贸易总协定》　　　　　　　D.《马拉喀什建立世界贸易组织协定》

三、多项选择题

（1）国际贸易实务的研究内容包括（　　）。

A. 国际贸易程序　　　　　　　　　　　B. 国际贸易条件

C. 国际贸易法律规范　　　　　　　　　D. 国际贸易方式

（2）通常情况下，国际贸易流程可分为（　　）等阶段。

A. 交易前准备阶段　　　　　　　　　　B. 贸易磋商与合同订立阶段

C. 合同履行阶段　　　　　　　　　　　D. 业务善后阶段

（3）下列（　　）属于大陆法系的国家。

A. 法国　　　　　　B. 德国　　　　　　C. 西班牙　　　　　D. 加拿大

（4）当前在国际货物贸易领域，比较有影响力的贸易公约主要有（　　）。

A.《联合国国际货物销售合同公约》　　B.《国际货物买卖时效期限公约》

C.《国际货物买卖合同法律适用公约》　D.《联合国海上货物运输公约》

（5）外贸从业人员的职业能力要求有（　　）。

A. 函电处理能力　　　　　　　　　　　B. 信息处理能力

C. 人际沟通能力　　　　　　　　　　　D. 持续学习能力

（6）外贸从业人员的知识要求有（　　）。

A. 法律知识　　　　B. 商品知识　　　　C. 企业知识　　　　D. 政策水平

四、判断题

（1）国际贸易是国际经济活动中最主要和最基本的形式，也是促进世界经济发展的重要因素。　　　　　　　　　　　　　　　　　　　　　　　　　　　　　（　　）

（2）国际贸易惯例具有一定的法律约束力，而且具有强制性。　　　　　（　　）

（3）国际贸易公约属于不成文法，是国家立法的重要组成部分。　　　　（　　）

（4）根据国家主权原则，一国只有正式参加的国际公约才具有法律效力。（　　）

（5）我国涉外货物贸易主要适用国际贸易条约和国际贸易惯例。　　　　（　　）

（6）国际贸易惯例在国际贸易中起着参考作用。　　　　　　　　　　　（　　）

（7）国际贸易与国内贸易的标的、目的和基本程序基本是相同的。　　　（　）

（8）中国某企业与营业地在美国的某公司签订一笔贸易合同，该合同应适用《联合国国际货物买卖合同公约》。　　　（　）

（9）外贸从业人员必须熟悉我国对外经济贸易方面的方针政策。　　　（　）

（10）外贸从业人员无须了解进出口产品的生产流程，只要能完成贸易交易就行。

　　　（　）

五、名词解释

国际贸易实务（广义）　　　国际贸易程序　　　　　　国际贸易

国际贸易惯例　　　　　　　国际贸易条约或协定　　　外贸从业人员

六、简答题

（1）简述国际贸易实务的研究内容。

（2）简述国际贸易惯例的特点。

（3）简述国际贸易的特点。

（4）简述外贸从业人员的职业能力要求。

（5）简述外贸从业人员的知识要求。

七、案例题

（1）有一份 CIF 合同，货物按照合同约定的时间和装运港完成了装船。然而，在载货船离港仅仅 4 小时后，不幸船只触礁后沉没。第二天，卖方向买方出示了手中持有的提单、发票等装运单据，要求买方履行付款义务。然而，买方以货物已经全部损失为由，拒绝接受这些单据并付款，这导致了双方之间的争议。

问：此案应如何解决？为什么？

（2）我国进出口公司向国外贸易公司出售小麦，双方签订的合同规定，买方需在 1 月 30 日前开具信用证（L/C），货物则需在 2 月 7 日前完成装船。然而，实际情况是买方在 1 月 28 日开具了 L/C，有效期至 2 月 10 日。由于卖方在约定的时间内无法完成装船，他们向买方发电请求将装船期限延长至 2 月 17 日，同时也将信用证的有效期延长至 2 月 20 日。买方在收到电文后表示同意，但遗憾的是，他们并未将这一情况通知开证行。当货物在 2 月 17 日完成装船后，卖方向银行提交议付申请，却被银行拒绝。

请分析：银行是否有权拒绝付款，为什么？作为卖方，应当如何处理此事？

◇ **课堂讨论题**

根据本课程所学的相关知识，分析国际贸易惯例与法律有何区别。如果合同内容与惯例出现冲突，应如何处理？

第二章 国际贸易合同标的

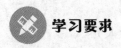 **学习要求**

●・ **重点** ・●

（1）商品命名与品名条款。

（2）商品品质的表示方法与品质条款。

（3）商品数量的表示方法与数量条款。

（4）运输包装与商品包装条款。

●・ **掌握** ・●

（1）商品名称的概念。

（2）商品数量的含义与作用。

（3）商品包装的含义与作用。

（4）商品品质的含义与作用。

（5）定牌与中性包装。

●・ **了解** ・●

（1）商品名称的法律意义。

（2）商品包装的分类。

 **引题案例**

在我方某进出口公司的出口业务中，向国外客户供应了一批榨油大豆。根据双方签订的合同，这批大豆的规格应符合含水分14%、含油量18%以及含杂质1%的标准。然而，当国外客户收到货物后，他们立即与我方联系，表示货物的品质与合同中约定的有很大差距。具体来说，他们检测到货物含水分18%、含油量10%以及含杂质4%。因此，他们要求我方支付合同金额40%的损害赔偿。

问：对方的索赔要求是否合理？合同中就这一类商品的品质条款应如何规定为宜？

在国际贸易中，经常会出现一些类似的合同标的贸易纠纷。究竟孰是孰非正是本章所要解决的问题。

第一节　商品的名称

国际贸易中，商品的买卖是以标的物所有权转移为基础的。在国际贸易中，交易的标的都有其具体名称，并以一定的质量、数量和包装进行表示。因此，在国际贸易合同的磋商与签订中，必须明确合同标的物名称、质量、数量与包装等交易条件。

一、商品名称的概念

商品名称（name of commodity），也叫品名，是指买卖双方描述成交的商品，并用于区别其他商品的称呼或概念。商品的名称应与商品本身的内容相符，即能在一定程度上概括和体现该商品的自然属性、用途及主要性能。而且其加工程度不同，体现的性能也不一样。加工程度较低的商品，体现较多的是自然属性；加工程度较高的商品，更多是体现商品的性能特征。

二、商品名称的法律意义

在国际贸易中，买卖双方在签订贸易合同时，很少看到具体的商品，通常情况下只凭借对商品的描述或样品来确定交易的标的。根据有关的法律和国际惯例，商品的描述是商品说明的一个重要组成部分，也是双方交接货物的重要依据。而商品名称又是商品描述的组成部分，因此，列明商品的具体名称，具有重要的法律与实践意义。

三、商品的命名

根据属性对商品进行命名是目前主要的命名方法，概括起来主要有以下几种。

（1）根据商品的主要用途命名。这种方法主要体现用途，便于消费者根据其需要进行购买，例如打印机、旅游鞋、电脑、饮水机等。

（2）根据商品使用的主要原材料命名。这种命名方法是突出使用的主要原材料来反映商品的品质，例如羊毛衫、棉衣、铁锅等。

（3）根据商品的主要成分命名。这种方法让消费者了解商品的有效内涵，以抬高商品的身价，例如人参蜂王浆、燕窝银耳粥等。

（4）根据商品的外观造型命名。这种命名方法有利于消费者直观地了解商品的外观形态，例如平底锅、红小豆、方巾等。

（5）根据商品的制作工艺命名。这种方法的目的在于让消费者了解商品的制作工艺，从而提高消费者对商品的信任度，例如纯净水、脱脂奶粉、精制油等。

（6）根据人名或地名命名。这种命名方法主要使用比较有名的人名或产地名称来进行命名，其目的是引起消费者的注意和兴趣，如杜康酒、孔府家酒、西湖龙井、景德镇陶瓷等。

（7）根据美好的寓意命名。这种命名方法给商品赋予了美好的寓意，迎合了消费者的消费心理，例如青春宝、背背佳、福娃等。

恰如其分的商品名称不仅能高度概括商品的特性，还可以刺激消费者的购买欲望，迎合消费者的购买心理。

四、品名条款

（一）品名条款的基本内容

在国际贸易合同中，品名条款一般比较简单，并无统一的格式要求，通常都是在商品名称或品名标题下列明交易双方成交商品的名称，也可不加标题，而在合同的开头部分列明交易双方同意买卖某种商品的文句。

另外品名条款的规定还取决于成交商品的品种与特点。有些商品只需列明名称即可，但有些商品需要列明品种、产地等，以便买卖双方在合同中明确责任。

（二）签订品名条款时应注意的问题

品名条款是国际贸易合同的主要交易条件，虽然简单，但也应引起重视，以避免不必要的贸易纠纷。因此在订立品质条款时，应注意以下几个问题。

（1）商品命名应具体、明确。规定商品名称时，必须能准确描述商品的特点，避免使用笼统、空泛的规定，必要时可结合品质条款一起进行命名。

（2）交易双方都理解和约定的品名。在订立品名条款时，一定是交易双方洽谈的商品，并且是双方理解一致的商品，否则将会引起不必要的验货纠纷。

（3）尽可能采用国际通用的名称。有些商品在不同的国家或同一国家的不同地区有不同的叫法，应尽量使用国际惯例名称，如可在商品名称及编码协调制度上查找，以便与商检部门和海关的编码相匹配，以利于商品的进出口通关。

（4）选择合适的品名。如果一种商品有不同的名称，那么在选用商品名称时，应注意相关国家海关税则和进出口限制的有关规定，在不违反国家政策的前提下，选择有利于降低关税或方便进出口的商品。同时还应注意品名与运费、仓储费的关系。目前有些班轮公司和仓库对不同的商品名称，收取的费率也不同，所以要选择合适的品名。

第二节 商品的品质

一、商品品质的含义与作用

商品品质（quality of goods）是商品内在质量和外观形态的综合表现。内在质量主要是指商品的物理性能、化学性能、机械性能和生物特性等属性，外观形态主要是指商品的外形、色泽、款式、透明度等。在实际的国际贸易操作过程中，经常采用商品的规格、等级、标准等来表示商品的品质。

在国际贸易中，商品品质的优劣将直接影响商品的价值与使用价值。特别是在当前激烈的国际市场竞争中，提高商品质量，以质取胜，成为非价格竞争的一个重要因素，同时它是加强对外竞销的重要手段之一。另外，商品品质是一国科技发展水平的体现，品质高低也将直接影响到国家和生产经营者的声誉。因此，在国际贸易中，要不断改进和提高出口商品的质量，增强出口竞争力，扩大销路，为国家和企业创造更多的外汇收入。在进口商品中，同样要把握进口商品质量，切实保障进口商品的品质、规格符合国家经济建设的发展要求，以更好地满足人们生产生活的需求。

二、商品品质的表示方法

商品品质是交易双方磋商的一个重要交易条款。在规定商品品质时，主要采用实物表示与文字说明两类方法。

（一）实物表示

一些难以用文字说明来表示品质的商品通常采用实物方法来表示。具体有以下几种做法。

1. 看货买卖

看货买卖（sale by actual quality）又被称为看货成交，即买卖双方根据现有货物的实际品质进行买卖。卖方向买方展示双方拟成交的商品，买方检验满意后成交，只要卖方交付的是验看过的货物，买方就不得以任何理由或借口对其品质提出异议。

看货买卖通常用于现货交易，而且要求买卖双方亲临货物存放地查验货物。在国际贸易中，看货买卖一般适用于寄售、拍卖、展卖、零售等业务中。

2. 凭样品买卖

样品是指从一批商品中随机抽取出来，或是由生产部门设计、加工出来的，能够反映或代表整批货物品质的少量实物。凭样品买卖（sales by sample）就是买卖双方在洽谈时，由买方或卖方提供足以代表商品质量的实物样品作为交货依据的买卖。在国际贸易中，该方法主要适用于一些难以用科学的方法表示商品品质的买卖，如轻工业品、服装、玩具、矿产品等。根据样品提供者的不同，凭样品买卖又可分为凭卖方样品买卖、凭买方样品买卖和凭对等样品买卖三种形式。

（1）凭卖方样品买卖。凭卖方样品买卖（sale by seller's sample）是指买卖双方约定以卖方所提供的样品作为交货的品质依据的买卖。在国际贸易中，在采用凭卖方样品成交时，卖方应特别注意所提供样品的代表性。同时，卖方在向买方寄送样品时，应留存一份或数份同样的样品，即"复样"（duplicate sample），或称为"留样"（keep sample），以备生产、交货或处理纠纷时核对。另要对原样与复样进行编号，注明样品提交的时间，以备后用。此外要注意对复样的保存，防止受潮、虫咬和污染等，以保证样品品质的稳定。

（2）凭买方样品买卖。凭买方样品买卖（sale by buyer's sample）是指买卖双方约定以买方所提供的样品作为交货的品质依据的买卖，也被称为来样制作或来样成交。在采用凭买方样品成交时，卖方要充分考虑到按照买方所提供样品进行生产制造所需的技术、原料、设备和生产安排的可行性等，在订立品质条款时，可考虑订立带有弹性的合同条款，如"品质与样品大致相同"，以防止日后交货时出现困难。此外，为防止买方提供的样品引起知识产权纠纷，在订立品质条款时，卖方应注明由买方样品引起的任何第三方知识产权问题概由买方负责。

（3）凭对等样品买卖。对等样品（counter sample）是指卖方对于按买方提供的样品生产无绝对把握，为避免日后履约困难，根据买方样品复制、加工出一个类似的样品提交给买方确认，也被称为"回样"或"确认样品"。因此，凭对等样品买卖（sales by counter sample）实际是指卖方以对等样品作为日后交货品质的标准，将"凭买方样品买卖"变为"凭卖方样品买卖"，争取主动。

（二）文字说明

在国际贸易中，有时买卖双方不能接触到实物或样品，在这种情况下，对商品品质的表示通常采用文字说明的方式，具体有以下几种做法。

1. 凭规格买卖

商品的规格是指反映商品品质的主要指标，如化学成分、含量、纯度、性能、容量、长短、粗细等。凭规格买卖（sale by specification）是指在交易过程中，买卖双方约定以规格来确定商品品质。这种方法主要适用于科技含量相对较高，或比较贵重，或外观难以全面反映商品质量，且无法用实物来说明的交易商品。由于该方法简单易行，明确具体，而且还可以根据每批成交货物的具体品质状况进行灵活调整，因而在国际贸易中被广泛采用。但应注意，制定规格时要留有余地，以免发生交货困难的情况。

例 2 - 1 鲜橙汁，鲜橙原汁含量 10%

Fresh orange juice，fresh original orange 10%

2. 凭等级买卖

等级是指同类商品按其规格上的差异，分成不同的若干等级。凭等级买卖（sale by grade）即根据商品的等级来确定商品的品质。在凭等级买卖时，为了便于履行合同及避免争议的出现，在规定等级的同时，最好列明每一等级的具体规格。如果买卖双方都熟悉每个级别的具体规格，则也可以只列明等级，而无须再规定其具体规格。

例 2 - 2 Grade AA fresh hen eggs，shell light brown and clean，even in size

（AA 级鲜鸡蛋，蛋壳浅棕色，清洁，大小均匀）

Grade AA 60 ~ 65 gm. per egg

Grade A 55 ~ 60 gm. per egg

Grade B 50 ~ 55 gm. per egg

Grade C 45 ~ 50 gm. per egg

Grade D 40 ~ 45 gm. per egg

Grade E 35 ~ 40 gm. per egg

3. 凭标准买卖

标准是指各级政府或商业团体统一制定和公布的等级或规格。根据制定者的不同，标准可以划分为国际标准、国家标准、团体标准、企业标准和其他标准。凭标准买卖（sale by standard）就是以标准来表示商品的品质。值得一提的是，商品的标准常随生产技术的发展变化而进行修改和变动，同一国家颁布的某类商品的标准往往有不同年份的版本，版本不同，品质标准的内容也不相同。因此，在援引标准时，应标明援引标准的版本年份，以免发生品质标准争议。

例 2 - 3 利福平（甲哌利福霉素），《英国药典》，1993 年版。

在国际贸易中，对于一些品质变化较大，难以规定统一标准的农副产品，经常采用"良好平均品质"（fair average quality，FAQ）或"上好可销品质"（good merchantable quality，GMQ）来表示其品质。

（1）FAQ。FAQ 在国际上主要用于农产品贸易，是指一定时期或季节内某地出口商品的平均品质水平，也被称为"中等货"或"大路货"。在使用 FAQ 表示商品品质时，还应注明该商品的具体规格指标，以免引起品质纠纷。

例 2 - 4 中国大米：水分不超过 12%；碎粒不超过 7%；杂质不超过 1%。

（2）GMQ。GMQ 是指成交时无须用其他方式说明商品的具体品质，只需卖方保证其所交付的货物品质良好，适于销售即可。在国际贸易中，这种方法适用于一些特殊的商品，如木材、冷冻鱼虾等。采用 GMQ 表示商品品质太笼统，容易引起争议，因此我国很少采用。在国外，如果采用这种方式成交时发生品质争议，通常由同业公会聘请专家以仲裁方式解决。

随着经济全球化的发展，凭标准买卖这种方法在国际贸易中的应用范围不断扩大。在我国国际贸易实际业务中，如果商品的品质采用凭标准买卖的表示方法，一般都是采用我国已经制定的相应商品的标准（例如我国食品质量认证 QS 标准），也可以采用商品出售目标国的品质标准，或者采用在国际上已经被广泛应用的国际标准，例如国际标准化组织（ISO）的 ISO9000 系列标准、ISO14000 系列标准。

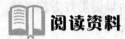 **阅读资料**

国际标准化组织（ISO）及其标准

国际标准化组织（International Organization for Standardization，ISO）成立于 1947 年，是标准化领域中的一个国际组织，该组织自我定义为非政府组织，官方语言是英语、法语和俄语。ISO 一词来源于希腊语"ISOS"，其意为"平等"。

ISO 的成员包括各会员国的国家标准机构及主要工业和服务业企业。中国国家标准化管理委员会（由国家市场监督管理总局管理）于 1978 年加入 ISO，在 2008 年 10 月的第 31 届国际化标准组织大会上，中国正式成为 ISO 的常任理事国。

ISO 质量体系标准包括 ISO9000、ISO9001、ISO9004。ISO9000 标准明确了质量管理和质量保证体系，适用于生产型及服务型企业。ISO9001 标准为从事和审核质量管理和质量保证体系提供了指导方针。

资料来源：李博，于明. 国际标准化组织（ISO）介绍［J］. 电力标准化与计量，2000（1）：34 - 40。

4. 凭说明书和图样买卖

在国际贸易中，有些技术密集型产品如机器、电器和仪表等，因其本身结构复杂，对材料和设计的要求非常严格，在其性能说明过程中需要较多的数据，很难用几个简单的指标来表明其品质的全貌。即使有些产品的名称相同，但所使用的材料、设计和制造技术的某些差别，也可能导致功能上的差异。因此，在对此类商品的品质的表示过程中，通常采用说明书并附以图样、照片、设计图纸、分析表及各种数据来说明其具体性能和结构特点。按此方式进行交易，被称为凭说明书和图样买卖（sale by descriptions and illustrations）。

凭说明书和图样买卖时，所交货物的指标必须符合说明书上的规定。但是，由于这类产品的技术要求比较高，品质与说明书和图样相符合的产品有时在使用时并不一定能达到设计的要求，所以在合同中除列入说明书的具体内容外，一般需要订立卖方品质保证条款和技术服务条款，以使买方的权益能得到保障。

5. 凭商标或品牌买卖

商标（mark）是指企业为了使其生产或销售的商品与其他企业生产和销售的商品相区

别而制作的标志；品牌（brand）是指给拥有者带来溢价、产生增值的一种无形的资产，它的载体是用以和其他竞争者的产品或劳务相区分的名称、术语、象征、记号或者设计及其组合，增值的源泉来自消费者心智中形成的关于其载体的印象。前者是指一个厂商产出的各种商品都使用同一商标，以表示都达到该厂商规定的标准品质，如美国奇异电器公司即以"奇异（GE）"命名其所有的商品。后者是指每一个产品都使用一个品牌，以代表其具有不同的品质，如日本丰田汽车公司出产的汽车，各有其不同的品牌。

凭商标或品牌买卖（sale by trade mark or brand）能够固定地表示商品的品质，一般只适用于一些品质稳定、信誉良好的工业制成品或经过科学加工的初级产品，如"大白兔奶糖""椰树牌椰汁"等。

此外，凭商标或品牌进行买卖时，一定要把好质量关，保证产品的传统特色，把维护品牌和商标的信誉放在首要地位。

6. 凭产地名称买卖

在国际货物买卖中，有些产品受产地的自然条件、传统生产技术和加工工艺等因素的影响，在品质方面具有其他产区的产品所不具有的独特风格或特色，因而凭产地名称买卖（sale by name of origin），以代表该项产品的品质有保证。这种方法多用于农、副、土特产品，如"龙口粉丝""东北大米""贵州茅台""金华火腿""西湖龙井"等。

三、商品品质条款

（一）品质条款的基本内容

在商品合同品质条款中，一般要列明商品的名称、规格或等级、标准、品牌等。此外，在凭样品买卖时，还应列明样品的编号及寄送日期，并规定交货品质与样品相同。

（二）订立品质条款时应注意的问题

1. 正确运用各种表示品质的方法

表示商品品质的方法有很多，但采用何种表示品质的方法，应根据商品特性而定，不能随意滥用，应当合理选择。一般来说，凡能用科学的指标说明其质量的商品，适合凭规格、等级或标准买卖；凡是难以规格化和标准化的商品，则适合凭样品买卖，如工艺品等；有些名优质量好的产品，适合凭商标或品牌买卖；有些性能复杂的商品，则适合凭说明书和图样买卖，如精密仪器、电器和仪表等；有些具有地方特色的产品，则可凭产地名称买卖；等等。此外，凡能用一种方法表示品质的，就不宜用两种或两种以上的方法来表示。

2. 要从实际出发，防止品质要求过高或过低

在订立商品品质条款时，要考虑国外市场的实际需要，同时又要考虑到国内生产部门的供货能力。如果订立的品质要求过高，而实际又做不到，或者订立的品质偏低，或漏订一些主要质量指标，都将影响商品的性能和使用，导致不必要的损失。因此，在订立品质条款时，要根据实际的需要与可能，实事求是地确定商品品质，防止品质要求过高或过低。

3. 订立条款时进行一些合理变通

为保证合同顺利履行，避免交货商品的品质与合同所订立的条款略有不符而造成违约，通常会在合同的品质条款中进行以下变通。

（1）加上"交货品质与样品大体相等"之类的条文。为避免交易双方在交货品质与样品是否一致的问题上产生争议，以及便于合同的履行，通常可在合同品质条款中加上"交货品质与样品大体相等"之类的条文，以减少交易双方的分歧。

（2）规定品质公差。公差是指国际上公认的产品品质的误差，为了明确起见，应在合同品质条款中订明一定幅度的公差。在工业制成品生产过程中，产品的质量指标出现一定的误差有时是难以避免的，如手表走时的误差、棉纱支数的确定等。根据国际惯例或经交易双方协商同意，通常对合同中的品质指标订有允许的"公差"，这就是品质公差（quality tolerance），即允许卖方交货的品质高于或者低于合同规定的品质的幅度。品质公差表示的方法有三种：规定一个范围，如湿度5%~10%；规定一个极限，例如羊毛最少98%；规定一个标准，如羽绒含绒量16%，上下1%。凡在品质公差范围内的货物，买方不得拒收或要求调整价格。此外，对于某些难以用数字或科学方法表示的，则采取"合理差异"这种笼统的规定。例如"质地、颜色允许合理差异"。

（3）规定品质机动幅度。品质机动幅度（quality latitude）是指对于某些初级产品（如农副产品等），由于卖方所交货物品质难以完全与合同规定的品质相符，为保证交易的顺利进行，往往在规定的品质指标外，加订一定的允许幅度，即允许卖方所交货物的品质指标在一定幅度内有灵活性。卖方所交货物品质只要在允许的幅度内，买方就无权拒收，但可根据合同规定调整价格。

品质机动幅度有下列几种订立方法。

其一，规定一定的范围。对于某些货物的品质指标，我们允许存在一定程度的差异，只要在规定的范围内，货物就被视为合格。例如，对于漂布这种货物，只要幅阔在35英寸到36英寸的范围内，都可以视为合格。

其二，规定一定的极限。对于一些货物，我们也可以规定其品质规格的上下极限。这种规定可以采用最大、最高、最多（maximum）或最小、最低、最少（minimum）等表示方法。

例2-5 籼米碎粒35%（最高）

Rice, long shaped, broken grains 35%（max.）

水分15%（最高）

Moisture 15%（max.）

杂质1%（最高）

Impurities 1% （max.）

卖方所交货物的品质规格只要没有超出上述极限，买方就无权拒收。

其三，规定上下差异。规定上下差异可使货物的品质规格具有必要的灵活性。

例 2 - 6 灰鸭毛，含绒量 18%，上下 1%。

Grey duck feather, down content 18%, 1% more or less.

4. 品质条款的内容应明确、具体

在规定品质条款时，要做到简单、明确、具体，既能分清责任，又方便检验，而且在条款中不宜采用"大约""左右""合理误差"等笼统字眼，以免引起品质问题争议。但也不宜把品质条款订得过死，给实际交货带来困难。一般地说，在订立品质条款时既要明确，又要体现一定的灵活性，以便合同的履行。

5. 要注意各质量指标之间的一致性

采用多项质量指标来衡量商品品质时，要通盘考虑各项指标之间的内在联系，注意它们之间的一致性，避免因某项质量指标规定不科学和不合理而影响其他质量指标，造成不必要的损失。如在荞麦品质条件中规定："水分不超过 17%，不完善粒不超过 6%，杂质不超过 3%，矿物质不超过 0.15%。"显然，此项规定不合理。因为对矿物质的要求过高，这与其他指标不一致。为了使矿物质符合约定的指标要求，需反复加工，这必然会大大减少杂质和不完善粒的含量，对卖方是不利的。

第三节 商品的数量

一、商品数量的含义与作用

商品数量是指一定的度量衡单位表示的商品的价值、个数、长度、面积、体积、容积等。在国际贸易中，商品数量的约定是合同中至关重要的一环。根据《联合国国际货物销售合同公约》的规定，卖方有义务按照约定的数量向买方交付货物。这意味着，卖方必须确保所交付的货物数量与合同中约定的数量一致。如果卖方交付的货物数量少于约定的数量，卖方应在规定的交货期截止之前进行补交。然而，补交货物不得给买方带来不合理的不便或额外的开支。即使如此，买方仍有权要求损害赔偿。相反，如果卖方交付的货物数量超过约定的数量，买方可以选择拒收多交的部分，也可以选择接收多交部分中的一部分或全部。但是，无论买方选择接收多少多交的货物，都应按照合同价格进行付款。合理的商品数量对促进成交和争取有利的价格具有一定的作用。在我国进出口业务中，正确掌握进出口商品的数量，合理规定合同中的数量条件，不仅关系着进出口任务的完成，而且有利于贯彻我国的对外经济政策和经济发展规划。

二、商品数量的表示方法

在国际贸易中，由于商品的种类、特性以及各国度量衡制度不同，商品的计量单位和计量方法也不同。我国现行的法定计量是国际单位制。

（一）计量单位

国际贸易中不同类型的商品，需要采用不同的计量单位。通常使用的计量单位有以下几种。

1. 重量单位

按重量（weight）计量在国际贸易中使用比较广泛，如许多农副产品、矿产品和工业制成品等，都按重量计量。按重量计量的单位主要有公吨（metric ton）、长吨（long ton）、短吨（short ton）、千克（kilogram）、克（gram）、盎司（ounce）、克拉（carat）等。

2. 个数单位

大多数日用消费品、轻工业品、机械产品以及一部分土特产品等，习惯上都按个数（number）进行计算，其使用的计量单位主要有件（piece）、双（pair）、套（set）、打（dozen）、卷（roll）、罗（gross）、令（ream）、袋（bag）、包（bale）等。

3. 长度单位

长度（length）单位主要有米（meter）、码（yard）、英尺（foot）、英寸（inch）等。在绳索、丝绸、布匹等商品的交易中，都采用长度单位计算。

4. 面积单位

常见的面积（area）单位主要有平方米（square meter）、平方码（square yard）、平方英尺（square foot）、平方英寸（square inch）等。在玻璃板、地毯、皮革等商品的交易中，一般习惯按面积计量。

5. 体积单位

常见的体积（volume）计量单位主要有立方米（cubic meter）、立方码（cubic yard）、立方英尺（cubic foot）等。按体积成交的商品主要有木材、天然气和化学气体等。

6. 容积单位

常用的容积（capacity）计量单位有升（litre）、加仑（gallon）、蒲式耳（bushel）、品脱（pint）、及耳（gill）等。主要适用于各类谷物和流体货物的计量。

（二）计重方法

在国际贸易中，很多商品都按重量进行计算。计算重量的方法通常有以下几种。

1. 毛重

商品本身重量加包装的重量被称为毛重（gross weight），通常用于一些低值商品的计价，习惯上称"以毛作净"。例如，大米，500 公吨，新麻袋装，每袋 100 千克，以毛作净。

2. 净重

净重（net weight）是指商品本身的重量，即除去包装物后的实际重量。在采用净重计重时，必须去除包装物的重量，即减去皮重。关于皮重的计算，国际上有下列几种做法。

（1）按实际皮重（actual tare 或 real tare）计算。实际皮重即包装的实际重量，它是指将整批货物的包装逐一过秤，求得包装重量。

（2）按平均皮重（average tare）计算。它是指从整批货物中抽出一定的件数，称出其包装的重量，然后求出其平均皮重，再以平均皮重乘以总件数，得到整批货物的皮重。

（3）按习惯皮重（customary tare）计算。经市场确认的规范化包装的货物，其所使用的包装材料和规格已比较定型，皮重已被市场所公认。在计算其重量时，按公认的单件包装物重量乘以总件数即可得到全部包装的重量。

（4）按约定皮重（computed tare）计算。交易双方按事先约定的单件包装重量作为计算的基础，再乘以总件数，即可得到全部包装的重量。

3. 公量

国际贸易中，有些商品价值较高，且含水量不稳定，如棉毛、羊毛、生丝等。为计算这类商品的重量，国际上通常采用公量（conditioned weight）计算的办法。公量是指用科学方法抽去商品中的水分，再加上标准含水量所得的重量，其计算公式有下列两种。

（1）公量 = 商品干净重 × （1 + 标准回潮率）。

（2）公量 = 商品净重 × （1 + 标准回潮率）/（1 + 实际回潮率）。

其中，实际回潮率 = 含水量/干净重。

4. 理论重量

理论重量（theoretical weight）是根据每件商品的重量推出整批商品的总重量，适用于那些规格、尺寸固定，且重量大致相等的商品，如钢板等。

5. 法定重量

法定重量（legal weight）是指商品净重加上直接接触商品的包装材料，如销售包装等的重量。法定重量主要在海关征税时使用。

三、合同的数量条款

（一）数量条款的基本内容

数量条款主要由成交数量和计量单位组成。按重量成交的商品，一般应订明计算重量的方法，如按毛重、按净重等。例如，东北大米，2 000 公吨，以毛作净（Northeast rice，2 000M/T，gross for net）。

（二）订立合同数量条款时应注意的事项

商品数量条款是成交的重要依据，其内容的繁简应视商品的特性而定。在规定具体商品数量条款时，应注意以下事项。

1. 准确把握商品成交的数量

在国际贸易交易洽谈时，应正确掌握进出口商品成交的数量，做到心中有数。对出口商而言，在商订具体数量条款时，应考虑到国外市场的供求状况、国内货源的供应情况、国际市场的价格动态以及国外客户的资信状况和经营能力。对进口商来说，在商定进口数量时，也要考虑到国内的实际需要、国内支付能力和市场行情的变化，避免盲目成交。

2. 数量条款应当明确具体

在国际贸易合同数量条款签订过程中，应当明确具体，一般很少采用大约（about）、近似（approximate）、左右（circa）等模糊性字眼。

3. 合理规定数量机动幅度

在交货过程中，有些商品特别是一些大宗散装货物，要准确按约定数量交货，存在一定的难度。为使交货数量在一定范围内具有灵活性，以及便于合同履行，通常在合同中订立数量机动幅度条款，即数量增减条款或"溢短装条款"。在规定数量机动幅度条款时，要注意：数量机动幅度的大小要适当，不可过高或过低；机动幅度选择权的规定要合理，并明确由买方选择还是卖方选择，通常是卖方选择；溢短装数量的计价方法要公平合理。另根据国际商会《跟单信用证统一惯例》（第 600 号出版物）的规定，散装货物的交易中，在合同没有明确规定溢短装条款时，为便于装运，货物数量允许有 5% 的机动幅度。

第四节 商品的包装

国际贸易交货商品品种繁多，形状、性质、特点各异，对它们包装的要求也各不相同。除少数一些难以包装或不值得包装的商品外，绝大多数商品都需要采用适当的包装才能进入流通领域。

一、商品包装的含义与作用

（一）商品包装的含义

根据我国的国家标准《包装术语 第 1 部分：基础》中的定义，商品包装是指为在流通过程中保护商品、方便储运、促进销售，按一定技术方法采用的容器、材料及辅助物等的总体名称。包装的过程不仅包括选择合适的容器、材料和辅助物，而且还包括运用一定的技术方法。这个概念包含两个主要方面：其一是指用于容纳商品的容器，通常被称为包装物，例如箱子、袋子、篮子、桶、瓶子等；其二是指包装商品的具体过程，例如装箱、打包等。

（二）商品包装的作用

（1）保护商品。在商品运输和装卸的过程中，采用适当的包装可以预防或减少外界对商品的损害。

（2）便于流通。适当的商品包装，不仅有利于运输、搬运和装卸，而且便于商品保管、出库、入库和配送过程的计算等。

（3）方便消费。有些商品包装便于消费者使用，如采用易拉式、手提式包装等。

（4）促进销售。美观、醒目、新颖的包装不仅可以吸引消费者的眼球，而且易于引起消费者购买的欲望。

（5）便于识别。包装上通常会注明生产的厂商、品牌、规格型号等，方便在流通领域和消费领域的识别。

（6）提升价值。包装是商品生产的继续，通过包装可以实现商品使用价值的提升，从而提升商品的价值。

二、商品包装的分类

商品包装种类繁多，常见的商品包装的分类和包装种类如下。

（一）根据商业经营习惯分类

（1）内销包装。内销包装是为了适应商品在国内的销售所采用的包装，具有简单、经济、实用的特点。

（2）出口包装。出口包装是为了适应商品在国外的销售，针对商品的国际长途运输所采用的包装。在保护性、装饰性、竞争性、适应性上要求更高。

（3）特殊包装。特殊包装是工艺品、美术品、文物、精密贵重仪器、军需品等采用的包装，一般成本较高。

（二）根据材料分类

以包装材料为分类依据，商品包装可分为纸类、塑料类、玻璃类、金属类、木材类、复合材料类、陶瓷类、纺织品类、其他材料类等。

（三）根据防护技术方法分类

以防护技术方法为分类依据，商品包装可分为贴体、透明、托盘、开窗、收缩、提袋、易开、喷雾、蒸煮、真空、充气、防潮、防锈、防霉、防虫、无菌、防震、遮光、礼品、集合包装等。

（四）根据包装在流通过程中的作用分类

根据包装在流通过程中的不同作用，可将商品包装分为销售包装和运输包装两大类。

1. 销售包装

销售包装（packing for sale）又称内包装（inner packing）或小包装，它是直接接触商品，并随商品进入零售市场与消费者直接见面的包装。这类包装除必须具有保护商品的基本功能外，还在包装的造型结构、装潢画面和文字说明等方面有较高的要求，以起到促销的作用。

（1）销售包装的分类。

销售包装的多样性使得它可以采用各种不同的材料和造型结构。具体选择哪种销售包装，主要取决于商品的特性和形状。下面列举了一些常见的销售包装类型。

①堆叠式包装。包装的顶部与底部都设有吻合装置以加强稳定性的包装，如罐、盒等，其优点是便于摆设和陈列。

②挂式包装。设有吊钩、吊带、挂孔、网兜等装置的包装，这类包装便于悬挂。

③易开包装。包装容器封口严密，在特定位置标有开启提示，易于打开封口，其优点是使用便利，如易拉罐、易开盒、易开瓶等。

④携带式包装。在包装上设有提手装置，这类包装的目的是方便携带。

⑤喷雾包装。主要用于一些流体商品的销售包装，设有自动喷出流体的装置，使用便利。

⑥复用包装。这种包装除用来包装出售的商品外，还可给消费者带来其他使用价值，具备多种用途。

⑦配套包装。有些商品需要搭配成交，在包装上往往采用配套包装，即将不同种类、不同规格的商品搭配成套，装入同一包装物，方便消费者组合使用。

⑧礼品包装。一些礼品商品，为体现包装外观的精美及吸引力，显示礼品的贵重，往往采用专用的礼品包装。

（2）销售包装的要求。

①包装要便于消费者携带使用。在设计销售包装时，要考虑到方便消费者携带、使用、开启等。

②包装要适量、适度。首先，包装容器的大小应该与内装商品相匹配，过大或过小的容器都不合适。其次，包装费用也应该与内装商品的价值相符。如果包装费用过高，那么消费者可能会认为商品的价值被夸大了，这会对消费者造成误导。此外，如果预留的空间过大或者包装费用占商品总价值比例过高，也会被认为是过分包装。

③设计包装时，要注意调查国际上的有关规定及各国的风俗习惯。有些国家对销售包

装有一定的限制，如日本政府规定，进口药品，除必须有文字说明药品的成分和服用方法外，还要说明药品的功能，否则不允许进口。美国也有类似的规定。在销售包装的设计上还要注意进口国的禁忌，如意大利人忌讳用菊花做包装图案，日本人忌讳荷花图案，埃及禁忌蓝色图案等。

此外，销售包装还应注意标准化、绿色环保问题，便于识别计量，减少污染和可持续回收利用。

（3）商品条形码。商品条形码（barcode for commodity）由一组规则排列的条、空及对应代码组成，是一种能被光电扫描阅读设备输入计算机的特殊代码语言，如图 2 - 1 所示。1949 年条形码技术开始出现，并广泛应用于银行业、邮电通信、图书馆、仓储货运、票证及工业生产自动化等领域。20 世纪 70 年代初，条形码技术开始在美国食品和杂货的零售中使用。目前，世界许多国家都在商品包装上使用条形码。

图 2 - 1　商品条形码示例

国际上通用的条形码种类很多，主要有两种：一种是美国统一委员会编制的 UPC 码（universal product code）；另一种是由欧洲 12 国成立的欧洲物品编码协会（后改为国际物品编码协会）编制的 EAN 码（european article number）。目前，大多数国家使用 EAN 码，它由 13 位数字组成，前 3 位数字为国别码，中间 4 位数字为厂商码，后 5 位数字为产品代码，最后 1 位是校验码。

国际物品编码协会分配给我国的国别码为 690、691、692、693、694、695；书籍代码是 978；杂志代码是 977。

2. 运输包装

运输包装（transport packing）又被称为外包装或大包装，是将货物装入特定容器，或以特定方式将货物成件或成箱包装。运输包装主要作用在于保护商品，方便运输、存储、计数和配送等。

（1）运输包装的分类。

①按包装方式划分，运输包装可分为单件运输包装和集合运输包装。单件运输包装是指货物在运输过程中作为一个计件单位的包装。集合运输包装也叫成组化包装，是指将若干单件运输包装组合成一件大包装进行运输，可以保护商品、提高装卸效率和节省运费。在国际贸易中，常见的集合运输包装主要有集装箱、集装包、集装袋和托盘等。

集装箱（container）是一种用金属板材或纤维板材做成的长方形箱子。集装箱的体积较大，可装载至少5吨的货物，是国际贸易中最常使用的集合运输包装之一。集装箱能够反复使用，并且在运输过程中不需要移动集装箱内的货物就能实现货物的换装。集装箱的种类非常多，根据集装箱所装的货物来划分，集装箱可分为杂货集装箱、冷冻集装箱等。根据集装箱的材质来划分，又可分为钢制集装箱、铝合金集装箱、玻璃钢集装箱等。随着集装箱运输的发展，目前国际贸易中使用的集装箱在型号上已经逐渐趋于统一、规范化，分为20英尺集装箱、40英尺集装箱等。

集装袋（flexible container）是一种用合成纤维或复合材料制成的大袋子。集装袋的顶端往往装有把手，以方便用铲车装卸集装袋。与集装箱相比，集装袋质地更加柔软、有弹性，因此，集装袋往往适合用于一些粉状、颗粒状商品的运输包装。与单件运输包装中的袋式包装相比，集装袋具有容量大的特点，集装袋一般能装1~13吨的商品。

托盘（pallet）是用木头、金属或塑料制成的一个托板。托盘的使用方法是将单件货物集合并固定在托盘上，组合成为一个运输单位。托盘的底部都设有插口，插口的主要作用在于使铲车的铲子能伸入插口托起货物进行装卸。

②按包装造型划分，运输包装有箱、包、袋、桶和捆等不同形状的包装。

③按包装材料划分，运输包装有纸制，木制，麻制品，塑料，金属，竹、柳、草制品，陶瓷和玻璃制品等包装。

④按包装质地划分，运输包装有软性包装、半硬性包装和硬性包装。

⑤按包装程度划分，运输包装有全部包装和局部包装。全部包装是指对整个商品进行全面包装，大多数商品都需要进行全部包装。而局部包装只对商品需要保护的部位加以包装，这类包装比较少，只有少数一些商品采用。

（2）运输包装的选择。在进行运输包装时，需要考虑以下因素。

①保护商品。保护商品是运输包装首要考虑的因素，要根据不同的商品选择不同的包装方式，防止商品受损。

②节约包装成本。在运输包装材质的选择与设计上，在考虑保护商品的同时，还要从节约包装成本的角度出发，减少包装成本的支出。

③适合不同运输方式的需求。不同运输方式对运输包装的要求也不一样，因此在设计运输包装时，要充分考虑到运输方式。

④符合国际市场的规定。运输包装还要考虑到国际市场的规定，符合某些特定国家的需求，如日本和欧洲各国就禁用纸屑、稻草等材料做包装物。

（3）运输包装标志。运输包装标志是指在运输包装上用文字、图形和数字等制作的标记，以方便运输过程中的识别，防止错运。根据其作用的不同，可以划分为运输标志、指示性标志和警告性标志三种。

运输标志又被称为唛头，通常由一个简单的几何图形和一些字母、数字及简单的文字组成（见图2-2）。其主要内容包括收货人代号、目的地（港）名称、件号或批号。此外，有的运输标志还包括原产地、合同号、许可证号和体积与重量等内容。运输标志的内容繁简不一，通常由买卖双方根据商品特点和具体要求来商定。

NEW YORK
NOS. 1 / 25

图2-2　运输标志示例

注：ABC 表示收货人代号；NEW YORK 表示目的地；1/25 表示件数代号。

指示性标志也叫注意标志，它提示人们在装卸、运输和保管过程中需要注意的事项，通常在商品的外包装上用醒目的图形或文字表示。图2-3列举了一些指示性标志。

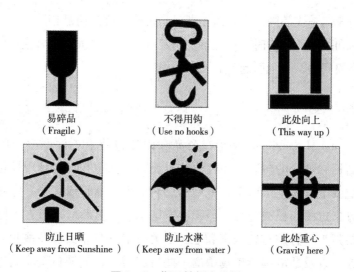

易碎品　　　　　　不得用钩　　　　　　此处向上
（Fragile）　　　（Use no hooks）　　（This way up）

防止日晒　　　　　　防止水淋　　　　　　此处重心
（Keep away from Sunshine）　（Keep away from water）　（Gravity here）

图2-3　指示性标志示例

警告性标志又称危险品标志，是指在易燃品、爆炸品、有毒品、腐蚀性物品、放射性物品的运输包装上标明其危险性质的文字或图形说明（见图2-4）。

三、定牌与中性包装

（一）定牌

定牌是指在国际贸易中，买方要求卖方在出售的商品或包装上标明买方指定的商标或品牌名的做法。采用定牌生产一般出于国外有大量的稳定的订货，另外是为了利用买方的

按图所示方向钳货
（Clamp as indicated）

切勿按图所示方向钳货
（Do not clamp as indicated）

剧毒品

6

剧毒品
（Poisons）

易燃气体
（Inflammable gas）

图2-4　警告性标志示例

经营能力以及商业信誉或品牌声誉，以提高商品售价，打开商品销路。在我国，当国外有大量的、长期的和稳定的订货时，也经常使用定牌生产。但采用定牌生产时应注意买方指定商标的知识产权问题，避免引起不必要的纠纷。

（二）中性包装

中性包装（neutral packing）是指在商品和内外包装上不注明生产国别、地名和厂名，也不标明商标和牌号的包装。中性包装有无牌中性包装和定牌中性包装两种。无牌中性包装是指包装上既无生产国别、地名和厂名，也无商标或牌号。定牌中性包装是指包装上仅有买方指定的商标或牌号，但无生产国别、地名和厂名。在国际贸易中，采用中性包装，主要是为了打破有些国家和地区的关税壁垒与非关税壁垒和其他一些限制进口的歧视性措施，以及适应国际市场中的一些特殊需要，如转口贸易。这是出口国家厂商扩大出口，增强竞争力的一种手段。目前，使用中性包装已成为国际贸易中的一种习惯做法。

四、商品包装条款

（一）基本内容

国际贸易合同中，商品包装条款主要包括包装材料、包装方式、包装规格等，有时还涉及包装费用和运输标志等内容。

（二）订立商品包装条款时应注意的事项

1. 明确规定包装材料和包装方式

在商定包装条款时，约定使用的包装材料和包装方式要明确、具体，不宜采用一些含义模糊，容易引起争议的术语，如"适合海运包装""习惯包装"等。有时为更加明确、具体，除了规定包装材料和方式外，还可写明每件的重量或数量。

2. 要考虑到商品特点和不同运输方式的要求

商品的特点、形状和采用的运输方式不同，对包装的要求也不相同。因此，在商定包装条款时，必须从商品的特性和实际运输出发，使约定的包装科学、合理。

3. 明确包装费用的负担

包装费一般算在货价之内，不另计价，但如果买方提出采用特殊包装的需求，额外的包装费用应由买方承担。但还应注意，如果卖方包装技术达不到要求，即使由买方承担包装费用，也不宜轻易接受，以免引起纠纷。

4. 注意有关国家对包装的特殊要求

各国政府对包装会有不同的要求，如美国、菲律宾、澳大利亚等国严禁用稻草、麦秆等谷物秸秆作为包装物，禁止用旧麻袋、旧布袋作为包装物，运输用的木托盘和木箱要有熏蒸证明书等。因此，在商定包装条款时，要注意各国对包装条款的规定，避免出现包装问题引起的纠纷。

本章要点

（1）商品名称（name of commodity），也叫品名，是指买卖双方描述成交的商品，并用于区别其他商品的称呼或概念。商品的名称应与商品本身的内容相符，即能在一定程度上概括和体现该商品的自然属性、用途及主要性能。

（2）根据属性对商品进行命名是目前主要的命名方法，概括起来主要有以下七种：根据商品的主要用途命名；根据商品使用的主要原材料命名；根据商品的主要成分命名；根据商品的外观造型命名；根据商品的制作工艺命名；根据人名或地名命名；根据美好的寓意命名。

（3）签订品名条款时应注意的问题：商品命名应具体、明确；交易双方都理解和约定的品名；尽可能采用国际通用的名称；选择合适的品名。

（4）商品品质（quality of goods）是商品内在质量和外观形态的综合表现。内在质量主要是指商品的物理性能、化学性能、机械性能和生物特性等属性，外观形态主要是指商品的外形、色泽、款式、透明度等。

（5）商品品质的实物表示方法：看货买卖；凭样品买卖。

（6）商品品质的文字说明表示方法：凭规格买卖；凭等级买卖；凭标准买卖；凭说明

书和图样买卖；凭商标或品牌买卖；凭产地名称买卖。

（7）订立品质条款时应注意的问题：正确运用各种表示品质的方法；要从实际出发，防止品质要求过高或过低；订立条款时进行一些合理变通；规定品质条款时应明确、具体；要注意各质量指标之间的一致性。

（8）计量单位：重量单位（weight）；个数单位（number）；长度单位（length）；面积单位（area）；体积单位（volume）；容积单位（capacity）。

（9）计重方法：毛重（gross weight）；净重（net weight）；公量（conditioned weight）；理论重量（theoretical weight）；法定重量（legal weight）。

（10）订立合同数量条款时应注意的事项：准确把握商品成交的数量；数量条款应当明确具体；合理规定数量机动幅度。

（11）商品包装的作用：保护商品；便于流通；方便消费；促进销售；便于识别；提升价值。

（12）运输包装标志：运输标志；指示性标志；警告性标志。

（13）订立商品包装条款时应注意的事项：明确规定包装材料和包装方式；要考虑到商品特点和不同运输方式的要求；明确包装费用的负担；注意有关国家对包装的特殊要求。

练习题

一、填空题

（1）在国际贸易合同的磋商与签订中，必须明确合同标的物名称、_____、_____与包装等交易条件。

（2）商品品质是指商品_____和_____的综合。

（3）在国际贸易中，有些商品品质不稳定，很难用统一标准进行规定，如一些农产品。因此，国际上经常采用"_____"或"_____"进行表示。

（4）根据包装在流通过程中的作用不同，可将商品包装分为_____和_____两大类。

二、单项选择题

（1）下列（　　）是根据商品的主要用途命名的。

A. 打印机　　　　　　B. 棉衣　　　　　　C. 铁锅　　　　　　D. 纯净水

（2）下列（　　）是根据商品所使用的主要原材料命名的。

A. 打印机　　　　　　B. 棉衣　　　　　　C. 青春宝　　　　　D. 纯净水

（3）"大白兔奶糖"和"椰树牌椰汁"属于（　　）品质表示方法。

A. 凭等级买卖　　　　　　　　　　　　B. 凭标准买卖

C. 凭说明书和图样买卖　　　　　　　　D. 凭品牌或商标买卖

（4）以下（　　）不属于个数单位。

A. 件　　　　　　　　B. 双　　　　　　　　C. 蒲式耳　　　　　　D. 罗

（5）EAN 码通常由（　　）位数字组成。

A. 10　　　　　　　　B. 11　　　　　　　　C. 12　　　　　　　　D. 13

（6）若合同规定有品质公差条款，则在公差范围内，买方（　　）。

A. 不得拒收货物

B. 可以拒收货物

C. 可以要求调整价格

D. 可以拒收货物也可以要求调整价格

（7）我国现行的法定计量单位是（　　）。

A. 公制　　　　　　　B. 国际单位制　　　　C. 英制　　　　　　　D. 美制

（8）蒲式耳属于商品的（　　）计量单位。

A. 重量　　　　　　　B. 容积　　　　　　　C. 体积　　　　　　　D. 长度

（9）"以毛作净"实际上就是（　　）。

A. 以净重作为毛重作为计价的基础

B. 按毛重计算重量作为计价的基础

C. 按理论重量作为计价的基础

D. 按法定重量作为计价的基础

（10）定牌中性包装是指（　　）。

A. 在商品本身及其包装上使用买方指定的商标/牌号，但不标明产地

B. 在商品本身及其包装上使用买方指定的商标/牌号，也标明产地

C. 在商品本身及其包装上不使用买方指定的商标/牌号，也不标明产地

D. 在商品本身及其包装上不使用买方指定的商标/牌号，但标明产地

三、多项选择题

（1）下列（　　）是根据商品外观造型来命名的。

A. 平底锅　　　　　　B. 西湖龙井　　　　　C. 红小豆　　　　　　D. 方巾

（2）凭样品买卖有（　　）这几种形式。

A. 凭卖方样品买卖

B. 凭买方样品买卖

C. 凭对等样品买卖

D. 凭第三方样品买卖

（3）包装标志按其用途，可分为（　　）。

A. 运输标志

B. 指示性标志

C. 警告性标志

D. 识别标志

（4）运输标志主要内容包括（　　）。

A. 收货人代号

B. 目的地（港）名称

C. 件号

D. 批号

（5）按包装方式划分，可分为（　　）。

A. 销售包装

B. 运输包装

C. 单件运输包装

D. 集合运输包装

（6）商品品质的内在质量包括（　　）。

A. 物理性能 　　　B. 化学成分 　　　C. 机械性能 　　　D. 生物特征

（7）对等样品又被称为（　　　）。

A. 参考样品 　　　B. 回样 　　　C. 确认样品 　　　D. 复样

（8）商品品质机动条款通常包括（　　　）。

A. 对商品主要质量指标规定一定的机动范围

B. 规定质量指标上下差异

C. 规定质量规格上下限

D. 采用大约、左右、合理误差等表示质量指标

（9）采用中性包装的目的是（　　　）。

A. 避开进口国家地区的关税和非关税壁垒

B. 避开其他一些非歧视性措施

C. 利用进口方的商业信誉

D. 使出口厂商扩大出口

（10）在国际贸易中，常见的集合运输包装主要有（　　　）。

A. 集装箱 　　　B. 集装包 　　　C. 集装袋 　　　D. 托盘

四、判断题

（1）在订立品名条款时，一定是交易双方洽谈的商品，并且是双方理解一致的商品，否则将会引起不必要的验货纠纷。（　　　）

（2）在国际贸易中，凭样品买卖一般适用于寄售、拍卖、展卖、零售等业务中。
（　　　）

（3）在规定品质条款时，可以采用诸如"大约""左右""合理误差"等字眼。
（　　　）

（4）EAN 码由 13 位数字组成，前 4 位数字为国别码。（　　　）

（5）采用定牌生产时应注意买方指定商标的知识产权问题，避免引起不必要的纠纷。
（　　　）

（6）溢短装条款只适用于散装货物，非散装货物不允许溢短装。（　　　）

（7）定牌生产指卖方要求在其出售的产品包装上标以买方指定的商标或品牌名，并且不标上生产的国别和生产厂商的名称。（　　　）

（8）合同中的包装条款一般包括包装材料、包装方式和每件包装所包含的数量或重量。
（　　　）

（9）凭文字说明来表示商品品质的方法中，凭规格买卖使用最为广泛。（　　　）

（10）采用凭产地名称或者地理标志表示商品独特的品质，不需要考虑知识产权的问题。
（　　　）

五、名词解释

商品名称 　　　商品数量 　　　商品品质 　　　商品包装

六、简答题

（1）根据属性对商品进行命名的方法有哪几种？

（2）签订品名条款时应注意哪些问题？

（3）订立品质条款时应注意哪些问题？

（4）订立合同数量条款应注意哪些事项？

（5）简述商品包装的作用。

（6）订立商品包装条款时应注意哪些事项？

七、案例题

（1）我国一家出口公司（卖方）和美国某商家（买方）达成了一笔高级瓷器的交易，根据约定，买方有 60 天的复验期。在复验期内，买方并未对货物提出任何异议。然而，一年后，买方却突然来电称，所有瓷器都出现了"釉裂"，只能以降价的方式处理。因此，他们要求卖方按照成交价赔偿 60%。卖方在接到电话后，立即查看了之前留下的复样，结果发现，复样中的釉下也存在裂纹。

问：卖方应如何处理？

（2）我国生产企业向马来西亚客户出口汽车配件，品名为 YZ – 8303R/L，但生产企业提供了 YZ – 8301R/L，两种型号的产品在外形上非常相似，但适用于不同的车型，因此客户不能接受，要求我方调换产品或降低价格。

问：本案应如何处理？

（3）我国的一家出口公司与俄罗斯某商家进行黄豆出口交易时，合同中规定每袋黄豆的净重应为 100 千克，总计 1 000 袋，总量应为 100 吨。然而，当货物运抵俄罗斯并经过海关检查后，发现每袋黄豆的净重只有 94 千克，1 000 袋黄豆总量仅为 94 吨。当时正值黄豆市场价格下跌，俄罗斯商家因此以货物与合同不符为由，提出了降价 5% 的要求，否则将拒收货物。

问：俄罗斯商家的要求是否合理？我方应采取什么补救措施？

（4）我国某外贸公司向海湾某港口出口冻羊肉 20 公吨，每公吨 FOB 价值 400 美元，合同规定数量可增减 10%。国外按时开来信用证，证中规定金额为 8 000 美元，数量约 20 公吨。我方按规定 22 公吨发货装运，但持单到银行办理议付时却遭拒付。

问：银行拒付是否有理？出口单位有无补救办法？

（5）我国某公司出口水果罐头一批，合同规定为纸箱装，每箱 30 听，共 80 箱。但我方发货时改为每箱 24 听，共 100 箱，总听数相等。

问：这样做妥当吗？

（6）一家国外公司正在与我国上海的某自行车厂进行洽谈，计划从我国进口 1 000 辆自行车。然而，他们提出一个特殊的要求，即希望我方将产品的商标改为"剑"牌，并且不允许在包装上出现"Made in China"的字样。

问：我方是否可以接受对方的要求？在处理此项业务时应注意哪些问题？

◇ 课堂讨论题

根据本课程所学的相关知识，设计一个唛头。（基本资料：英国 CAD 进出口公司与我国 CBD 进出口公司签订购买棉纺织品 500 包的第 100 号合同，5 个颜色，10 000 件，单色包装，每包毛重 25 千克，净重 24 千克，外箱尺寸 150cm×58cm×50cm，运往伦敦港。）

第三章　商品的价格与国际贸易术语

 **学习要求**

●・**重点**・●

（1）对外贸易中作价的原则、方法和影响价格的因素。

（2）贸易术语，特别是几种常用贸易术语的含义、内容及其应用。

（3）《2020 年国际贸易术语解释通则》与《2010 年国际贸易术语解释通则》的主要区别。

（4）出口商品成本核算、佣金和折扣、出口价格的计算与换算等。

（5）选择贸易术语时应考虑的因素。

（6）价格条款的内容。

●・**掌握**・●

（1）惯例、合同和法律之间的关系。

（2）计价货币的选择和汇率风险的防范。

（3）佣金和折扣的表示方法。

（4）佣金和折扣的支付方法。

（5）规定价格条款时应注意的事项。

●・**了解**・●

（1）有关贸易术语的主要国际贸易惯例。

（2）其他术语的含义、内容。

 引题案例

　　我国与 B 国的 H 公司通过 CFR 贸易术语达成了一批消毒碗柜的交易。合同中规定，货物应在 4 月 15 日前完成装运。我国方面已经提前做好准备，并在 4 月 8 日完成了装船工作。然而，由于当天是星期日，业务员未能及时向买方发出装运通知，导致买方未能及时办理投保手续。令人遗憾的是，4月8日晚上，货物因一场火灾而被烧毁。

问：货物损失责任由谁承担？为什么？

与该案例有关的商品贸易术语问题，涉及风险、责任、权利和费用等。商品价格的高低直接关系到买卖双方的切身利益，如何对进出口商品作价、价格又由哪些部分构成？如何解决买卖双方之间常因风险、责任、费用不清而产生的一些纠纷与问题？在进出口交易价格磋商中，如何对出口成本进行核算？不同条件下如何对外报价？这些正是本章所要解决的问题。

第一节　商品的价格

在国际贸易中，成交商品价格的确定是买卖双方最为关心的一个重要问题。商品的价格便成为国际货物买卖的主要交易条件，价格条款是买卖合同中必不可少的合同条款，它不仅关系到买卖双方的利益，而且与合同中的其他条款也密切相关。因此，买卖双方在洽商交易和订立合同时，要综合考虑各种因素，合理地采用各种作价方法，正确掌握进出口商品价格。

一、进出口商品作价的原则与影响价格的因素

在贯彻平等互利原则的基础上，我国进出口商品作价必须遵循三项原则：按国际市场价格水平作价；结合国别/地区政策作价；结合购销意图作价。

由于价格构成的因素多种多样，影响价格变动的因素也因此而变得复杂多样。因此，为了更准确地把握我国进出口商品的价格，除了遵循上述的定价原则外，还需要考虑一些其他的相关因素。

（1）商品的质量和档次。商品的质量和档次是影响价格的重要因素，优质商品自然价格较高，而低质量的商品价格则相对较低。

（2）成交数量。成交数量也是影响价格的因素之一，大量成交时，价格可以适当优惠，或者采用数量折扣的方式；而成交数量过少，甚至低于起订量时，则可以适当提高价格。

（3）运输距离的远近。运输距离的远近也会影响价格，运输距离远，运费和保险费自然增加，价格也会相应提高。

（4）交货地点和交货条件。交货地点和交货条件也是影响价格的重要因素，不同的交货地点和交货条件，会导致买卖双方承担的责任、费用和风险不同，因此在确定价格时，必须考虑这些因素。

（5）商品季节性需求的变化。商品季节性需求的变化也会影响价格，节令性商品如果能在节令前到货，就能卖上好价，而过了节令的商品，其售价往往很低。

（6）支付条件和汇率变动的风险。支付条件和汇率变动的风险也是影响价格的重要因素，例如，同一商品在其他交易条件相同的情况下，采取预付货款和凭信用证付款方式的价格应当有所区别。同时，确定商品价格时，一般应争取采用对自身有利的货币成交，如采用对自身不利的货币成交时，应当把汇率变动的风险考虑到货价中去，即适当提高出售价格或压低购买价格。

除以上因素外，交货期的远近、市场销售习惯和消费者的爱好等因素也会对确定价格产生影响，我们必须在调查研究的基础上通盘考虑，权衡得失，然后确定适当的价格。

二、进出口商品的作价方法

在国际贸易中如何规定进出口商品的价格，一般由合同双方当事人商定，通常可供选择的作价方法有下列几种。

（1）固定价格。固定价格是国际贸易中采用较多的作价方法。固定价格即固定作价法，是指交易双方在协商一致的基础上，对合同价格予以明确、具体的规定，事后不论发生什么情况，均按确定的价格结算应付货款。这种固定作价的办法适用于交货期较短、价格比较稳定的商品。但是，一旦市场价格发生较大的变化，就会给某一方造成损失，从而使履约发生困难。

（2）暂不固定价格。暂不固定价格也称暂不固定作价法，是指货物价格暂不固定，买卖双方约定未来确定价格的依据和方法。对国际市场价格变动频繁、幅度较大，或交货期较远、市场趋势难预测的货物，可用此法。例如在合同中规定，以某月某日某地的有关商品交易所该商品的收盘价为准，或以此为基础再加（或减）若干美元。

（3）暂定价格。在商业交易中，尤其是涉及市价波动较大的商品的远期交易，为了避免价格风险，买卖双方可以采取一些特殊的措施。一种可行的方法是在合同中先设定一个初步价格，这个价格将作为开立信用证和初步付款的基准。然后，在双方确定了具体的价格后，再进行最后的清算，根据实际价格进行多退少补。这种方法的优点是可以降低价格波动带来的风险，但缺点是合同的稳定性较差。

（4）滑动价格。国际上，对于某些货物，如成套设备、大型机械，从合同成立到履行完毕需时较长，可能因原材料、工资等变动而影响生产成本，价格的升降幅度较大。为避免承担过大的价格风险，保证合同顺利履行，可采用滑动价格。即在合同中先订立一个基础价格，在交货时或交货前一定时间，按工资、原材料价格变动的指数作相应调整，以确定最后价格。调整价格的办法在合同中具体订明。

除以上四种常用作价方法外，在商业交易中，尤其是涉及大量商品的分期交货，为了避免远期交货的商品价格波动带来的损失，买卖双方还可以采取一种特殊的定价策略，即部分固定作价、部分暂不作价法。具体来说，就是在近期交货的部分商品上，采取固定价格的方式，以降低价格波动的风险。而对于远期交货的部分，则采取暂时不定价的方式，等待市场价格变化情况明确后再进行商定。这种策略旨在通过灵活调整定价策略，降低交易风险，保障交易的顺利进行。

三、计价货币的选择和汇率风险的防范

（一）计价货币和支付货币

计价货币是指合同中规定的用来计算价格的货币。支付货币是指在合同中双方约定可用来清偿按计价货币表示的货款的等值货币。在国际货物买卖中，计价货币通常与支付货币为同一种货币；但也可以计价货币是一种货币，而支付货币为另一种甚至另几种货币。这些货币可以是出口国或进口国的货币，也可以是第三国的货币，具体采用哪种货币由双方协定。

（二）币种的选择

由于不同的国家使用不同的货币，因此用来计价和支付的货币就有不同的选择。在当前世界各国普遍实行浮动汇率制的情况下，买卖双方都可能承担汇率变动带来的风险。

在进行国际贸易时，交易双方在选择计价或支付货币时需要考虑多个因素。首先，货币是否为可自由兑换货币是至关重要的，因为使用这种货币有利于调拨和运用资金，同时也有助于在必要时转移货币汇价风险。其次，货币的稳定性也是一个需要关注的因素。理论上，对于出口交易，选择在成交至收汇这段时期内汇价稳定且趋于上浮的货币，即"硬币"计价较为有利；而在进口合同中，则应争取使用在成交至付汇这段时间内汇价疲软且趋于下浮的货币，即"软币"计价较为合算。

然而，在实际业务中，选择哪种货币作为计价货币还需综合考虑双方的交易习惯、经营意图和价格。如果为达成交易而不得不采用对我方不利的货币，可以采取以下两种措施来防范风险：一是根据该种货币今后可能的变动幅度，压低进口价格或提高出口价格；二是在可能的条件下，争取订立保值条款，以避免计价货币汇率变动带来的风险。总之，在国际贸易中，选择合适的货币对交易双方的风险管理和利益保障具有重要意义。

第二节　国际贸易术语

一、贸易术语的含义和作用

国际贸易中买卖双方由于路途遥远，在货物交接过程中涉及许多问题。如：卖方在何

时、何地，以何种方式交货？货物发生损坏或灭失的风险在买卖双方之间何时转移？货物的运输、保险、通关手续由谁来办理？这些费用又由谁承担？对于这些问题，交易双方可以通过协商，作出各种安排。但如果每一次交易都对上述问题进行反复洽商，将会耗费大量的时间和费用，并影响交易的达成。在国际贸易的长期实践中，逐渐形成了一些习惯的做法来解决上述存在的问题，由此形成了当前在国际贸易中广泛使用的各种贸易术语。

贸易术语又称价格术语或贸易条件（terms of price），它是用一个简短的概念或英文字母的缩写来表示商品价格的构成，说明交货地点，以及确定买卖双方风险、责任、费用划分等问题的专门术语。例如，FOB Shanghai、CIF Singapore，其中 FOB、CIF 即为贸易术语。

贸易术语，作为一种特殊的商业语言，具有双重功能。一方面，它们用于描述交货的条件，也就是明确买卖双方在货物交接过程中的责任、费用和风险分担；另一方面，贸易术语也用来表示成交商品的价格构成因素，也就是商品的价格由哪些部分组成。

贸易术语的产生和广泛应用，对简化交易手续、缩短洽商时间、节省费用开支、避免双方当事人之间的误会和争议、促进贸易发展具有非常重要的作用。

二、有关贸易术语的国际惯例

（一）国际贸易惯例的含义和性质

国际贸易惯例是指在长期国际贸易实践中逐渐形成的，具有普遍意义的一些习惯做法和规则，经国际组织加以编撰和解释，为较多国家的法律界和工商界所熟悉、承认和接受的非强制性文件。

国际贸易惯例本身并非法律，一般不具有强制性，它的适用是以当事人的意思自治为基础的。如果买卖双方在合同中作出与惯例完全相反的约定，只要这些约定是合法的，就将得到有关国家法律的承认和保护。但是，如果买卖双方在合同中明确表示援引某项惯例，则这项惯例对双方都有约束力，有关双方当事人的责任划分，应按照该项惯例进行。

惯例对国际贸易实践具有指导作用。在处理国际贸易争议时，各国法院或仲裁庭往往会引用某些公认的或影响较大的惯例作为判决或裁决案件的依据。

（二）有关国际贸易术语的国际贸易惯例

国际上对各种贸易术语的解释，特别是基本术语的解释已趋于一致。但对某些贸易术语，不同的国际经济组织和工商、法律团体仍有不同解释。目前对国际贸易影响较大的有关国际贸易术语的国际惯例主要有三种。

1.《1932 年华沙 – 牛津规则》

该规则是由国际法协会制定的。主要说明 CIF 买卖合同的性质，并具体规定了买卖双方所承担的费用、责任和风险以及所有权转移方式等。该规则因其解释的贸易术语仅有 CIF 一种，目前采用者不多。

2.《1990 年美国对外贸易定义修订本》

《美国对外贸易定义》是由美国几个商业团体制定的贸易规范，历经多次修订，对美洲地区贸易具有较大影响力。该贸易定义最早于 1919 年在纽约制定，原名为《美国出口报价及其缩写条例》。经过 1941 年美国第 27 届全国对外贸易会议的修订，以及 1990 年的再次修订，被命名为《1990 年美国对外贸易定义修订本》。修订本共解释了六种贸易术语，其中 FOB 术语又分为六种类型。需要注意的是，《美国对外贸易定义》与国际商会的《国际贸易术语解释通则》存在明显分歧，特别是在美洲地区，使用时需特别关注。

3.《2020 年国际贸易术语解释通则》

为统一各种贸易术语的不同解释，国际商会于 1936 年提出了一套解释贸易术语的具有国际性的统一规则，定名 Incoterms 1936。随后，国际商会为适应国际贸易实践的不断发展，先后于 1953 年、1967 年、1976 年、1980 年、1990 年、1999 年、2000 年、2010 年和 2020 年对该通则进行了修改和补充。现行的通则为 Incoterms 2020，中文名为《2020 年国际贸易术语解释通则》（以下简称《2020 年通则》）。

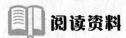 **阅读资料**

国际商会（ICC）的性质与职能

国际商会英文名为 The International Chamber of Commerce，简称 ICC，是为世界商业服务的非政府间组织，是联合国等政府间组织的咨询机构。国际商会于 1919 年在美国发起，1920 年正式成立，其总部设在法国巴黎。目前，国际商会的会员已扩展到 100 多个国家和地区之中，由数万个具有国际影响力的商业组织和企业组成，已在 59 个国家和地区中成立了委员会或理事会，组织和协调国家范围内的商业活动。它是全球唯一的代表所有企业的权威代言机构。

国际商会以贸易为促进和平、繁荣的强大力量，推行一种开放的国际贸易、投资体系和市场经济。人们一提到《国际贸易术语解释通则》，就不可避免地会联想到国际商会。这是因为，长期以来，不同国家和地区对于国际贸易术语有多种不同的解释，而国际商会则对国际贸易术语的解释予以统一规范，将制定、普及和推广使用解释通则作为自己的主要职能之一。此外，它所制定的用以规范国际商业合作的规章，如《托收统一规则》《跟单信用证统一惯例》等被广泛地应用于国际贸易中，并成为国际贸易不可缺少的一部分。

国际商会的主要职能有四个：

（1）在国际范围内代表商业界，特别是对联合国和政府专门机构充当商业发言人。

（2）促进建立在自由和公正竞争基础上的世界贸易和投资。

（3）协调统一贸易惯例，并为进出口商制定贸易术语和各种指南。

（4）为商业提供实际服务。

资料来源：郭毅. 市场营销学原理［M］. 北京：电子工业出版社，2008。

《2020 年通则》是国际商会根据国际货物贸易的发展，对《2010 年国际贸易术语解释通则》（以下简称《2010 年通则》）的修订，2019 年 9 月 10 日修订，于 2020 年 1 月 1 日实施。《2020 年通则》共有 11 种贸易术语，可按照适用的运输方式划分为两大类：第一类包括 EXW、FCA、CPT、CIP、DAT、DAP、DDP 七种适用于任何运输方式的术语；第二类包括 FAS、FOB、CFR、CIF 四种适用于水上运输方式的术语。

（三）《2020 年国际贸易术语解释通则》和《2010 年国际贸易术语解释通则》的比较

虽然《2020 年通则》于 2020 年 1 月 1 日正式生效，但并非《2010 年通则》就自动作废。因为国际贸易惯例本身不是法律，对国际贸易当事人不产生必然的强制性约束力。当事人在订立贸易合同时仍然可以选择适用《2010 年通则》。

《2020 年通则》共解释了 11 种术语，将它们按不同类别分为 E、F、C、D 四个组（见表 3 - 1）。

表 3 - 1　　　　　《2020 年通则》中 11 种术语的分组及其适用的运输方式

组别	贸易术语	交货地点	运输方式
E 组 启运	EXW（Ex Works）	工厂交货	任何运输方式，包括多式运输
F 组 主运费未付	FCA（Free Carrier）	货交承运人	任何运输方式，包括多式运输
	FAS（Free Alongside Ship）	装运港船边交货	适用于海运及内河运输
	FOB（Free on Board）	装运港船上交货	适用于海运及内河运输
C 组 主运费已付	CFR（Cost and Freight）	成本加运费	适用于海运及内河运输
	CIF（Cost Insurance and Freight）	成本、保险费加运费	适用于海运及内河运输
	CPT（Carriage Paid to）	运费付至	任何运输方式，包括多式运输
	CIP（Carriage and Insurance Paid to）	运费、保险费付至	任何运输方式，包括多式运输
D 组 到达	DAP（Delivered at Place）	目的地交货	任何运输方式，包括多式运输
	DPU（Delivered at Place Unloaded）	卸货地交货	任何运输方式，包括多式运输
	DDP（Delivered Duty Paid）	完税后交货	任何运输方式，包括多式运输

相对于《2010 年通则》，《2020 年通则》的主要变化如下。

1. DPU 术语替代 DAT 术语

在现代物流运输中，有一种贸易术语发生了变化，即运输终端交货（Delivered at Terminal，DAT）被修改为卸货地交货（Delivered at Place Unloaded，DPU）。在 DAT 的定义下，卖方只需将货物从抵达的运输工具上卸至"运输终端"，即视为完成交付。而"运输终端"的定义相对宽泛，被广泛地理解为任何地点，无论该地点是否有遮盖，如码头、仓库集装箱堆积场，或是公路、铁路、空运货站等。然而，DPU 的规定则更为灵活，它强调目的地可以是任何地方，而不仅仅是"运输终端"。这一改变使得 DPU 更加符合用户的需求，因为用户可能希望在运输终端以外的场所交付货物。当然，如果目的地并非运输终端，卖方需要确保其交货地点具备卸载货物的条件。这样的改变无疑为买卖双方提供了更大的便利，也使得贸易过程更加灵活和高效。

2. DAP 术语和 DPU 术语位置对调

《2020 年通则》将 DAP 和 DPU（修改前为 DAT）这两个术语的排列位置改变了，把 DAP 置于 DPU 之前。DAP 是指卖方在指定的目的地交货，只需做好卸货准备，无须卸货即完成交货。在卖方义务上，DPU 正好比 DAP 多一个步骤——要完成卸货，所以将其位置放在后边，顺序符合逻辑。从 D 组术语整体来看，DAP→DPU→DDP 体现了卖方责任的层层递进，且 DAP 和 DPU 在术语的英文全称及缩写上都可以清晰辨别，不容易产生混淆。

3. 费用划分条款的调整

《2020 年通则》汇总了各条款的费用，用户可以在汇总表中直接找到自己想要了解的术语的全部费用，这样也便于不同贸易术语之间的横向对比。《2020 年通则》保留了原分散于各条款的费用项目，比如在 FOB 贸易术语项下，取得交付或运输相关单据产生的成本除在汇总费用的部分有载明外，在说明该项义务的部分也有载明。

4. "使用说明"改为"用户解释性注释"

《2020 年通则》中的"用户解释性注释"阐明了各术语的基本原则，具体到何时适用、风险何时转移及费用在买卖双方间的划分，主要目的是帮助用户有效及准确地选择合适的术语，也为适用《2020 年通则》的合同或争议提供了相应的指引。

5. FCA 术语引入了新的附加机制

FCA 是指卖方只要将货物在指定的地点交给买方指定的承运人，并办理了出口清关手续，即完成交货。这一贸易术语是卖方将货物交给承运人即完成交货，风险自交货时转移。FOB 是卖方将货物装上买方指定的船舶即完成交货。这一贸易术语是卖方将货物交至承运人船上方完成交货，风险自货物上船后转移。

FCA 与 FOB 相比，少了装船的步骤。当用集装箱运输货物时，货物并不是被直接装到船上，而是被储藏在集装箱码头上，等船只到达以后再开始装船，所以这时候卖方更愿意选择 FCA 术语，可以规避装船过程中的风险。但是根据 FCA 的规定，承运人在货物实际装船后才会签发装船提单，这就导致选择 FCA 术语的卖方无法取得已装船提单，在信用证项下无法满足银行的单据要求，考虑到这个因素，卖方只能退而求其次，选择 FOB 术语，而无法规避装船过程中的风险。

在《2020 年通则》中，为了解决一些实际问题，FCA 术语增加了一个额外的选择。这个选择允许买卖双方约定，在货物装运后，买方指示其承运人向卖方签发装船提单。这样一来，卖方才会承担向买方提交提单的义务。虽然国际商会也意识到，这种装船提单与 FCA 项下的交货规定之间存在一定的矛盾，但为了满足用户的需求，还是决定加入这个选项。值得注意的是，即便采用了这个附加选项，卖方仍然不会受到买方签署的运输合同条款的约束。这就意味着，卖方在履行交货义务时，依然需要按照 FCA 的规定来操作，而不是完全依赖于运输合同的条款。这样的安排既满足了用户的需求，又确保了交易的公平性和合规性。

6. CIP 术语要求的保险责任扩大

国际贸易中，买卖双方选择 CIF 和 CIP 这两个贸易术语时，卖方一般具有投保义务。《2010 年通则》规定卖方在无相反约定的情况下，最低购买协会货物条款（Institute Cargo Clause）（C）或类似保险。此次《2020 年通则》针对 CIP 和 CIF 做了区分：CIP 术语下需要最低购买协会货物条款（A）或类似保险，CIF 术语下需要最低购买协会货物条款（C）或类似保险。之所以在 CIF 中仍然保留较低层级的保险要求，是考虑到海运的风险较大。这是在风险和成本之间权衡的结果。

7. 运输方式自定义

《2020 年通则》对贸易术语进行了一定程度的调整，特别是在 FCA、DAP、DPU 以及 DDP 等方面，明确了当事方可以自行安排运输工具进行货物运输。相较于《2010 年通则》，后者在设计规则时默认货物运输将由第三方承运人负责，未能充分考虑到卖方或买方自行负责运输的可能性。而在《2020 年通则》中，这一情况得到了充分考虑。

具体来说，D 组规则 DAP、DPU 及 DDP 现在允许卖方使用自己的运输工具进行货物运输，这无疑为卖方提供了更大的灵活性。同时，在 FCA 条款下，买方也可以选择使用自己的运输工具来接收货物，并负责将货物运输至买方场所。这一改变充分体现了贸易活动的灵活性和多样性，为交易双方提供了更大的自主权，有助于提高贸易效率。

8. 明确规定了与安全有关义务的分配规则

《2010 年通则》中提及了安保要求，但随着国际贸易的不断发展，该要求已经不能满足贸易现状了。《2020 年通则》在每个贸易术语项下的"运输合同"及"出口清关"部分都明确规定了与安全有关义务的分配规则。同时，对于因该义务而增加的成本费用，也在费用划分条款中作了更明确的规定。

三、《2020 年通则》中的贸易术语

《2020 年通则》共有 11 种贸易术语，按照适用的运输方式划分为仅适用于水上运

输和适用于多种运输方式两大类。下面分别介绍六种常用的贸易术语和其他五种贸易术语。

（一）六种常用的贸易术语

在国际贸易中，FOB、CFR、CIF、FCA、CPT 和 CIP 是实践中使用较多的贸易术语。熟悉并掌握这六种贸易术语的含义、买卖双方分别应承担的义务与费用，以及使用中应该注意的问题，非常重要。

1. FOB 术语

装运港船上交货（free on board，FOB）是一种常见的贸易术语，又被称为"船上交货"。根据这一条款，卖方有义务在合同规定的日期或时间内，将货物装上买方指定的船只，或者通过将货物交付至船上的方式完成交货。在货物交到船上的那一刻，货物的灭失或损坏风险就转移到买方身上，同时，买方也需承担自那时起的所有费用。值得注意的是，在使用 FOB 术语时，必须在术语后面注明具体的装运港名称。这样的规定确保了交易的明确性和公平性，避免了因装运港不明确而产生的纠纷。

在贸易术语中，卖方需要按照合同规定，将货物装上买方指定的船只，或者取得已经完成装运的货物。这里提到的"取得"方式，主要是考虑到连环贸易的实际情况，这种方式在商品贸易中非常常见。

需要注意的是，FOB 这一术语并不适用于货物在装船前已经移交给承运人的情况，例如通过集装箱运输的货物，通常在目的地进行交付。在这些情况下，应使用 FCA 这一贸易术语。这样的规定，可以确保交易的公平性和明确性，避免因为术语使用不当而产生的误解和纠纷。

（1）FOB 术语下，买卖双方的主要义务。

按照《2020 年通则》，在 FOB 术语下，买卖双方的主要义务如下。

①一般义务。卖方必须提供符合买卖合同约定的货物和商业发票，以及合同可能要求的其他与合同相符的证据。买方必须按照买卖合同约定支付价款。如果买卖双方约定采用电子通信，则所有单据可以是同等效力的电子凭证或手续。

②许可证、授权、安检通关和其他手续。卖方自担风险和费用，取得任何出口许可证或其他官方许可，并办理货物出口所需的一切海关手续。买方自担风险和费用，办理进口及过境手续，承担相关的风险和费用，取得需要的官方文件和许可。

③运输合同与保险合同。卖方没有义务为买方订立运输合同，也没有义务向买方提供保险合同。但是当买方要求的时候，卖方必须向买方提供买方获得保险时所需要的信息，此时一切风险和费用（如果有的话）由买方承担。买方必须自付费用签订自指定的装运港起运货物的运输合同。买方没有义务向卖方提供保险合同。

④交货/收取货物。卖方在约定日期或期限内，按照港口习惯方式完成交货。买方必须收取卖方按规定交付的货物。

⑤风险转移。卖方承担在装运港装上船为止货物灭失或者损坏的全部风险。买方承担在装运港装上船后货物灭失或损失的全部风险。

⑥费用划分。在贸易过程中，卖方和买方各自承担一定的费用。卖方需要负责交货前与货物相关的所有费用，这包括货物出口所需的海关手续费用以及应缴纳的所有关税、税款和其他费用。而买方则需要承担卖方完成交货后与货物相关的一切费用，如货物进口应缴纳的所有关税、税款和其他费用，以及办理进口海关手续的费用和从他国过境的运输费用。另外，如果因为买方的原因导致卖方无法按期交货，并且货物已经明确为合同项下的货物，那么买方需要承担因此而产生的额外费用。这样的规定可以确保交易的公平性和明确性，避免因为费用承担问题而引发的纠纷。

⑦通知的义务。卖方在完成交货后应给予买方充分的通知（装船通知）；或者船只未能在约定的时间内接收上述货物的充分通知。买方订立运输合同后，必须给予卖方有关船名、装船点，以及需要时在约定期限内选择的交货时间的充分通知。

⑧交货凭证。卖方有义务提供足以证明其完成交货的凭证。买方必须接受卖方按规定提供的交货凭证。

⑨查对、包装、标记/货物检验。卖方交货时应对货物进行查对、检验、包装并作适当标记，承担相关的费用。如果买方没有特殊要求，对需要包装的货物，卖方应提供适合运输的包装。买方必须支付任何装运前检验的费用，但出口国有关当局强制进行的检验除外。

⑩协助提供信息及相关费用。买方、卖方对于货物进口、出口、过境以及安全方面的信息要求，必须及时告知对方。买方、卖方必须及时向对方提供或协助其取得相关信息。应对方要求提供或协助取得信息，所发生的费用由对方承担。

（2）采用 FOB 术语需要注意的问题

①交货的要求和风险转移。按照《2020 年通则》规定，FOB 术语合同的卖方完成交货的情况可以有两种：在指定装运港的装船点，将货物置于买方指定的船上；取得已在船上的货物。

《2020 年通则》中，FOB 术语下风险转移有两种情形：第一，货物灭失或损坏的一切风险在卖方完成交货时转移给买方；第二，如果买方的原因使得卖方不能如期交货，则自约定的交货日期或交货期限届满之日起，买方承担货物有关的风险，前提是货物已清楚地确定为合同项下。其中，买方的原因包括：买方未给予卖方有关船舶的充分通知；买方指派的船只未能按时到达，或未能承载货物，或者早于通知的时间停止装货。

②装货费用的负担。在装运港的装货费用主要是装船费以及与装货有关的理舱费和平舱费。在 FOB 合同中，如买方使用班轮运输货物，由于班轮运费包括了装货费用和在目的港的卸货费用，因班轮运费是由买方支付，因此装货费用实际上是由买方负担的。在大宗货物需使用租船装运时，FOB 合同的买卖双方对装货费用由何方负担应进行洽商，并在合同中用文字作出具体规定，也可采用在 FOB 术语后加列字句或缩写，即所谓 FOB 术语的变形来表示。常见的 FOB 术语变形有：

● FOB 班轮条件（FOB liner terms）：有关装船费用按班轮条件办理，由支付运费的一方，即买方负担。

● FOB 吊钩下交货（FOB under tackle）：卖方仅负责将货物交到买方指定船只的吊钩所及之处，以后的装船费用概由买方负责。

● FOB 包括理舱（FOB stowed，FOBS）：卖方负责将货物装入船舱，并支付包括理舱费在内的装船费用。

● FOB 包括平舱（FOB trimmed，FOBT）：卖方负责将货物装入船舱，并支付包括平舱费（对散装货物进行填平补齐所需费用）在内的装船费用。

需要注意的是，上述贸易术语的变形只为明确装船费用由谁负担问题而设，通常并不改变买卖双方风险划分的界限，如果当事人有相反的意图，应在合同中加以具体规定。

③《1990 年美国对外贸易定义修订本》对 FOB 的特殊解释。《1990 年美国对外贸易定义修订本》将 FOB 术语分为 6 种，其中只有 "指定装运港船上交货" ［free on board vessel（named port of shipment）］与《2020 年通则》解释的 FOB 术语相近。

按《1990 年美国对外贸易定义修订本》规定，只有在买方提出请求，并由买方负担费用的情况下，"指定装运港船上交货" 的卖方才有义务协助买方取得由出口国签发的为货物出口或在目的地进口所需的各种证件，并且，出口税和其他税捐费用也需由买方负担。这些规定与《2020 年通则》中 FOB 术语关于卖方须负责取得出口许可证，并负担一切出口税捐及费用的规定有很大不同。因此，我国外贸企业在与美国和其他美洲国家出口商按 FOB 术语洽谈进口业务时，除了应在 FOB 术语后注明 "轮船"（vessel）外，还应明确提出由对方（卖方）负责取得出口许可证，并支付一切出口税捐及费用。

2. CFR 术语

成本加运费（cost and freight，CFR）是一种贸易术语，又被称为 "运费在内价"。根据这一条款，卖方需要在合同规定的日期或时间内，将货物交付至买方指定的船只，或者通过取得已经这样交付的货物的方式完成交货。在货物交到船上的那一刻，货物的灭失或损坏风险就转移到买方身上。卖方需要承担并支付必要的成本和运费，以将货物运至指定的目的港。值得注意的是，在使用 CFR 术语时，必须在术语后面注明具体的目的。

（1）CFR 与 FOB 的比较

CFR 与 FOB 的不同之处在于：首先，CFR 合同的卖方负责安排租船订舱并支付运费。其次，在 CFR 下，卖方须提供通常的运输单据，凭该运输单据，买方可在目的港向承运人索取货物或在运输途中将货物转售；在 FOB 下，卖方只需提供通常的交货证明以证明其已经交货，只在买方有所要求时，才协助其取得运输单据。最后，FOB 合同中须约定装运港；而在 CFR 下，则必须约定目的港。

除此之外，CFR 与 FOB 合同中买卖双方的义务划分基本上是相同的。

（2）使用 CFR 贸易术语应注意的问题

一是装船通知的重要作用。《2020 年通则》中规定：卖方必须给予买方关于货物已按规定交至船上的充分的通知。所谓"充分的通知"，是指所提供的信息在内容上应是"详尽"的，在时间上应是"毫不延迟"的，使买方能够在货物风险转移时（或之前）办理保险。

在业务往来中，卖方通常通过发出装船通知来提供办理保险所需的信息。虽然《2020年通则》并未对卖方未能给予买方充分通知的后果作出具体规定，但根据货物买卖合同的适用法律，如果卖方未能及时通知买方装船信息，导致买方无法及时办理货运保险，卖方需要承担违约责任。

二是卸货费用的负担问题。在 CFR 术语成交中，卖方负责将合同规定的货物运输至约定目的港，并支付正常运费。然而，关于货物到达目的港后的卸货费用由谁承担，也是一个需要关注的问题。为解决大宗货物租船运输中的卸货费用负担问题，CFR 术语出现了变形。这种变形旨在明确卸货费用的分担，有利于双方在合同履行过程中更好地分配责任。在实际操作中，买卖双方应根据具体情况，妥善处理卸货费用问题，以避免产生纠纷。实际业务中，常见的变形有以下几种。

- CFR 班轮条件（CFR liner terms）：卸货费用按班轮做法办理，即买方不负担卸货费。
- CFR 卸到岸上（CFR landed）：由卖方承担卸货费，包括可能涉及的驳船费在内。
- CFR 吊钩下交货（CFR ex tackle）：卖方负责将货物从船舱吊起一直卸到吊钩所及之处（码头上或驳船上）的费用。
- CFR 舱底交货（CFR ex ship's hold）：船到目的港后，由买方自行启舱，并负担货物由舱底卸至码头的费用。

3. CIF 术语

术语"cost insurance and freight（…named port of destination）"，简称 CIF，意为成本、保险费加运费（至指定目的港）。在此术语下，卖方需承担将货物运输至约定目的港的成本和运费，并在货物装船时承担货物灭失或损坏的风险。然而，一旦货物交付至船上，货物灭失或损坏的风险即转移至买方。此外，卖方还需为货物在运输途中投保，确保买方在货物到达目的港前能够承担货物灭失或损坏的风险。在签订 CIF 合同时，务必注明目的港的名称，以明确双方的责任和义务。

CIF 可能不适合货物在上船前已经交给承运人的情况，例如用集装箱运输的货物通常是在集装箱码头交货。在此类情况下，应当使用 CIP 术语。

（1）CIF 与 CFR 的比较。

CIF 与 CFR 的不同之处在于：第一，CFR 下，由买方负责办理保险并支付保险费，但在 CIF 下，则由卖方负责办理保险，支付保险费，并提交保险单据；第二，在 CFR 下，卖方必须及时发出装船通知，以便买方办理保险，若不及时发出，导致买方延误投保或漏保，卖方须承担违约责任。在 CIF 下，则无此种问题。除此之外，CIF 与 CFR 合同中买卖双方的义务划分基本上是相同的。

（2）使用 CIF 贸易术语需注意的问题。

①CIF 合同属于装运合同。根据《2020 年通则》，FOB、CFR、CIF 术语的交货点与风险点完全相同，采用这三种术语订立的合同属装运合同性质。此类合同的卖方按合同规定在装运港将货物"装上船"后，即完成了交货任务，对货物此后可能发生的任何风险不再承担责任。也正因如此，将 CIF 称作"到岸价"是不确切的。在此有必要指出，在采用 CIF 订立合同时，如果卖方被要求保证货物的到达或以何时到货作为收取价款的条件的话，则该合同将成为一份有名无实的 CIF 合同。

②卖方租船或订舱的责任。CIF 合同的卖方为按合同规定的时间装运出口，就必须负责自费办理租船或订舱。如果卖方不能及时租船或订舱，就不能按合同规定装船交货，即构成违约，从而须承担被买方要求解除合同及/或损害赔偿的责任。

根据《2020 年通则》，卖方只负责按照通常条件租船或订舱，买方一般无权提出关于限制船舶的国籍、船型、船龄以及指定装载某船或某班轮公司的船只的要求。

③卖方办理保险的责任。在 CIF 合同中，卖方应办理保险合同，并支付保险费，提交保险单据。《2020 年通则》对 CIF 卖方保险责任规定：卖方只需投保最低的险别，如 ICC 条款（C）、CIC 平安险等；最低保险金额应为合同规定的价款加 10%（即 110%），并以合同货币投保。保险期间应自交货点起，至少到指定目的港止。卖方应与信誉良好的承保人或保险公司订立保险合同，并使买方或其他对货物有可保利益者有权直接向保险人索赔。当买方要求，且能够提供卖方所需的信息时，卖方应帮助买方办理任何附加险别，保险费由买方承担。

④卸货费用的负担。使用班轮运输的运费、目的港的卸货费用由 CIF 的卖方支付。使用租船运输大宗货物时，装运港的装货费用由卖方支付，但在目的港的卸货费则需由双方在合同中订明。

其规定方法可在合同内用文字具体订明，也可采用 CIF 术语变形，如 CIF 班轮条件（CIF liner terms）、CIF 舱底交货（CIF ex ship's hold）、CIF 吊钩交货（CIF ex tackle）和 CIF 卸到岸上（CIF landed）来表示。

⑤象征性交货（symbolic delivery）。从交货方式来看，CIF 贸易术语属于典型的象征性交货方式。在象征性交货原则下，卖方只需在约定地点按期完成装运，并向买方提交包括物权凭证在内的合同规定单证，即视为完成交货义务。这种交货方式不保证货物一定到达目的地。

在 CIF 交易中，卖方和买方分别凭单交货和付款。只要卖方按期提交合格单据，买方就有义务履行付款，即使货物在运输途中受损或丢失。相反，如果卖方提交的单据不符合要求，即使货物完好无损地运达目的地，买方仍有权拒绝支付货款。

（3）FOB、CFR、CIF 三种术语的主要区别。

①办理运输的责任的规定不同。CIF 和 CFR 下由卖方办理运输，FOB 下由买方办理。

②办理保险的责任不同。CIF 下由卖方办理保险，FOB 和 CFR 下由买方办理保险。

③术语后的地点不同。FOB 后接装运港，而 CFR、CIF 后接目的港。

④各术语的价格构成不同。CFR 价等于 FOB 价加上运费，CIF 价等于 CFR 价加上保险费。

4. FCA 术语

术语"free carrier（…named place）"，简称 FCA，意为货交承运人（……指定地），是指卖方于其所在地或其他指定地点将货物交付给买方指定的承运人或其他代理人，就算完成交货义务。该术语可用于各种运输方式，包括多式联运。

当事人最好尽可能清楚、明确地说明指定交货的具体地点，风险将在此地点转移至买方。同时，交货地点的选择对于在该地点装货和卸货的义务会产生影响。如在卖方所在处交货，卖方负责将货物装上由买方指定的承运人的收货运输工具；如在其他指定地点交货，卖方不负责将货物从其送货运输工具上卸下。

FCA 要求卖方在需要时办理出口清关手续。但是，卖方没有办理进口清关手续的义务，也无须缴纳任何进口关税或者办理其他进口海关手续。

此外，FCA 术语是由买方安排运输。鉴于在采用 FCA 术语时，货物大都做了集合化或成组化处理，例如装入集装箱或装上托盘，因此，卖方应考虑将货物集合化所需的费用也计算在价格之内。

5. CPT 术语

术语"carriage paid to（…named place of destination）"，简称 CPT，即运费付至（……指定目的地），是指卖方在指定的地点向其指定的承运人或其他人交货，并须支付将货物运至目的地的运费，而买方承担交货之后的一切风险和其他费用。适用于各种运输方式，包括多式联运。

卖方办理出口清关手续；卖方负责安排运输，买方负责货物运输保险。

由于风险转移和费用转移的地点不同，该术语有两个关键点：交货地点（风险在这里转移至买方）；指定的目的地（卖方必须签订运输合同，将货物运到该目的地）。

如果运输到约定目的地涉及多个承运人，且双方不能就交货点达成一致时，可以推定：当卖方在某个完全由其选择，且买方不能控制的点将货物交付给第一个承运人时，风险转移至买方。如双方希望风险晚些转移的话（例如在某海港或机场转移），则需要在其买卖合同中订明。

如果卖方按照运输合同在指定的目的地卸货发生了费用，除非双方另有约定，否则卖方无权向买方要求偿付。

6. CIP 术语

术语"carriage and insurance paid to（…named place of destination）"，简称 CIP，即运费、保险费付至（……指定目的地），是指卖方需将货物交付给指定的承运人或其他人，并签订运输合同，支付将货物运至指定目的地的费用。此外，卖方还需为买方在运输过程中的货物灭失或损坏风险投保，并支付保险费。

这种贸易术语适用于各种运输方式，包括多式联运。在涉及多个承运人的情况下，如果双方无法就特定的交货点达成一致，风险将在卖方将货物交付给第一个承运人的地点转移至买方。为避免过早或过晚的风险转移，双方应在买卖合同中明确约定。

FCA、CPT、CIP 三种术语是分别从 FOB、CFR、CIF 三种传统术语发展而来的，其责任划分的基本原则是相同的，但也有区别，主要表现在四个方面（见表 3 - 2）。

表 3 - 2　　　　　　　　　　　　　　六种常用术语的主要区别

术语的不同点	FOB、CFR、CIF	FCA、CPT、CIP
适用的运输方式不同	仅适用于海运和内河运输，承运人一般为船公司	适用于各种运输，承运人因运输方式不同而有多种情况
交货和风险转移的地点不同	交货点和风险划分点都是装运港装上船	交货点和风险划分点因运输方式不同而有多种情况
装卸费用负担不同	贸易合同中要采用贸易术语变形，对装卸费用的负担加以确定	运费中包含装货费或卸货费，贸易合同中无须采用术语变形
运输单据不同	卖方一般要提交清洁已装船提单	运输单据因运输方式不同而有多种情况

（二）其他五种贸易术语

除了上述常用的六种贸易术语外，还有其他五种贸易术语，即 EXW、FAS、DPU、DAP 和 DDP。

1. EXW 术语

术语 "ex works（…named place）"，简称 EXW，即工厂交货（……指定地点），是指卖方在指定地点（如工场、工厂或仓库等）将货物交给买方处置时，就算完成交货义务。在此贸易术语下，卖方无须办理出口清关手续或将货物装上任何运输工具。

EXW 是卖方承担的责任、费用和风险最小的一种贸易术语。在此情况下，卖方没有义务为买方装载货物。若由卖方装载货物，相关风险和费用由买方承担。如果买方不能直接或间接地办理出口清关手续，建议不要使用此术语。

在使用 EXW 术语时，买方应知晓，卖方仅在买方要求办理出口手续时负有协助义务，但无义务主动办理出口清关手续。因此，如果买方不能直接或间接地办理出口清关手续，建议买方不要使用此术语。

该术语可适用于任何运输方式，也可适用于多种运输方式联运。它适合国内贸易，而FCA 一般更适合国际贸易。

2. FAS 术语

术语 "free alongside ship（…named port of shipment）"，简称 FAS，即装运港船边交货

（……指定装运港），是指卖方在指定的装运港将货物交到买方指定的船边，即完成交货。在此过程中，货物灭失或损坏的风险在货物交到船边时转移至买方，买方需承担自那时起的一切费用。FAS 术语仅适用于海运和内河运输。

由于卖方在特定地点交货前需承担风险和费用，建议双方尽可能明确地约定指定装运港内的装货点，以避免因港口惯例不同而导致的费用差异。当货物通过集装箱运输时，FAS 规则不适用，应使用 FCA 术语。

FAS 要求卖方在需要时办理货物出口清关手续，但没有义务办理货物进口清关、支付任何进口税或者办理任何进口海关手续。

3. DPU 术语

术语 "delivered at place unloaded"，简称 DPU，指卖方在指定的目的地卸货后完成交货。货物到达目的地且卖方完成卸货后，即完成交货并发生风险转移。DPU 术语下，由卖方办理出口报关手续、办理保险并承担费用，买方办理进口报关手续，卖方承担运费。DPU 术语适用于所有运输方式或联运。

4. DAP 术语

术语 "delivered at place（…named place of destination）"，简称 DAP，即目的地交货（……指定目的地），是指卖方在指定目的地将货物交由买方处置时，即完成交货。在此情况下，卖方承担将货物运送到指定地点的一切风险。DAP 要求卖方办理出口清关手续，但无义务办理进口清关、支付任何进口税或办理任何进口海关手续。

如果买卖双方希望卖方办理进口清关、支付所有进口关税，并办理所有进口海关手续，则应使用 DDP 术语。

5. DDP 术语

术语 "delivered duty paid（…named place of destination）"，简称 DDP，即完税后交货（……指定目的地），是指卖方在指定目的地将已完成进口清关的货物交由买方处置时，即完成交货。在此情况下，卖方承担将货物运至目的地的一切风险和费用。作为卖方，他们有责任完成货物出口和进口清关，并支付所有出口和进口的关税以及办理所有海关手续。除非合同另有约定，否则任何增值税或其他进口时需要支付的税项均由卖方承担。通过明确双方的责任和义务，DDP 术语有助于国际贸易双方在合同履行过程中更好地把握交易细节，降低潜在纠纷风险。

DDP 术语下卖方承担的责任最大。该术语可适用于任何运输方式，也可适用于多种运输方式联运。

如果卖方不能直接或间接地取得进口许可，不建议当事人使用 DDP 术语。如果当事方希望买方承担进口的所有风险和费用，应使用 DAP 术语。

四、贸易术语的选用

在国际贸易中，贸易术语是确定合同性质、决定交货条件的重要因素。在实际业务中，当事人如能选用适当的贸易术语，不仅有利于交易的达成，而且对于顺利执行合同和提高经济效益都具有重要的作用。

国际贸易中可供选用的贸易术语有多种，据统计，各国使用频率较高的贸易术语主要有 FOB、CIF 和 CFR 等。近年来，随着国际贸易的发展和运输方式的变化，FCA、CPT 和 CIP 术语的使用也日益增多。在选择贸易术语时，一般应考虑以下因素。

1. 考虑运费、保险费因素

对于出口贸易，我们应争取使用 CIF 和 CFR 术语，这两种术语有利于我方控制运输和保险环节，从而节省运费和保险费的外汇支出。在进口贸易中，我们应争取使用 FOB 术语，以便在货物抵达目的地时，我方能够更好地掌握进货时间和成本。此外，我们还应关注运价变动趋势。当运价看涨时，为避免承担运价上涨的风险，可以考虑采用由对方安排运输的贸易术语成交。例如，按 CIF 或 CFR 术语进口，按 FOB 术语出口。

2. 考虑所使用的运输方式

在《2020 年通则》下，每种贸易术语都有其适用的运输方式。例如，FOB、CFR 和 CIF 术语只适用于海洋运输和内河运输，而不适用于空运、铁路运输和公路运输。如买卖双方拟使用空运、铁路运输和公路运输，则应选用 FCA、CPT 和 CIP 术语。在我国，随着集装箱运输和多式联运方式的不断发展，为适应这种发展趋势，可以适当扩大使用 FCA、CPT 和 CIP 术语。

3. 考虑货源情况

在国际贸易中，进出口货物的品种繁多，不同类别的货物具有不同的特点，对运输方面的要求各不相同，运费开支的大小也有差异。有些货物价值较低，但运费占货价的比重较大，对这类货物，出口应选用 FOB 术语，进口选用 CIF 或 CFR 术语。此外，成交量的大小也直接涉及运输安排的难易和经济上是否合算，因此，也要考虑贸易术语的选用。

4. 考虑安全收汇、收货，规避风险

在对外贸易中，各个环节都可能潜伏着对经营者造成损害的风险，应预先防范。在贸易术语的选用方面，也涉及如何保障出口收汇和进口收货的安全问题。我方进口大宗货物需以租船方式装运时，原则上应采用 FOB 方式，由我方自行租船、投保，以避免卖方与船方勾结，利用租船提单骗取货款。在出口业务中，对于 FOB 条件下买方指定境外货运代理（简称"货代"）的情况，应慎重考虑是否接受。近年来屡屡发生买方与货代勾结，要求船方无单放货，造成卖方钱货两空的事情。

5. 选择贸易术语时还应与支付方式结合考虑

在开展出口业务时，选择贸易术语需与支付方式相结合。采用货到付款或托收等商业信用的收款方式时，应避免使用 FOB 或 CFR 术语。这是因为这两种术语下，根据合同规定，卖方没有办理货运保险的义务，而由买方根据实际情况自行办理。

在这种情况下，如果市场行情对买方不利，买方可能会拒绝接收货物，导致货物在途中出现险情，进而造成钱货两空的风险。为了避免这种风险，如果不得不采用 FOB 或 CFR 术语成交，卖方应在当地为自身利益投保货运保险。

第三节 佣金与折扣

进出口业务中，在磋商和确定商品价格时，有时会涉及佣金和折扣的规定。正确掌握和运用佣金与折扣，有利于灵活掌握价格，达到扩大销售、增加经济效益的目的。

一、佣金和折扣的含义与作用

佣金（commission）是指卖方或买方付给中间商为其对货物的销售或买卖提供中介服务的酬金。折扣（discount/rebate/allowance）是卖方按原价给买方以一定百分比的减让。

佣金和折扣都与商品的价格有直接的关系。如果运用得当，可以增强出口商品在国际市场上的竞争力，调动中间商、客户推销和经营我方出口货物的积极性，从而扩大贸易。

二、佣金和折扣的表示方法

在价格条款中，对于佣金和折扣有不同的规定方法。

（一）佣金的表示方法

（1）含有佣金的价格被称为"含佣价"。它可以用文字表示，如"每公吨 100 美元 CIF 纽约，包含佣金 5%"（USD 100 per M/T CIF New York including 5% commission）。

（2）可以在贸易术语后加注佣金的缩写英文字母"C"和佣金的百分率来表示。如 CIFC3%、FOBC5。

（3）佣金也可以用绝对数来表示。如"每公吨支付佣金 20 美元"。

佣金有明佣和暗佣之分。明佣是买卖合同或发票等有关单证上公开表明的佣金。而暗佣在合同中没有体现，需要另签一份佣金协议来明确有关佣金的内容。

（二）折扣的表示方法

国际贸易中，折扣和佣金的书写方法一样，可以用文字表示，如"每公吨 300 美元 FOB 纽约，含 2% 折扣"（USD 300 per M/T FOB New York including 2% discount）。也可以用表示折扣的英文大写字母加上百分率来表示。如 CIFD3%、FOBD2 等。

凡是不含佣金或折扣的价格被称为净价（Net Price）。

三、佣金和折扣的计算

（一）佣金的计算

佣金有不同的计算方法，一般是以交易额（即发票金额）为基础进行计算的。如以CIF 成交，就以 CIF 价乘以佣金率得出佣金数。若以 FOB 为基数，则在 CIF 成交情况下，扣除运费、保险费后再计算佣金。

佣金的计算公式为：

$$佣金 = 佣金额 = 含佣价 \times 佣金率$$

净价的计算公式为：

$$净价 = 含佣价 - 佣金$$

或

$$净价 = 含佣价 \times (1 - 佣金率)$$

如果已知净价，则含佣价的计算公式为：

$$含佣价 = 净价 \div (1 - 佣金率)$$

例 3-1 某商品价格为 CIF 新加坡，每公吨 2 000 美元，现中间商要求获得 5% 的佣金，为不使净收入减少，则报价 CIFC5% 新加坡是多少？（计算结果保留小数点后两位）

解：含佣价 = 净价 ÷（1 - 佣金率）= 2 000 ÷（1 - 5%）= 2 105.26（美元）

答：报价 CIFC5% 新加坡是 2 105.26 美元。

（二）折扣的计算

折扣的计算较为简单，一般按实际发票金额乘以约定的折扣百分率，即为应减除的折扣金额。

折扣的计算公式为：

$$单位货物折扣额 = 含折扣价 \times 折扣率$$

卖方实际售价（净收入）为：

$$实际售价 = 原价 \times (1 - 折扣率)$$

例 3-2 我国某出口货物的 FOB 价为 100 美元/件，含折扣 10%，试计算该货物的实际单位净收入。

解：净收入 = 原价 ×（1 - 折扣率）= 100 ×（1 - 10%）= 90（美元/件）

答：该货物的实际单位净收入为 90 美元/件。

四、佣金和折扣的支付方法

在我国出口业务中，佣金的支付一般有以下三种做法。

（1）在交易达成时就向中间商或代理商直接支付佣金。

（2）出口企业收到全部货款之后，再按事先约定的期限和佣金比率，另行付给中间商或代理商。

（3）如采用信用证付款，则在信用证中规定佣金在议付时直接从信用证款项中扣除，称为议扣。

通常双方应事先就如何支付佣金达成书面协议，以供执行。

折扣一般由买方在支付货款时扣除。

第四节　出口报价与成本核算

出口企业在对外洽谈出口交易前，为了控制亏损、增加盈利，必须进行成本核算。因为报价一旦低于成本，企业的盈利就无法保证。

一、出口商品成本核算

通过成本核算，比较各种出口商品的盈亏情况，并以此作为企业制定对外价格决策的依据，从而改善经营管理，提高经济效益。出口成本的核算和分析一般从以下几项指标入手：出口总成本、出口外汇净收入、出口销售人民币净收入、出口商品换汇成本、出口商品盈亏率等。

（一）出口商品换汇成本

换汇成本是指在商品出口中，换回一单位外汇需要多少人民币成本，它表示出口的换汇能力。出口换汇成本是衡量外贸企业和进出口交易盈亏的重要指标。一般而言，企业出口换汇成本越低，其盈利越多。换汇成本如高于银行的外汇牌价，则出口为亏损；反之，则说明有盈利。公式为：

$$出口换汇成本 = 出口总成本（人民币）÷ 出口外汇净收入（外币）$$

其中，出口总成本是指外贸企业为出口商品支付的国内总成本，一般包括进货成本和国内费用。

$$出口总成本 = 购货成本（含增值税）+ 国内费用 - 出口退税收入$$

$$出口退税 = 增值税发票金额 × 退税率 ÷ (1 + 增值税率)$$

出口商品无论是按 FOB、CFR 和 CIF 中的哪种术语成交，出口外汇净收入都是指将实际报价换算到 FOB 所对应的收入部分。如以 CIF 价格成交，需扣除国外运费和保险费等劳务费用支出；如以含佣金价成交，还要扣除佣金。

例 3-3 某公司向加拿大出口某商品，外销价为每公吨 500 美元 CIF 温哥华，支付运费 70 美元、保险费 6.5 美元。如果该公司收购该商品的收购价为每公吨 1 800 元人民币，且国内直接和间接费用加 17%，试计算该商品的出口总成本、出口外汇净收入和出口换汇成本（结果保留两位小数）。

解：（1）出口总成本 = 1 800 × (1 + 17%) = 2 106（元人民币）

（2）出口外汇净收入 = 500 - (70 + 6.5) = 423.5（美元）

（3）出口换汇成本 = 出口总成本(人民币) ÷ 出口外汇净收入(外币)

$$= 2\ 106 ÷ 423.5 ≈ 4.97（元人民币/美元）$$

答：该商品的出口总成本为 2 106 元人民币，出口销售外汇净收入为 423.5 美元，出口换汇成本为 4.97 元人民币换 1 美元。

（二）出口盈亏额与盈亏率

出口盈亏额是指出口销售人民币净收入与出口总成本的差额。出口净收入大于出口总成本的叫盈余，反之，叫亏损。出口盈亏率是盈亏额与出口总成本的比例，用百分率表示。它是衡量出口盈亏程度的一项重要指标。公式为：

出口盈亏率 = (出口销售人民币净收入 - 出口总成本) ÷ 出口总成本 × 100%

其中，出口销售人民币净收入是指出口销售外汇净收入（FOB 价）按当时的外汇牌价折成人民币的数额。

例 3-4 接上例，假若当期银行外汇牌价为 1 美元合 6.8 元人民币，试计算该笔出口的盈亏率（结果保留两位小数）。

解：出口人民币净收入 = 423.5 × 6.8 = 2 879.8（元人民币）

出口盈亏率 = (出口销售人民币净收入 - 出口总成本) ÷ 出口总成本 × 100%

$$= (2\ 879.8 - 2\ 106) ÷ 2\ 106 × 100% ≈ 36.74%$$

答：该笔出口的盈亏率为 36.74%。

（三）出口商品创汇率

出口创汇率也称外汇增值率，原本是用以考核进料加工的经济效益，具体计算方法是以成品出口所得的外汇净收入减去进口原料所支出的外汇，算出成品出口外汇增值的数额，即创汇额，再将其与原料外汇成本相比，计算出百分率。在采用国产原料的正常出口业务中，也可以计算创汇率，这就要以该原料的 FOB 出口价格作为原料外汇成本。计算公式为：

$$出口创汇率 = (成品出口外汇净收入 - 原料外汇成本) \div 原料外汇成本 \times 100\%$$

例 3 - 5　某商品出口价为每公吨 3 000 美元 FOB Shanghai，每公吨成品耗用原材料 1.5 公吨，加工所用原材料当时出口价为 1 000 美元 FOB Shanghai。求出口创汇率。

解：出口成品外汇净收入 = 3 000 美元/公吨

原材料外汇成本 = 1 000 × 1.5 = 1 500（美元/公吨）

出口创汇率 = (成品出口外汇净收入 - 原料外汇成本) ÷ 原料外汇成本 × 100%

　　　　　 = (3 000 - 1 500)/1 500 × 100% = 100%

答：该商品出口创汇率为 100%。

二、不同贸易术语间的价格换算

在进出口交易磋商时，有时卖方在报出一种贸易术语价格时，买方会要求其改报其他术语的价格。在不影响收汇的情况下，卖方须掌握不同贸易术语之间的价格换算方法。下面以 FOB、CFR、CIF 三种术语为例进行介绍。

（一）CFR 价或 CIF 价换算为 FOB 价

$$\textbf{FOB 价 = CFR 价 - F}$$
$$\textbf{FOB 价 = CIF 价 - I - F}$$

其中，F 表示运费，I 表示保险费，I = CIF 价 × (1 + 投保加成率) × 保险费率。故

$$\textbf{FOB 价 = CIF 价 × [1 - 保险费率 × (1 + 投保加成率)] - F}$$

（二）CIF 价或 FOB 价换算为 CFR 价

$$\textbf{CFR 价 = FOB 价 + F}$$
$$\textbf{CFR 价 = CIF 价 - I}$$
$$\textbf{CFR 价 = CIF 价 × [1 - 保险费率 × (1 + 投保加成率)]}$$

例 3 - 6　我国某公司对外出售一批商品，报价 CIF London 23 500 欧元，按发票金额 110% 投保一切险和战争险，两者费率合计为 0.7%，现客户要求改报 CFR 价。

问：在不影响收汇额的前提下，我方应报价多少？

解：I = CIF 价 × (1 + 投保加成率) × 保险费率

　　　= 23 500 × (1 + 10%) × 0.7% = 180.95（欧元）

CFR 价 = CIF 价 - 保险费 = 23 500 - 180.95 = 23 319.05（欧元）

答：在不影响收汇额的前提下，我方应报价 CFR London 23 319.05 欧元。

（三）CFR 价或 FOB 价换算为 CIF 价

$$CIF\ 价 = CFR\ 价 + I = FOB\ 价 + F + I$$

$$CIF\ 价 = (FOB\ 价 + F) \div [1 - 保险费率 \times (1 + 投保加成率)]$$

$$CIF\ 价 = CFR\ 价 \div [1 - 保险费率 \times (1 + 投保加成率)]$$

例 3 - 7　我国某商品对某国出口的 CFR 单价是 110 美元，如外商要求我们改报 CIF 价，在不影响我外汇净收入的前提下，我应报何价？（按发票金额的 110% 投保，保险费率为 0.5%）

解：CIF 价 = CFR 价 ÷ [1 - 保险费率 × (1 + 投保加成率)]

$$= 110 \div (1 - 0.5\% \times 110\%) = 110.61\ （美元）$$

答：我方应报的 CIF 价为 110.61 美元。

FCA、CPT、CIP 三种术语之间的价格换算方法跟 FOB、CFR、CIF 三种术语间的换算基本相同。

第五节　商品价格条款

一、价格条款的内容

进出口合同中的价格条款一般包括两部分：货物单价和货物总值。

（一）单价

进出口合同中的单价通常由四个部分组成：计量单位、单位价格金额、计价货币和贸易术语。

例如，每公吨 50 美元 FOB 宁波。其中，计量单位（每公吨）、单位价格金额（50）、计价货币（美元）、贸易术语（FOB 宁波）。

单价的各个组成部分必须表达明确、具体，不得有误。一般来说，单价的各个部分应注意：

1. 计量单位

一般来说，计量单位应与数量条款所用的计量单位一致。如计量单位为公吨，则数量和单价中均应用公吨，而不能另一个用长吨或短吨。

2. 单位价格金额

应按双方协商一致的价格，正确填写在书面合同中，如金额写错，就容易引起争议，甚至会导致不必要的损失。

3. 计价货币

不同国家（或地区）使用不同的货币，有的使用的货币名称相同，但其币值不同，如"元"，有"美元""加拿大元""日元""港元"等。因此，在表示计价货币时，必须明确是哪一个国家的货币。

4. 贸易术语

在贸易术语的表达中，一方面要注意运用变形来表明术语本身尚不能明确的责任义务的划分（如装、卸货费用等）；另一方面必须根据不同术语的含义加注装运港（发货地或目的地）。由于国际上的港口和城市同名的情况不少，所以还必须加注国别或地区名称，以防误解。

（二）总值

总值或称总价，是单价与货物成交数量的乘积，也就是一笔交易的货款总金额。单价和总值所用的货币也必须一致。

二、规定价格条款的注意事项

价格条款的规定涉及面比较广，在制定价格条款时，应注意以下几个主要问题。

（1）合理确定商品的单价，避免价格过高或过低。

（2）根据船源、货源等实际情况，选择适当的贸易术语。

（3）争取选择有利的计价货币，并在必要时添加保值条款。

（4）灵活运用各种不同的作价方法，以降低价格变动风险。

（5）在佣金与折扣方面，参照国际贸易的习惯做法，合理运用。

（6）当存在溢短装情况时，要对溢短装部分的价款进行明确规定。

（7）确保单价中的计量单位、计价货币、装卸地点名称等信息的正确性和清晰度。

价格问题是国际货物买卖双方共同关心的重要问题之一。合同中的价格条款反映了交易双方的利害关系。买卖双方为了顺利达成交易，都要从各自的情况出发，根据使用的不同的贸易术语，认真核算价格，预算盈亏。在此基础上，正确掌握价格和使用不同的作价方法，灵活运用佣金和折扣，结合经营意图，在平等互利的基础上确定合同中的价格条款。

本章要点

（1）进出口商品作价的原则与影响价格的因素。我国进出口商品作价必须遵循三项原则：按国际市场价格水平作价；结合国别/地区政策作价；结合购销意图作价。此外，还需考虑以下影响价格变化的因素：商品的质量和档次；成交数量；运输距离的远近；交货地点和交货条件；商品季节性需求的变化；支付条件和汇率变动的风险。

此外，交货期的远近、市场销售习惯和消费者的爱好等因素对确定价格也有不同程度的影响。

（2）进出口商品的作价方法：固定价格；暂不固定价格；暂定价格；滑动价格。

除上述四种方法外，有时也采用部分固定作价、部分暂不作价法。

（3）计价货币的选择和汇率风险的防范。

①计价货币和支付货币：这些货币可以是出口国或进口国的货币，也可以是第三国的货币，具体采用哪种货币由双方协定。

②币种的选择：首先要考虑货币是否为可自由兑换货币。其次，还应考虑货币的稳定性。对于出口交易，采用"硬币"计价比较有利；在进口合同中，采用"软币"计价比较合算。

还可考虑采取下述两种措施防范风险：一是根据该种货币今后可能的变动幅度，压低进口价格或提高出口价格；二是在可能的条件下，争取订立保值条款，以避免计价货币汇率变动带来的风险。

（4）贸易术语。贸易术语又称价格术语或贸易条件，它是用一个简短的概念或英文字母的缩写来表示商品价格的构成，说明交货地点，以及确定买卖双方风险、责任、费用划分等问题的专门术语。

（5）国际贸易惯例。国际贸易惯例是指在长期国际贸易实践中逐渐形成的，具有普遍意义的一些习惯做法和规则，经国际组织加以编撰和解释，为较多国家的法律界和工商界所熟悉、承认和接受的非强制性文件。

国际贸易惯例的性质：国际贸易惯例本身并非法律，一般不具有强制性；它的适用是以当事人的意思自治为基础的；惯例对国际贸易实践具有指导作用。

（6）有关国际贸易术语的国际贸易惯例。目前对国际贸易影响较大的有关国际贸易术语的国际惯例主要有《1932年华沙—牛津规则》《1990年美国对外贸易定义修订本》《2020年国际贸易术语解释通则》。

（7）《2020年国际贸易术语解释通则》相对于《2010年国际贸易术语解释通则》的变化：DPU术语替代DAT术语；DAP术语和DPU术语位置对调；费用划分条款的调整；"使用说明"改为"用户解释性注释"；FCA术语引入了新的附加机制；CIP术语要求的保险责任扩大；运输方式自定义；明确规定了与安全有关义务的分配规则。

（8）《2020年通则》中的贸易术语。六种常用的贸易术语：FOB、CFR、CIF、FCA、CPT和CIP是实践中使用较多的贸易术语。其他五种贸易术语：EXW、FAS、DPU、DAP和DDP。

（9）FOB术语的含义及买卖双方的主要义务。采用FOB术语需要注意以下问题：交货的要求和风险转移；装货费用的负担（常见的FOB术语变形）；《1990年美国对外贸易定义修订本》对FOB的特殊解释。

（10）CFR 术语的含义及使用 CFR 贸易术语应注意的问题：装船通知的重要作用；卸货费用的负担问题（常见的 CFR 术语变形）。

（11）CIF 术语的含义及使用 CIF 贸易术语需注意的问题：CIF 合同属于装运合同；卖方租船或订舱的责任；卖方办理保险的责任；卸货费用的负担（常见的 CIF 术语变形）；象征性交货。

（12）FOB、CFR、CIF 三种术语的主要区别：办理运输的责任的规定不同；办理保险的责任不同；术语后的地点不同；各术语的价格构成不同。

（13）FCA、CPT、CIP 术语的含义。

（14）FCA、CPT、CIP 三种术语与传统的三种术语 FOB、CFR、CIF 的区别：适用的运输方式不同；交货和风险转移的地点不同；装卸费用负担不同；运输单据不同。

（15）在选择贸易术语时，一般应考虑的因素：运费、保险费；所使用的运输方式；货源情况；安全收汇、收货，规避风险；选择贸易术语时还应与支付方式结合考虑。

（16）佣金和折扣的含义与作用。佣金是指卖方或买方付给中间商为其对货物的销售或买卖提供中介服务的酬金。折扣是卖方按原价给买方以一定百分比的减让。

佣金和折扣都与商品的价格有直接的关系。如果运用得当，可以增强出口商品在国际市场上的竞争力，调动中间商、客户推销和经营我方出口货物的积极性，从而扩大贸易。

（17）佣金和折扣的表示方法。佣金的表示方法：含有佣金的价格被称为"含佣价"，它可以用文字表示；可以在贸易术语后加注佣金的缩写英文字母"C"和佣金的百分率来表示；佣金也可以用绝对数来表示。

折扣的表示方法：国际贸易中，折扣和佣金的书写方法一样，可以用文字表示，也可以用表示折扣的英文大写字母加上百分率来表示。

（18）佣金和折扣的计算公式：

$$佣金 = 佣金额 = 含佣价 \times 佣金率$$

$$净价 = 含佣价 - 佣金 = 含佣价 \times (1 - 佣金率)$$

$$含佣价 = 净价 \div (1 - 佣金率)$$

$$单位货物折扣额 = 含折扣价 \times 折扣率$$

$$实际售价 = 原价 \times (1 - 折扣率)$$

（19）佣金和折扣的支付方法。在我国出口业务中，佣金的支付一般有以下三种做法：在交易达成时就向中间商或代理商直接支付佣金；出口企业收到全部货款之后，再按事先约定的期限和佣金比率，另行付给中间商或代理商；如采用信用证付款，则在信用证中规定佣金在议付时直接从信用证款项中扣除，称为议扣。

折扣一般由买方在支付货款时扣除。

（20）出口商品换汇成本的含义及计算公式：

$$出口换汇成本 = 出口总成本(人民币) \div 出口外汇净收入(外币)$$

$$出口总成本 = 购货成本(含增值税) + 国内费用 - 出口退税收入$$

$$出口退税 = 增值税发票金额 \times 退税率 \div (1 + 增值税率)$$

（21）出口盈亏额与盈亏率的含义及公式为：

$$出口盈亏率 = (出口销售人民币净收入 - 出口总成本) \div 出口总成本 \times 100\%$$

（22）出口商品创汇率的含义及公式：

$$出口创汇率 = (成品出口外汇净收入 - 原料外汇成本) \div 原料外汇成本 \times 100\%$$

（23）FOB、CFR、CIF 三种术语的价格主要有以下换算公式：

$$FOB 价 = CFR 价 - F$$

$$FOB 价 = CIF 价 - I - F$$

$$I = CIF 价 \times (1 + 投保加成率) \times 保险费率$$

$$FOB 价 = CIF 价 \times [1 - 保险费率 \times (1 + 投保加成率)] - F$$

$$CFR 价 = FOB 价 + F$$

$$CFR 价 = CIF 价 - I$$

$$CFR 价 = CIF 价 \times [1 - 保险费率 \times (1 + 投保加成率)]$$

$$CIF 价 = CFR 价 + I = FOB 价 + F + I$$

$$CIF 价 = (FOB 价 + F) \div [1 - 保险费率 \times (1 + 投保加成率)]$$

$$CIF 价 = CFR 价 \div [1 - 保险费率 \times (1 + 投保加成率)]$$

（24）价格条款的内容。进出口合同中的价格条款一般包括两部分：货物单价和货物总值。单价通常由四个部分组成——计量单位、单位价格金额、计价货币和贸易术语。总值，或称总价，是单价与货物成交数量的乘积，也就是一笔交易的货款总金额。单价和总值所用的货币也必须一致。

（25）规定价格条款的注意事项：第一，合理地确定商品的单价，防止偏高或偏低；第二，根据船源、货源等实际情况，选择适当的贸易术语；第三，争取选择有利的计价货币，必要时可加订保值条款；第四，灵活运用各种不同的作价方法，以降低价格变动带来的风险；第五，参照国际贸易的习惯做法，注意佣金与折扣的合理运用；第六，在有溢短装的情况下，也必须对溢短装部分的价款作明确规定；第七，单价中涉及的计量单位、计价货币、装卸地点名称等，必须书写正确、清楚，以利于合同的履行。

练习题

一、填空题

（1）FOB 术语的变形规定是为了解决_____的问题，CIF 和 CFR 术语的变形是为了解决_____的问题，它们并不改变这些术语的交货地点和风险划分的界限。

（2）国际贸易中的商品价格由 _____、_____、_____、_____ 四部分组成。

（3）《2020 国际贸易术语解释通则》涉及的贸易术语共有 _____ 种。

（4）《1932 年华沙—牛津规则》是国际法协会专门为解释 _____ 合同而制定的。

（5）六种常见的国际贸易术语可以分为两组：适用于水上运输的三种贸易术语 _____、_____ 和 _____；适用于一切运输方式的三种贸易术语 _____、_____ 和 _____。

（6）如果 _____ 高于结汇时的外汇牌价，则出口为亏损；反之则盈利。

（7）在使用滚装运输、集装箱运输或其他运输方式时，与 FOB 相对应的贸易术语是 _____。

（8）在 CIFC2% 中，CIF 后的"C"代表 _____。

二、单项选择题

（1）在进出口贸易实际中，对当事人行为无强制性约束的规范是（　　）。

A. 国内法　　　　　　　　　　B. 国际法

C. 国际贸易惯例　　　　　　　D. 国际条约

（2）《1932 年华沙—牛津规则》是专门解释（　　）术语的。

A. FOB　　　　B. CFR　　　　C. CIF　　　　D. CIP

（3）《2020 年通则》是由（　　）制定的。

A. 国际法协会　　　　　　　　B. 国际商会

C. 美国商会　　　　　　　　　D. 国际海事组织

（4）根据《美国对外贸易定义修订本》的解释，FOB 若要表示"装运港船上交货"，应在 FOB 后加（　　）。

A. Port　　　　B. Boat　　　　C. Vessel　　　　D. Ship

（5）某外贸公司对外以 CFR 报价，如果该公司先将货物交到货运站或使用滚装与集装箱运输，应采用（　　）为宜。

A. DDP　　　　B. CIP　　　　C. CPT　　　　D. FCA

（6）在对外洽谈中，我方报出的净价为 1 000 美元，对方要求 2% 的佣金，为保证我方的实际收入不减少，所报的含佣价应为（　　）。

A. 1 020.40 美元　　　　　　　B. 980.00 美元

C. 1 020.41 美元　　　　　　　D. 1 020.00 美元

（7）采用 FOB 条件成交时，卖方欲不负担装船费用，可采用（　　）。

A. FOB Liner Terms　　　　　　B. FOB Stowed

C. FOB Trimmed　　　　　　　D. FOBST

（8）FCA、CPT 和 CIP 三种术语涉及的国内费用与 FOB、CFR 和 CIF 比较，它们的区别是前者不包括（　　）。

　　A. 邮电费　　　　　　　B. 装船费　　　　　　　C. 各项税费　　　　　　　D. 拼箱费

（9）按 CFR 条件达成的合同，凡需程租船运输的大宗货物，应在合同中具体订明（　　）。

　　A. 装船费用由谁负担　　　　　　　　B. 卸货费用由谁负担

　　C. 保险费用由谁负担　　　　　　　　D. 运费由谁负担

（10）按照《2020 年通则》的解释，CIF 与 CFR 的主要区别在于（　　）。

　　A. 办理租船订舱的责任方不同　　　　B. 办理货运保险的责任方不同

　　C. 风险划分的界限不同　　　　　　　D. 办理出口手续的责任方不同

（11）下列关于 CIF 贸易术语的描述，不正确的是（　　）。

　　A. CIF 价又可被称为"到岸价"　　　　B. 卖方办理保险是代办性质

　　C. 属于装运合同术语　　　　　　　　D. 属于象征性交货合同（交单即为交货）

（12）下列术语中，适合多种运输方式的是（　　）。

　　A. FOB　　　　　　B. CIF　　　　　　C. CFR　　　　　　D. FCA

（13）下列术语中，要由卖方向保险公司投保的是（　　）。

　　A. FCA　　　　　　B. FOB　　　　　　C. CFR　　　　　　D. CIF

（14）以下商品单价中，我方为出口商，则（　　）的表述是正确的。

　　A. 200 美元/箱　　　　　　　　　　　B. 200 美元/箱 FOB 纽约

　　C. 200 美元/箱 CIF 上海　　　　　　　D. 200 美元/箱 CIF 鹿特丹

（15）在计算外汇增值率时，如为进口原料，其原料外汇成本应按（　　）计算。

　　A. FOB 进口价　　　B. FOB 出口价　　　C. CIF 进口价　　　D. CIF 出口价

（16）在下列贸易术语中，（　　）是含佣价。

　　A. FOBD3%　　　　B. FOBT　　　　　　C. FOBC5%　　　　D. FOBS

（17）就卖方承担的费用而言，排序正确的是（　　）。

　　A. FOB > CFR > CIF　　　　　　　　　B. FOB > CIF > CFR

　　C. CIF > CFR > FOB　　　　　　　　　D. CIF > FOB > CFR

（18）出口商品总成本与出口所得的净收入之比是（　　）。

　　A. 出口商品盈亏额　　　　　　　　　B. 出口商品盈亏率

　　C. 出口换汇成本　　　　　　　　　　D. 出口创汇率

（19）在出口商核算价格时，一般由进货成本加上国内费用和净利润形成的价格是（　　）。

　　A. FOB 价　　　　　B. CFR 价　　　　　C. CIF 价　　　　　D. CPT 价

（20）出口总成本指（　　）。

　　A. 进货成本

　　B. 进货成本加上出口前的一切费用

C. 进货成本加上出口前的一切费用和税金

D. 对外销售价

（21）在国际贸易中，含佣价的计算公式正确的是（　　）。

A. 净价÷佣金率　　　　　　　　B. 单价÷佣金率

C. 含佣价×佣金率　　　　　　　D. 净价÷（1－佣金率）

（22）通常情况下，佣金的支付对象是（　　）。

A. 买方　　　　B. 船方　　　　C. 中间商　　　　D. 卖方

（23）计价货币选择（　　）对我国进出口业务比较有利。

A. 力争采用硬币收付

B. 力争采用软币收付

C. 出口时采用软币计价收款，进口采用硬币计价付款

D. 进口时采用软币计价付款，出口采用硬币计价收款

（24）以 CIF 价格成交，外汇净收入为（　　）。

A. CIF 成交价

B. CIF 成交价减去国外运费、保险费等劳务费

C. CIF 成交价减去国外运费

D. CIF 成交价减去国外保险费

三、多项选择题

（1）以下我方商品单价写法正确的有（　　）。

A. 每桶 36 英镑 CFR 伦敦

B. 每台 5 800 日元 FOB 大连，减 2% 的折扣

C. 每套 200 美元 CIFC3% 香港

D. 每打 50 港元 FOB 广州黄埔

（2）有关国际贸易术语的国际贸易惯例有（　　）。

A. 《1932 年华沙—牛津规则》　　B. 《海牙规则》

C. 《1990 年美国对外贸易定义修订本》　　D. 《2020 年通则》

（3）国际贸易术语用来表示（　　）。

A. 商品的价格构成　　　　　　　B. 货物风险的划分

C. 买卖双方在交易中的权利义务　D. 买卖双方在交易中的费用分担

（4）在 CIF 价格术语下，卖方承担的义务包括（　　）。

A. 办理出口手续　　　　　　　　B. 办理进口手续

C. 办理保险手续　　　　　　　　D. 承担海上运输运费

（5）FOB、CFR、CIF 和 FCA、CPT、CIP 两组术语的价格构成都包括（　　）。

A. 净利润　　　B. 进货成本　　　C. 各项税费　　　D. 保险费

（6）FOB、CFR、CIF 三种贸易术语的共同点在于（　　）。

A. 交货地点相同　　　　　　　　　　B. 适用的运输方式相同

C. 风险划分的分界点相同　　　　　　D. 交货性质相同

（7）《2020 年通则》有关 FCA 贸易术语下交货与装货义务的规定包括（　　）内容。

A. 当卖方在其所在地交货时，应由买方负责装货

B. 当卖方在其所在地交货时，应由卖方负责装货

C. 当卖方在其他地点交货时，则货物在卖方运输工具上尚未卸货即完成交货

D. 当卖方在其他地点交货时，则卖方应负责将货物运至交货地并卸货完成交货

（8）在《2020 年通则》中，下列仅适合水上运输的价格术语有（　　）。

A. CIF　　　　　　B. CPT　　　　　　C. CFR　　　　　　D. FOB

（9）在进出口合同中，单价条款包括的内容有（　　）。

A. 计量单位　　　　　　　　　　　　B. 单位价格金额

C. 计价货币　　　　　　　　　　　　D. 贸易术语

（10）在国际货物买卖中，作价的方法主要有（　　）。

A. 暂不固定价　　　　　　　　　　　B. 固定作价

C. 暂定价格　　　　　　　　　　　　D. 价格调整条款

（11）我国进出口商品的作价原则有（　　）。

A. 根据国际市场价格水平作价　　　　B. 结合国别地区政策作价

C. 根据购销意图作价　　　　　　　　D. 以营利为目标作价

（12）佣金的表示方法有（　　）。

A. 在价格中表明所含佣金的百分率　　B. 用字母"C"来表示

C. 用绝对数来表示　　　　　　　　　D. 用字母"D"来表示

四、判断题

（1）CIF 价格构成中的保险费是以 FOB 价格为基础计算的。　　　　　（　　）

（2）在合同中注明"每台 200 美元 CIFC2% 神户"，则说明佣金为暗佣。（　　）

（3）按《2020 年通则》，FOB 合同属于装运合同，CIF 合同属于到达合同。（　　）

（4）有关贸易术语的惯例中，国际商会的《国际贸易术语解释通则》是包括内容最多，使用范围最广和影响最大的一种。　　　　　　　　　　　　　　（　　）

（5）FOB Liner Terms Shanghai 是指在上海港将货物装上班轮。　　（　　）

（6）按 CIF 术语成交，卖方一般情况下只投保最低险别及战争险。　（　　）

（7）国际贸易惯例本身不具有强制约束力，所以在合同中买卖双方可以作出与惯例不符的规定。　　　　　　　　　　　　　　　　　　　　　　　　　　（　　）

（8）CIF 条件下由卖方负责办理货运保险，CFR 条件下由买方办理投保。因此，运输途中货物灭失和损失的风险，前者由卖方负责，后者由买方负责。　　　（　　）

（9）根据《2020 年通则》的解释，采用 EXW 术语时，卖方负责出口的海关手续。

　　　　　　　　　　　　　　　　　　　　　　　　　　　　　　　（　　）

（10）在 CFR 条件下，如果合同未规定卖方发送装船通知，卖方在规定时间内把货物装上海轮后，可以不必向买方发送装船通知。　　　　　　　　　　（　　）

（11）当出口换汇成本低于外汇牌价时，出口企业就有人民币盈利。　（　　）

（12）出口盈亏率为正，比率值越大，说明此项出口越盈利。　　　　（　　）

（13）买卖双方在合同中规定："按交货日的伦敦金属交易所的结算价计算。"这是固定作价的一种规定方法。　　　　　　　　　　　　　　　　　　　　（　　）

（14）以 FOB 价格成交，成交价即为外汇净收入。　　　　　　　　（　　）

（15）价格调整条款主要用于生产加工周期较长的机械设备等商品的合同。（　　）

五、名词解释

贸易术语　　　　　FOB 术语　　　　CIF 术语　　　　出口盈亏率

佣金　　　　　　　出口换汇成本　　象征性交货

六、简答题

（1）简述国际贸易惯例的含义和性质。

（2）选用贸易术语时应该考虑哪些因素？

（3）比较 FOB、CFR 和 CIF 三个贸易术语的异同。

（4）比较 FOB、CFR、CIF 与 FCA、CPT、CIP 两组术语的差异。

（5）简述出口商品作价的原则与影响价格的因素。

（6）简述进出口商品的作价方法。

（7）简述《2020 年通则》与《2010 年通则》的主要区别。

七、计算题

（1）某公司出口商品 1 000 箱，每箱人民币收购价 100 元，国内费用为收购价的 15%，出口后每箱可退税 7 元人民币，外销价每箱 19 美元 CFR 曼谷，每箱货应付海运费 1.2 美元，计算该商品的换汇成本。（保留两位小数）

（2）某公司出口某商品，按 CIF 报价，总货值是 10 000 美元，其中海运费是 300 美元，保险费是 55 美元，总成本是 61 000 元人民币。如果收汇当天的汇率是 640 元人民币/100 美元，此笔出口是亏损还是盈利的，盈亏额多少？如果收汇当天的汇率是 630 元人民币/100 美元，此笔出口是亏损还是盈利的，盈亏额多少？

（3）我方出口南非食糖 200 公吨，每公吨 USD 450.00 CIFC2 Durban，后来南非进口商要求改报 CIFC5 Durban 价，在不影响我方收汇的情况下，试计算我方应报的 CIF C5 价。

（4）我某进出口公司对德国企业报价为每公吨 8 000 欧元 CFR 汉堡，而德商来电要求改报为 CIF 汉堡价，保险加成为 110%，保险费率合计为 1%，我方同意照办，则我方报价应改为多少？（计算结果保留两位小数）

（5）某企业进口一批原料，加工成成品后出口到国外，售价为 FOB 上海 800 美元。经查进口原料用汇 500 美元，求其创汇率。

八、案例题

(1) 我国从泰国 A 公司进口了一批大米，双方签订了"CFR 上海"合同。然而，不幸的是，装运这批大米的货轮在台湾海峡附近遭遇沉没。令人遗憾的是，泰国 A 公司未能及时向我方发出装船通知，导致我方未能及时办理投保手续，无法向保险公司索赔。因此，我方要求泰国 A 公司承担相应的责任。然而，泰国 A 公司以货物已经离港、风险已经转移给我方为由，拒绝承担责任。

问：泰国 A 公司的行为是否合理？究竟由谁承担责任？为什么？

(2) 我国一家进出口公司从英国商人那里以 FOB Trimmed（平舱费在内）London 条件进口了一批货物。合同规定商品数量为 600 箱，采用信用证方式付款，并在 8 月份进行装运。按照合同规定的开证时间，我方将信用证开抵英商。货物顺利装运完毕后，英商在信用证规定的交单期内办好了议付手续并收回了货款。不久之后，我方收到了英商寄来的货物在 London 港的包括平舱费在内的装船费用的收据，要求我方按收据金额将款项电汇给英商。然而，当货物到达目的港时，发现该批货物被严重浸湿，已经部分发霉。经过调查，发现货物在装上船后等待入舱平舱的过程中发生了浸湿。由于我方认为此合同是按照 FOB Trimmed（平舱费在内）London 成交的，英商应该负责到平舱完成，因此要求英商赔偿浸湿损失。

问：英商是否该赔偿？为什么？我方是否该支付英商提出的款项？为什么？

(3) 在 2010 年 1 月，我国一家进口商与东南亚某国达成协议，以 CIF 条件进口香米。考虑到海上运输距离较近，且运输时间段内海上通常风平浪静，卖方在没有办理海上货运保险的情况下，将货物运送至我国某一指定港口。然而，就在此时，国内香米价格出现了下跌。因此，我国进口商以此为借口，以卖方没有办理货运保险，提交的单据不完整为由，拒绝接收货物并拒付货款。

问：我方的要求是否合理？为什么？

(4) 我国一家出口公司向某日本商人出口大米，并给出了一个报价方案。报价方案中规定，每公吨大米的 CIF 大阪价格为 150 美元，装运港选在了大连。然而，现在日本商人希望我们能够重新报价，这次以 FOB 大连价格为基础。

问：我出口公司对价格应如何调整？如果最后按 FOB 条件签订合同，买卖双方在所承担的责任、费用和风险方面有何差别？

(5) 我国的 E 公司按照 FCA 条件向买方出口了一批钢材，合同中明确规定了在 4 月进行装运。然而，到了 4 月 30 日，我方仍未收到买方关于承运人名称及有关事项的通知。在此期间，原本准备出口的货物因为一场火灾而被焚毁。

问：此项损失应由谁负担？

◇ 课堂讨论题

(1) 我国北京的 A 公司计划向美国的 B 公司出口一批数量为 50 000 箱的商品。在交易条件方面，B 公司提出了按照 FOB 新港的条件进行交易，而 A 公司则倾向于采用 FCA 北京的交易条件。请分析双方各自提出这些交易条件的原因。

（2）我国一家进出口公司计划以 CIF 鹿特丹的条件出口一批蔬菜。由于这些商品的季节性较强，买卖双方在合同中明确规定了以下几点：买方必须在 9 月底之前将信用证开给卖方。卖方则承诺在 12 月 5 日之前将货物运抵鹿特丹。如果卖方已经结汇，那么卖方必须将货款退还给买方。这样的规定旨在确保双方在交易过程中的权益得到保障。

问：第一，请根据 CIF 术语的性质，判断该合同是否是真正的 CIF 合同，并说明理由。第二，请根据国际贸易惯例与合同的关系，判断该合同是否有效，并说明理由。

第四章　国际货物运输

 **学习要求**

●·重点·●

(1) 国际货物运输方式。

(2) 海运提单。

(3) 海上风险与损失。

●·掌握·●

(1) 海运单。

(2) 海上货物运输费用。

(3) 国际货物运输中的装运条款。

●·了解·●

国际货物其他运输单据。

 **引题案例**

2015 年，A 进出口有限责任公司购进一批圣诞节用火鸡，买卖合同规定卖方于 2015 年 11 月 30 日前装货，由承运人所属 E 号轮承运上述货物。该轮于 12 月 3 日才抵装运港装货，货物装船完毕后，承运人接受卖方的保函，授权其代理人签发了 11 月 30 日已装船清洁提单。卖方凭全套单证从开证行取得全部货款。

2015 年 12 月 15 日 A 公司持承运人签发的提单到合同指定的港口提货时，发现该提单所记载的船舶还未抵港，直到 12 月 26 日上述提单所记载的货物才运抵目的港。由于销售季节已过，A 公司的国内销售商对其提出索赔，造成巨大损失。

请分析收货人应该向谁提出索赔，为什么？

在国际贸易中，货物的运输是一个重要环节。在对外达成交易并签订买卖合同后，必须及时将出口货物运至约定地点交货，才算完成了商品流通的过程。本章将着重介绍国际货物运输相关的业务知识。

要完成一笔国际货物买卖，进出口双方当事人必须就货物的运输方式及有关货物运输方面的责任作出安排。而要想安全地完成货物的运输与交付，就必须合理地选择运输方式，在合同中订立装运条款，正确填写相关运输单据。

第一节　国际货物运输方式

在国际贸易中，商品的流通方式与国内贸易存在显著差异。由于涉及的空间距离较广，通常需要进行长途运输。在运输过程中，货物往往需要经历多次装卸搬运，利用各类运输工具，并切换不同的运输方式。这使得货物的运输路线变得漫长且广泛，中间环节增多，情况变化无常，涉及的问题也更为复杂。因此，国际贸易运输的复杂性远超国内运输。

国际货物运输方式的种类很多，主要包括海洋运输、铁路运输、公路运输、航空运输、邮政运输、江河运输、管道运输和联合运输等，具体选择哪种运输方式，应由买卖双方在磋商交易时约定。我国对外贸易货物绝大部分通过海洋运输，少部分通过铁路运输，也有一些货物是通过空运等其他方式进行运输的。在我国外贸企业中，根据进出口货物的特点、运量的大小、路程的远近、需要的缓急、运费的高低、风险的程度、装卸的情况、气候与自然条件以及国际政治形势的变化等因素，审慎选择合理的运输方式，对多快好省地完成进出口货物运输任务，有着十分重要的意义。

一、海洋运输

海洋运输是指利用海洋通道，使用船舶在国内外港口之间，通过一定的航区和航线运送货物的一种运输方式。由于具有运载量大、通行能力强、运费低廉等优点，海洋运输已经成为目前国际贸易中最重要的运输方式，国际贸易的2/3是通过海运完成的。

按照不同的船舶运营方式，海洋运输可以分为班轮运输与租船运输两种。

（一）班轮运输

班轮运输（liner shipping）也称定期船运输，指班轮公司将船舶按事先制定的船期表（liner schedule），在特定航线的各既定挂靠港口之间，经常性地为非特定的货主提供规则的、反复的货物运输服务，并按照运价本或协议运价计收运费的一种运输方式。班轮运输较适合承运批量小、批次多的件杂货物。其服务对象是非特定的、分散的众多货物，因此班轮公司具有公共承运人的性质。像中远运输集团（COSCO）就是我国主要的公共承运人。

1. 班轮运输的特点

班轮运输主要有五个特点：（1）"四固定"，即班轮运输有固定的航线、固定的港口、固定的船期和相对固定的运费率；（2）班轮运费中包括装卸费，故班轮的港口装卸由船方负责；（3）班轮运输中，承运人责任采取"船舷至船舷"或"钩至钩"原则；（4）承托双方的权利、义务和责任豁免以承运人签发的班轮提单背面条款为依据，并受国际公约的制约；（5）班轮承运货物的数量比较灵活，货主按需订舱，特别适合一般件杂货和集装箱货物的运输。

2. 班轮运输中承托双方的责任划分

班轮运输中，承运人与托运人的责任和费用的划分界线一般在吊钩底下，即托运人只要将货物送达吊钩底下，就算完成交货义务，然后承运人负责装船。风险的划分一般以船舷为界，即货物在装运港越过船舷之前所发生的风险由托运人承担，越过船舷后的风险由承运人承担。

3. 班轮货运程序

（1）货物出运。班轮公司的货物出运工作包括揽货、订舱和确定航次货运任务等内容。班轮公司为使经营的船舶在载重量和载货舱容量两方面都得到充分利用，会通过各种途径揽货。主要方式有通过其营业机构或船舶代理人与货主建立业务关系，通过报纸、杂志刊登船期表等。

订舱（booking）指托运人向班轮公司申请货物运输，承运人对这种申请给予承诺的行为。实际业务中，以 CIF 价格成交时，出口商安排订舱等货物运输工作；以 FOB 价格成交时，货物运输由进口商安排，订舱工作就可能在货物的卸货地由进口商办理，即所谓的卸货地订舱。

确定航次货运任务就是确定某一船舶在某一航次所装货物的种类和数量。由于不同种类的货物对运输和保管的要求不同，各港口有关法律规章有不同的规定，因此承运人在承揽货物时，必须考虑各票货物的性质、包装、重量及每件尺码等因素。

（2）货物装船。杂货班轮运输中，托运人应将货物送至船边，如果船舶是在锚地或浮筒作业，托运人还应用驳船将货物驳运至船边，然后进行货物的交接和装船作业。对于普通货物的交接装船，通常由班轮公司在各装货港指定装船代理人，由装船代理人在各装货港的指定地点接受托运人送来的货物，办理交接手续后进行集中整理，并按次序进行装船。

集装箱班轮运输中，由于班轮公司基本以 CY/CY 作为货物的交接方式，所以集装箱货物的装船工作都由班轮公司负责。

（3）货物卸船。杂货班轮运输中，理论上卸船意味着交货。但是如果由于战争、罢工等特殊原因，为保证船舶的安全，船公司有权决定船舶驶往能安全到达的附近港卸货。对于危险货物、重大件等特殊货物，通常采取由收货人办妥进口手续后，来船边接收货物并办理交接手续的现提形式。在实践中，为避免卸货现场混乱影响卸货效率，通常由船公司指定卸货代理人，由其总揽卸货和接收货物并向收货人实际交付货物的工作。

（二）租船运输

租船运输（charter transport）也称不定期船运输，是指租船人向船东租赁船舶用以运输货物，有包租整船和租赁部分舱位两种方式。实际业务中以包租整船为多。

租船运输属不定期船，无固定航线、航期、挂靠港，一切由租船双方协商确定。费用较班轮低廉，主要适用于粮食、矿砂、石油、木材等大宗货物的运输。租船方式主要有定程租船和定期租船，另外还有光船租船、包运租船、航次租船和航次期租等形式。

1. 定程租船

定程租船（voyage charter），也称程租、航次租船。它以航次为基础，是一种最基本和被广泛采用的国际租船方式。该方式下，船方必须按时把船舶驶往装货港装货，再驶抵卸货港卸货，以完成合同规定的运输任务。定程租船可分为单航次租船、往返次租船、连续单航次租船、连续往返次租船等形式。

定程租船，其显著的特点在于：船舶的管理工作由船东全权负责，并且船东需要承担船舶在航行过程中产生的所有营运费用。与此同时，承运人或托运人则需要负责货物的组织和安排，他们需要按照货物装运的数量来支付相应的运费以及相关费用。在租船合同中订明装卸时间、装卸费用承担人、滞期费和速遣费的计算标准等问题。

2. 定期租船

定期租船（time charter），是按一定时间租用船舶进行运输的方式，也称期租船。租赁期根据双方约定，可从几个月至十几年。租期内，承租人利用租赁的船舶既可以进行不定期船货物运输，也可以投入班轮运输，还可以转租以谋取租金差价。

期租船，作为一种租赁船舶财产来进行货物运输的方式，其主要特点包括以下几点：首先，船东负责为船舶配备船员，并承担他们的工资和伙食费用。其次，租船人则需要负责船舶的调度和营运工作，同时承担船舶运营过程中的可变费用。至于船舶的固定费用，则由船东来承担。最后，船舶的租赁通常是整船出租，租金的计算方式则是根据船舶的载重吨位、租期以及双方商定的租金率来确定。

3. 光船租船

光船租船（bareboat charter），也称船壳租船。在租期内，船东提供一艘空船给承租人使用，船舶的船员配备、营运管理及其一切固定、可变费用由承租人承担。船东在租期内除收取租金外，对船舶和其经营不再承担任何责任和费用。

4. 包运租船

包运租船（contract of affreightment，COA），指船东向承租人提供一定吨位的运力，在确定的港口之间，按事先约定的时间、航次周期和每航次较为均等的运量，完成合同的全部货运量的租船方式。

与连续单航次租船相比，包运租船不要求一艘固定船舶完成运输，也不要求船舶连续按航次完成运输，而是规定较长的时间，在此时间内船东可以灵活安排运输，对于两个航次之间的时间，船东可以自由安排一些其他的运输。

5. 航次租船

航次租船（voyage charter，VC）是指船舶所有人向租船人提供一艘船舶，或船舶的部分舱位，在指定港口之间或区域之间，进行一个航次或数个航次承运租船人指定的货物，由租船人向船东支付相应运费的租船运输方式。包括单航次租船、来回航次租船、连续单（或来回）航次租船等。

6. 航次期租

航次期租（time charter on trip basis，TCT），是当前国际上经常使用的一种介于航次租船和定期租船之间的租船方式，又称日租租船。其特点是没有明确的租期期限，而是确定特定的航次。这种方式以完成航次运输为目的，按实际租用天数和约定的日租金率计算租金，费用和风险则按期租方式处理。

二、铁路运输

铁路运输（rail transport）是我国仅次于海上运输的一种主要运输方式。铁路运输具有许多特点，如运量较大、速度快、运输风险明显小于海上运输、连续性强、不受气候条件的影响、能常年保持准点运营等。根据运输的范围和运送规则的不同，铁路运输可以分为国际铁路联运和国内铁路运输两种。

（一）国际铁路联运

国际铁路联运指两个或两个以上国家，按照协定，利用各自铁路，联合起来完成一票货物的全程运输的方式。各国使用一份统一的国际联运票据，在由一国向另外一国铁路移交货物时，不需收、发货人参加，各国按国际条约承担国际铁路联运的义务。

国际铁路联运是铁路运输的重要方式，许多国家非常重视并参加了协约组织，订立了各种协定。参加国际联运的国家主要分两个集团：一个是 1938 年由英国、法国、德国等 32 个国家组成的货约集团，签订有《国际铁路货物运送公约》，简称《国际货约》。另一个是 1951 年由以苏联为首的 12 个国家组成的货协集团，签订有《国际铁路货物联运协定》，简称《国际货协》。

我国通往欧洲的国际铁路联运线有两条：一条是利用俄罗斯的西伯利亚大陆桥贯通中东、欧洲各国；另一条是由我国的江苏连云港经我国新疆与哈萨克斯坦铁路连接，贯通俄罗斯、波兰、德国至荷兰的鹿特丹，也称第二欧亚大陆桥，运程比海运缩短 9 000 千米，比经由西伯利亚大陆桥缩短 3 000 千米，进一步推动了我国与欧亚各国的经贸往来，也促进了我国沿线地区的经济发展。

（二）国内铁路运输

国内铁路运输（domestic railway transportation）是指在本国范围内，并按《国内铁路货物运输规程》的规定办理的货物运输。我国对外贸易货物在国内的调拨和集散，有很多需要通过铁路运输，如出口货物经由铁路运往港口装船，或进口货物卸船后从港口经由铁路运至内地。

供应港、澳地区的物资经铁路运往香港、九龙，这种情况实际上属于国内铁路运输的范畴。对港铁路运输可以分为内地段运输和港段铁路运输两个部分。对港澳地区的铁路运输虽然按照国内运输的方式办理，但是它与一般的国内运输还是有所区别的。货物会先从内地装车，然后转移到深圳进行中转，最后在香港卸车交货，这个过程被称为两票联运，由外运公司签发货物承运收据。自从京九铁路和沪港直达通车后，内地到香港的运输变得更加快捷。由于香港特别行政区是一个单独的关税区，因此货物在内地和香港之间进出时，需要办理进出口报关手续。

同样，澳门也是一个单独的关税区。对于澳门地区的铁路运输，货物会先运抵广州南站，然后再转船运至澳门。

三、航空运输

航空运输（air transport）具有运送速度快、运输安全准确、简化包装节省包装费用和不受地面限制等优点。尽管航空运费一般较高，但急需物资、季节性商品、鲜活商品、贵重物品等适宜采用航空运输。航空运输方式主要有班机运输、包机运输、集中托运、航空快运等。

（一）班机运输（airliner transport）

班机运输是指在固定航线上，按固定时间，固定始发站、目的站和途经站进行货物运输的方式，一般为客货混载，舱位有限。

（二）包机运输（chartered carrier transport）

包机运输是指租机人租用整架飞机或若干租机人合租一架飞机运送货物的方式。分为整架包机和部分包机两种方式。

（三）集中托运（consolidation transport）

集中托运是指航空代理公司把若干批单独发运的货物，按同一目的地，组成一整批向航空公司办理托运，用一份总运单将货物发送到同一目的地，由预定的代理人负责收货、报关、分批后交给实际收货人的一种运输方式。集中托运可以节省运费。

（四）航空快运（air express mode）

航空快运指由专门经营快递业务的公司与航空公司合作，派专人以最快的速度在发货人、机场、收货人之间传递货物的方式。该方式较适合急需的药品、贵重物品、合同及票据资料等的传递。

四、公路、内河、邮政和管道运输

（一）公路运输（road transport）

公路运输具有灵活方便的特点，可以直接运进或运出对外贸易货物，是港口、车站、机场集散进出口货物的重要手段，尤其在实现"门到门"运输中，更离不开公路运输。但公路运输也有一定的不足之处，例如载货量有限、运输成本高、容易造成货损事故。我国地域广阔，在陆地与许多国家相邻，所以我国边疆地区与邻国的进出口贸易中，公路运输占重要地位。

（二）内河运输（inland waterway transport）

内河运输属于水上运输，具有成本低、运量大等优点，是连接内陆与沿海地区的纽带，在运输和集散进出口货物中起着重要的作用。我国拥有四通八达的内河航运网，我国长江、珠江等主要河流中的一些港口已对外开放，我国同一些邻国还有国际河流相通，这就为我国进出口货物通过河流运输和集散提供了十分有利的条件。

（三）邮政运输（post transport）

邮政运输具有国际多式联运和"门到门"的性质。邮包运输包括普通邮包和航空邮包两种。国际邮包运输，对邮包的重量和体积均有限制，如每包裹重量不得超过 20 千克，长度不得超过 1 米。因此，邮包运输只适用于量轻、体小的货物，如精密仪器、机器零部件、药品、金银首饰、样品和其他零星物品。各国邮政部门之间订有协定和公约，通过这些协定和公约，各国的邮件包裹可以互相传递，从而形成国际邮包运输网。

（四）管道运输（pipeline transport）

管道运输是货物借助高压气泵和压力输往目的地的一种运输方式，主要适用于液体和气体货物。在欧美、俄罗斯、中东、北非等地区的原油输送上，管道运输发挥了重要作用。我国大庆、胜利、大港等油田都有管道直通海港，中国输往朝鲜的石油也主要通过管道运输。

五、集装箱运输、国际多式联运和大陆桥运输

（一）集装箱运输

集装箱是一种能反复使用、便于快捷装卸的标准化货柜。它可适用于海洋运输、铁路运输及国际多式联运等。国际运输中常用的规格为 20 英尺和 40 英尺两种。同传统海运相比，它具有下列优点：（1）提高了装卸效率，加速了船舶的周转；（2）有利于提高运输质量，减少货损货差；（3）节省各项费用，降低货运成本；（4）简化货运手续，便利货物运输；（5）把传统单一运输串联成为连贯的成组运输，从而促进了国际多式联运的发展。

集装箱按其装载货物的货主，可分为整箱货和拼箱货。整箱货（full container load，FCL）可由货方自行装箱后直接送到集装箱堆场（container yard，CY）。如果一家货主的货物不足一整箱，需送至集装箱货运站（container freight station，CFS）由承运人把不同货主的货物按性质、流向进行拼装，称为拼箱货（less than container load，LCL）。

集装箱货物的交接方式有四种：FCL/FCL 或 CY/CY（整装整拆），FCL/LCL 或 CY/CFS（整装拼拆），LCL/FCL 或 CFS/CY（拼装整拆），LCL/LCL 或 CFS/CFS（拼装拼拆）。

每个集装箱有固定编号，装箱后封贴在箱门上的封条上印有号码。集装箱号码和封印号码可取代运输标志，显示在主要出口单据上，成为运输中的识别标志和货物特定化的记号。

（二）国际多式联运

国际多式联运（international multimodal transport）是在集装箱基础上发展起来的一种现代化、高效率的联合运输方式。《联合国国际货物多式联运公约》将其定义为："按照多式联运合同，以至少两种不同的运输方式，由多式联运经营人将货物从一国境内接管货物的地点运至另一国境内指定交付货物的地点。"主要有海陆、海空、陆空联运等。

与传统的运输方式相比，国际多式联运表现出手续简单、货运速度快、结算方便等优越性，同时还能提高货运质量，有效地实现"门到门"的运输，因此被国际上广泛采用。为了更有效地开展以集装箱为媒介的国际多式联运，我们除加强交通运输设施的现代化建设外，还需注意下列事项：（1）货价和货物性质是否适宜装集装箱；（2）装运港和目的港有无集装箱航线，有无装卸及搬运集装箱的机械设备，铁路、公路沿途桥梁、隧道、涵洞的负荷能力如何；（3）装箱点和起运点能否办理海关手续。

（三）大陆桥运输

大陆桥运输（land bridge transport）指以集装箱为媒介，以大陆上的铁路或公路为中

间桥梁，把大陆两端的海洋运输连接起来的一种"海—陆—海"连贯运输方式。

目前世界上主要的大陆桥运输线有：横贯北美大陆的美国大陆桥；连接太平洋和大西洋的加拿大大陆桥；横贯俄罗斯、欧洲的西伯利亚大陆桥；横贯中国和欧洲的第二亚欧大陆桥。

第二节　国际货物运输单据

运输单据的种类很多，包括海运提单（ocean bill of lading）、铁路运单（rail waybill）、航空运单（air waybill）、海运单（sea waybill）、多式联运单据（multimodal transport document）和邮政收据（parcel post receipt）等。

一、海运提单

（一）海运提单的性质和作用

海运提单是承运人收到货物后出具的货物收据，也是承运人所签署的运输契约的证明，提单还代表所载货物的所有权，是一种物权凭证。

（二）海运提单的种类

海运提单可从不同角度进行分类。

（1）根据货物是否装船，可分为已装船提单（shipped B/L）和备运提单（received for shipment B/L）。后者加注"已装船"注记后即成为已装船提单。

（2）根据提单对货物外表状况有无不良批注，分为清洁提单（clean bill of lading）和不清洁提单（unclean bill of lading）。国际贸易结算中，银行只接受清洁提单。

（3）根据提单上"收货人"一栏的书写内容，我们可以将提单分为记名提单和指示提单两大类。记名提单的特点是，"收货人"栏中记录的是特定的收货人名称，这种提单只能由该收货人本人来提取货物，不能进行转让。指示提单则进一步细分为不记名指示提单和记名指示提单。对于不记名指示提单，收货人一栏只填写了"To order"，这意味着货物可以凭指定来提取，但必须由托运人进行背书后，这种提单才能进行转让，也因此，这种提单被称作"空白抬头"。而对于记名指示提单，收货人一栏填写的是"To the order of"，这表示具体的指示人，只有这个指示人背书后，提单才能进行转让，通常情况下，这个指示人会是受托银行。

（4）按船舶运营方式的不同，可分为班轮提单（liner bill of lading）和租船提单（charter party bill of lading）。班轮提单上载明运输合同的条款，船货双方受其约束。而租船提单则受另行制定的租船合同约束，故在使用该提单时，往往要提供租船合同副本。

（5）承运人违规签发的倒签提单（backdated bill of lading）和预借提单（advance bill of lading）。倒签提单是指承运人应托运人请求，将提单的装船日期倒签，以避免违反合同或信用证的规定。预借提单是承运人在货物尚未装船时提前签发已装船提单，并将所记载的装船日期提前。这两种提单应认定为对收货人的一种侵权行为，承运人和托运人应对由此而导致的收货人的一切损失承担责任。

（6）按运输方式分类，可分为直达提单、转船提单和联运提单。直达提单（direct B/L）是指轮船中途不经过换船而驶往目的港所签发的提单。转船提单（transshipment B/L）是指从装运港装货的轮船，不直接驶往目的港，而需在中途换装另外船舶所签发的提单。在这种提单上要注明"转船"或"在××港转船"字样。联运提单（through B/L）是指经过海运和其他运输方式联合运输时，由第一程承运人所签发的包括全程运输的提单。

（7）根据提单内容的繁简，可分为全式提单和略式提单。全式提单（long form B/L）是指提单背面列有承运人和托运人权利、义务的详细提单。略式或简式提单（short form B/L）是指提单背面无条款，而只列出提单正面的必须记载事项。

（8）根据提单使用效力，可分为正本提单和副本提单。正本提单（original B/L）是指提单上有承运人、船长或其代理人签名盖章并注明签发日期的提单。这种提单在法律上是有效的单据。正本提单上必须标明"正本"（Original）字样。正本提单一般签发一式两份或三份，凭其中的任何一份提货后，其余的即作废。副本提单（copy B/L）是指提单上没有承运人、船长或其代理人签字盖章，而仅供工作上参考之用的提单。在副本提单上一般都标明"副本"（Copy）或"不作流通转让"（Non-negotiable）字样，以示与正本提单有别。

（9）其他种类提单。集装箱提单（container B/L）是指由负责集装箱运输的经营人或其代理人在收到货物后签发给托运人的提单。集装箱提单与传统的海运提单有所不同，其中包括集装箱联运提单（combined transport B/L，CTB/L）及多式联运单据（multimodal transport document，MTD）等。

舱面提单（on deck B/L）是指承运货物装在船舶甲板上所签发的提单，故又称为甲板货提单。由于货物装在甲板上风险较大，故托运人一般都向保险公司加保甲板险。承运人在签发提单时加批"货装甲板"字样。

过期提单（stale B/L）是指错过规定的交单日期或者晚于货物到达目的港日期的提单。

二、铁路运单

我国对外贸易铁路运输分为国际铁路联运和通往港澳的国内铁路运输，分别使用国际铁路货物联运运单和承运货物收据。

（一）国际铁路货物联运运单

该运单为发送国铁路和发货人之间缔结的运输合同，运单签发，即表示承运人已收到货物并受理托运。装车后加盖承运日戳，即为承运。运单正本随货物送至终点站交收货人，是铁路同收货人交接货物，核收运杂费用的依据。运单副本加盖日戳后是卖方办理银行结算的一种凭证。铁路运单非物权凭证，收货人必须按运单上的抬头，凭有效身份证件提取货物。

（二）承运货物收据

在我国，通过国内铁路向港澳地区出口货物时，大多数情况下会委托中国对外贸易运输公司来负责。当货物被装运上火车后，外运公司会向托运人签发一份承运货物收据。这份收据不仅是承运人所开具的货物收据，同时也代表了承运人与托运人之间签署的运输合同。此外，这份承运货物收据还具有物权凭证的功能，收货人可以凭借它来提取货物。在结汇过程中，托运人可以使用这份收据作为凭证。

三、航空运单

航空运单是承运人与托运人之间签订的运输契约，也是承运人或其代理人签发的货物收据。航空运单须有承运人或其代理人和托运人双方签字。同铁路运单一样，航空运单不是物权凭证，不能凭以提取货物，必须作为记名抬头，不能背书转让。

航空运单依签发人的不同可分为主运单（master air waybill）和分运单（house air waybill）。航空运单正本一式三份，分别交托运人、航空公司和收货人，副本若干份，由航空公司按规定分发，分别注明"For airport of destination" "Delivery receipt" "For second carrier" "Extra copy"等，作为报关、结算、国外代理中转分拨等用途分别使用。收货人凭航空公司的到货通知单和有关证明提货。

四、海运单

海运单是海上运输合同的证明和承运人出具的货物收据。但它不同于海运提单，不是物权凭证，也不能转让，必须做成记名抬头，收货人凭有效证明提货。海运单的使用，主要是方便进口商及时提货，特别是对于船程较短的运输，往往出现"船到单不到"的情况，使用海运单可避免货物滞留港口码头。

五、多式联运单据

多式联运单据（MTD）是指证明多式联运合同以及证明多式联运经营人接管货物并负

责按照合同条款交付货物的单据。多式联运单据由承运人或其代理人签发，作用与海运提单相似，既是货物收据又是运输契约的证明。在单据做成指示抬头或不记名抬头时，可作为物权凭证，经背书可以转让。

在传统的海陆或海空联合运输中，第一程海运承运人也可签发包括全程的联运提单，但各程的承运人都只对自己的运程负责，并分别向托运人计收运费。

多式联运单据与联运提单在外观上非常相似，但它们之间存在一些关键的区别。联运提单是由船公司签发，涵盖了包括海运在内的全程运输。而多式联运单据则由多式联运承运人签发，同样涵盖了全程运输，但在多种运输方式中，可能不包括海洋运输。

六、邮政收据

邮政收据是邮政运输的主要单据，它既是邮局收到寄件人的邮包后所签发的凭证，也是收件人凭以提取邮件的凭证，当邮包发生损坏或丢失时，它还可以作为索赔和理赔的依据，但邮政收据不是物权凭证。

第三节　国际货物运输计费方式

一、海上货物运输费用

根据船舶的不同营运方式，海上货物运输费用可以分为班轮运费和租船运费两种，其中租船费用又可分为程租船运费和期租船租金。

（一）班轮运费

班轮运费是班轮公司承运货物而向货主收取的运输费用。包括货物从装运港船舷或吊钩下至目的港船舷或吊钩下所发生的全部运输费用，包括装卸费。

1. 班轮运价表

班轮运价表（liner's freight tariff）是班轮公司承运货物时向托运人据以收取运费的费率表的汇总。运价表主要由条款和规定、商品分类表和费率三部分组成。

2. 班轮运费的构成

班轮运费的构成包括基本运费和附加费两部分。

（1）基本运费按班轮运价表规定的计收标准计收。在班轮运价表中，根据不同的商品，对运费的计收标准，通常采用下列几种。

①按货物毛重，又称重量吨（weight ton）计收运费，运价表内用"W"表示。

②按货物的体积/容积，又称尺码吨（measurement ton）计收，运价表中用"M"表示。

③按毛重或体积计收，由船公司选择其中收费较高的作为计费吨，运价表中用"W/M"表示。

④按商品价格计收，又称为从价运费，运价表内用"A. V."或"Ad. Val"表示。从价运费一般按货物的FOB价格的百分之几收取。

⑤在货物重量、尺码和价值三者中选择最高的一种计收，运价表中用"W/M or Ad. Val"表示。

⑥按货物重量或尺码选择其高者，再加上从价运费计算，运价表中用"W/M plus Ad. Val"表示。

⑦按每件货物作为一个计费单位收费，如活牲畜按"每头"（per head），车辆按"每辆"（per unit）收费。

⑧临时议定价格，即由货主和船公司临时协商议定，通常适用于承运粮食、豆类、矿石、煤炭等运量较大、货值较低、装卸容易、装卸速度快的农副产品和矿产品。议价货物的运费率一般较低。

（2）附加费指除基本运费外，另外加收的各种费用。在班轮运输中常见的附加费有下列几种：

①超重附加费（extra charges on heavy lifts）。它是指由于单件货物重量超过一定限度而加收的一种附加费。

②超长附加费（extra charges on over lengths）。它是指由于单件货物长度超过一定限度而加收的一种附加费。

③选卸附加费（additional on optional discharging port）。对于选卸货物（optional cargo）需要在积载方面给以特殊的安排，这就会增加一定的手续和费用，甚至有时会发生翻船，由于上述原因而追加的费用被称为选卸附加费。

④直航附加费（direct additional）。如一批货达到规定的数量，托运人要求将一批货物直接运达非基本港口卸货，船公司为此加收的费用被称为直航附加费。

⑤转船附加费（transshipment additional）。如果货物需要转船运输，船公司必须在转船港口办理换装和转船手续，由于上述作业所增加的费用被称为转船附加费。

⑥港口附加费（port additional）。由于某些港口的情况比较复杂，装卸效率较低或港口收费较高等原因，船公司特此加收一定的费用被称为港口附加费。

（二）租船运费

1. 程租船运费

程租船运费包括基本运费、装卸费、滞期费和速遣费等。

（1）基本运费。程租船运费的计算方式与支付时间，需由租船人与船东在所签订的程租船合同中明确规定。计算方式有两种：一种是按运费率计算；另一种是整船包价，即对于特定载货重量和容积的船舶，规定一个包船价格，不管实际装货多少，均按包价计算。

（2）装卸费。定程租船运输情况下，有关货物的装卸费用由租船人和船东协商确定后在定程租船合同中作出具体规定。

具体做法主要有以下四种：

①船方负担装货费和卸货费，又可称为"班轮条件"（gross terms/liner terms/berth terms），在此条件下，船货双方一般以船边划分费用。多用于木材和包装货物的运输。

②船方管装不管卸（free out，FO），即船方负担装货费，但不负担卸货费。

③船方管卸不管装（free in，FI），即船方负担卸货费，而不负担装货费。

④船方装和卸均不管（free in and out，FIO），即船方既不负担装货费，也不负担卸货费。这种条件一般适用于散装货。采用这一规定方法时，必要时还需明确规定理舱费和平舱费由谁负担，如规定由租方负担，则被称为"船方不管装卸、理舱和平舱"（free in and out，stowed and trimmed，FIOST）条款。

（3）滞期费和速遣费。为了节省船期，程租船运输通常会设定租船人在一定时间内完成装卸作业的条款，称为装卸期限条款。如果租船人未能按照约定的时间完成装卸作业，需要向船方支付一定的罚款，这个罚款称为滞期费。如果租船人在允许的装卸时间内提前完成作业，船方会向租船人支付一定的奖金，为速遣费。按照常规，速遣费通常是滞期费的一半。滞期费和速遣费通常是每天一定的金额，如果不足一天，会按照比例进行计算。这样的规定可以激励租船人尽快完成装卸作业，从而节省船期。

2. 期租船租金

定期租船方式下，租船人为使用而租赁船舶，应向船东支付租赁金，称为租金。租金率高低取决于船舶的运载能力和租期长短，与所载货物无关。

租金支付有两种方法：一是按整船每天若干金额计算；二是按每月每载重吨若干金额计算。另外，期租方式下，租船人负责船舶的运营管理，因此相应的装卸配载费用、燃油费、港口使用费也由其承担；船方负担船员薪金、伙食、修理费、保险费和折旧费等。

二、航空运输运价

航空运输货物的运价，指的是货物从启运机场出发，到达目的机场所需要支付的费用，这部分费用并不包括其他一些额外的费用，例如提货费、仓储费等。在计算运费时，通常是按照货物的重量（以千克为单位）或者体积重量（6 000 立方厘米折合 1 千克）来计算，具体选择哪一个，会以两者中较高的那个为准。另外，空运货物还会根据货物的类型，分为一般货物和特种货物，每一类货物都有其各自的运价标准。

三、集装箱运输费用

（一）费用结构及划分

1. 整箱/整箱（FCL/FCL）

该交接方式下全部费用的构成为：装箱港拖箱费＋码头操作费＋运费＋卸箱港码头操作费＋拖箱费。若货主自备集装箱，则不收拖箱费。

2. 整箱/拼箱（FCL/LCL）

费用构成为：装箱港拖箱费＋码头操作费＋运费＋拆箱费。若发货人自己拖箱，则无拖箱费。

3. 拼箱/拼箱（LCL/LCL）

费用构成为：装箱费＋运费＋拆箱费。货主直接向船公司支付装、拆箱费用，与货运站不直接发生费用关系，由船公司与货运站进行结算。

4. 拼箱/整箱（LCL/FCL）

费用构成为：装箱费＋运费＋码头操作费＋拖箱费。若收货人自行办理，则无拖箱费。

（二）集装箱海运运费

集装箱海运运费由船舶运费和一些有关的杂费组成。目前，有下列两种计费方法。

1. 按件杂货基本费率加附加费

这是按照传统的按件杂货计算方法，以每运费吨为计算单位，再加收一定的附加费。

2. 按包箱费率

这是以每个集装箱为计费单位。包箱费率视船公司和航线等因素而有所不同。集装箱包箱费率有三种形式：均一包箱费率（freight for all kinds，FAK），即不细分箱内货物类别，不计货量，只按箱型规定统一的费率；基于商品等级的包箱费率（freight for class，FCS），即按不同货物种类和等级制定的包箱费率；基于商品等级和计算标准的包箱费率（freight for class and basis，FCB），即按不同货物的类别、等级及计算标准制定的包箱费率。

第四节　国际货物运输中的装运条款

国际货物买卖合同中的装运条款通常包括装运时间、装运港、目的港、分批装运和转运等内容。

一、装运时间

装运时间又称装运期，是指卖方将合同规定的货物装上运输工具或交给承运人的期限。

（一）装运时间的规定方法

1. 规定明确、具体的装运时间

这又可分为规定一段时间和规定最迟期限两种。例如"7 月份装运"（shipment during July），又如"装运期不迟于 8 月 31 日"（shipment not later than August 31st）。

2. 规定收到信用证后若干天装运

如规定"收到信用证后 30 天内装运"（shipment within 30 days after receipt of L/C）。为防止买方不按时开证，一般还规定"买方必须不迟于某月某日将信用证开到卖方"（the relevant L/C must reach the seller not later than…）的限制性条款。

3. 笼统规定近期装运

采用这种规定方法时，只有"立即装运""即刻装运""尽速装运"等，而无规定装运的具体期限。由于这种方法太笼统，故国际商会制定的《跟单信用证同意惯例》规定，不应使用"立即""即刻""尽速"和类似词语，如使用这类词语，银行将不予理会。

（二）规定装运时间时应注意的问题

（1）买卖合同中的装运时间的规定，要明确、具体，装运期限应当适度。

（2）应注意货源情况、商品的性质和特点以及交货的季节性等。

（3）应结合考虑交货港、目的港的特殊季节因素。

（4）在规定装运期的同时，应考虑开证日期的规定是否明确、合理。

二、装运港（地）和目的港（地）

装运港（port of shipment）是指货物起始装运的港口。通常是由卖方为方便货物的装运而提出，经买方同意后确定的。目的港（port of destination）是指最终卸货的港口。通常是由买方根据使用和销售货物的需要而提出，经卖方同意后确定的。

在买卖合同中，装运港和目的港的规定方法有以下几种。

（1）通常，装运港和目的港分别规定各为一个。如装运港：上海（Port of Shipment：Shanghai），目的港：伦敦（Port of Destination：London）。

（2）有时分别规定两个或两个以上的装运港或目的港。如装运港：新港/上海（Xin-gang/Shanghai）；大连/青岛/上海（Dalian/Qingdao/Shanghai）。目的港：伦敦/利物浦

（London/Liverpool）。

（3）当在明确规定装运港或目的港遇到困难时，可以采取选择港（optional ports）的方法。选择港的规定分为两种形式。一种是可以在两个或两个以上的港口中作出选择。例如，对于 CIF 伦敦的情况，我们可以选择汉堡或鹿特丹作为装运港，这样就形成了"CIF 伦敦，可选汉堡/鹿特丹"（CIF London, optional Hamburg/Rotterdam）的条款。另一种是可以选择包括伦敦、汉堡和鹿特丹在内的多个港口，这样就形成了"CIF 伦敦/汉堡/鹿特丹"（CIF London/Hamburg/Rotterdam）的条款。另外，可以笼统地规定某一航区作为装运港或目的港。例如，可以说"地中海主要港口"，这就意味着在最后交货时，可以选择地中海的一个主要港口作为目的港。这种方法为装运港或目的港的选择提供了更大的灵活性，可以更好地满足实际操作中的需求。

三、分批装运和转运

（一）分批装运

分批装运（partial shipment），又称分期装运，是指一个合同项下的货物分若干批或若干期装运。《跟单信用证统一惯例》规定："运输单据表面上注明货物是使用同一运输工具装运并经同一路线运输的，即使每套运输单据注明的装运日期不同及装运港、接受监管地不同，只要运输单据注明的目的地相同，也不视为分批装运。"该惯例对定期、定量分批装运还规定："信用证规定在指定时期内分期支款及装运，其中任何一期未按期支款及装运，除非信用证另有规定，则信用证对该期及以后各期均告失效。"

（二）转运

转运（transshipment）是指货物从装运港至目的港的运输过程中，从一运输工具转移到另一运输工具上，或由一种运输方式转为另一种运输方式的行为。卖方在交货时，如驶往目的港没有直达船或船期不定或航次间隔太长，为了便于装运，应在合同中订明"允许转船"（transshipment to be allowed）。按《跟单信用证统一惯例》规定，"转运"一词在不同运输方式下有不同的含义：在海运情况下，是指在装货港和卸货港之间的海运过程中，货物从一艘船卸下再装上另一艘船的运输；在航空运输的情况下，是指从起运机场至目的地机场的运输过程中，货物从一架飞机上卸下再装上另一架飞机的运输；在公路、铁路或内河运输情况下，则是指在装运地到目的地之间用不同的运输方式的运输过程中，货物从一种运输工具上卸下，再装上另一种运输工具的行为。《跟单信用证统一惯例》规定，除非信用证另有规定，可准许转运。

（三）合同中的分批、转运条款

国际货物买卖合同中的分批、转运条款通常是与装运时间条款结合起来规定的。合同中分批、转运条款举例如下。

（1）5/6/7 月份装运，允许分批和转运（Shipment during May/June/July，with partial shipments and transshipment allowed）。

（2）6/7 月份分两批装运，禁止转运（During June/July in two shipments，transshipment is prohibited）。

（3）11/12 月份分两次平均装运，由香港转运（During Nov./Dec. in two equal monthly shipment，to be transshipped at Hong Kong）。

四、装运通知

为了确保车、船、货的顺利衔接以及货运保险的办理，买卖双方需要共同努力，相互配合。不论采用哪种贸易术语进行交易，双方都有义务进行及时的通知。因此，装运通知成为装运条款中必不可少的一部分。特别是在 CFR 或 CPT 条件下成交时，卖方在交货后迅速向买方发出装运通知显得尤为重要。这样，买方可以及时了解货物的情况，为后续的工作做好准备。在实际业务中，为了提高效率，装运通知通常通过电传方式进行。这种做法既保证了信息的准确传递，又节省了时间，为双方的进一步合作打下了良好的基础。

五、装卸时间、装卸率、滞期费和速遣费

（一）装卸时间

装卸时间（lay time）是指允许完成装卸任务所约定的时间，它一般以天数或小时数来表示。装卸时间的规定方法很多，主要有下列几种。

1. 日（days）或连续日（consecutive days）

所谓日，是指午夜至午夜连续 24 小时的时间，也就是日历日数，以"日"表示装卸时间时，从装货开始到卸货结束，整个经过的日数就是总的装货或卸货时间。在此期间内，不论是实际不可能进行装卸作业的时间（如雨天、施工或其他不可抗力），还是星期日或节假日，都应计为装卸时间。这种规定对租船人很不利。

2. 累计 24 小时好天气工作日（weather working days of 24 hours）

这是指在好天气情况下，不论港口习惯每天作业几小时，均以累计 24 小时作为一个工作日。如果港口规定每天作业 8 小时，则一个工作日便跨及几天的时间。这种规定对租船人有利，而对船方不利。

3. 连续 24 小时好天气工作日（weather working days of 24 consecutive hours）

这是指在好天气情况下，连续作业 24 小时算一个工作日，中间因坏天气影响而不能作业的时间应予扣除。这种方法一般适用于昼夜作业的港口。当前，国际上采用这种规定

的较为普遍，我国一般都采用此种规定办法。

合同中应该订明装卸时间的起算和止算时间。关于装卸时间的起算时间，一般规定在船长向承租人或其代理人递交了"装卸准备就绪通知书"（notice of readiness，N/R）以后，经过一定的规定时间后，开始起算。止算时间通常是指货物装完或卸完的时间。

（二）装卸率

装卸率即每日装卸货物的数量。它直接影响装卸时间和运费水平，所以装卸率规定偏高或偏低都不合适。一般应按照港口习惯的正常装卸速度确定具体的装卸率。

（三）滞期费和速遣费

滞期费和速遣费前面已介绍，这里不赘述。

六、其他装运条款

在与美国进行贸易往来时，为了争取运费方面的优势，可以采用 OCP 条款。OCP，即"overland common points"，中文意为"内陆地区"。这个"内陆地区"的定义是根据美国的运费率规定，以美国西部 9 个州为界限，或者说以落基山脉为分界线，其东部地区都被视为内陆地区。对于那些通过美国西海岸指定港口转运至内陆地区的货物，如果按照 OCP 条款进行运输，它们不仅可以享受内陆地区的优惠运费率，还可以在 OCP 运输方式下获得优惠海运费。

本章要点

（1）海洋运输是指利用海洋通道，使用船舶在国内外港口之间，通过一定的航区和航线运送货物的一种运输方式。海洋运输已经成为目前国际贸易中最重要的运输方式。海洋运输按照不同的船舶运营方式，可以分为班轮运输与租船运输两种。

（2）铁路运输是我国仅次于海上运输的一种主要运输方式。特点是运量较大，速度快，运输风险明显小于海上运输，连续性强，能常年保持准点运营。

（3）航空运输具有运送速度快、运输安全准确、简化包装节省包装费用和不受地面限制等优点。

（4）集装箱是一种能反复使用、便于快捷装卸的标准化货柜。它可适用于海洋运输、铁路运输及国际多式联运等。集装箱按其装载货物的货主，可分为整箱货和拼箱货。

（5）国际多式联运是在集装箱基础上发展起来的一种现代化、高效率的联合运输方式。国际多式联运与传统的运输方式相比，表现出手续简单、货运速度快、结算方便等优越性，同时还能提高货运质量，有效地实现"门到门"的运输，因此被国际上广泛采用。

（6）运输单据的种类很多，包括海运提单、海运单、航空运单、铁路运单、邮政收据和多式联运单据等。

（7）根据船舶的不同营运方式，海上货物运输费用可以分为班轮运费和租船运费两种，其中租船费用又可分为程租船运费和期租船租金。

练习题

一、填空题

（1）_____是国际贸易中最主要的运输方式。

（2）根据船舶经营方式的不同，海洋运输可以分为_____和_____。

（3）买卖双方按 CFR 或 CPT 条件成交时，_____具有特别重要的意义。

（4）在商定合同时，如明确规定一个或几个装运港和目的港有困难，可采用_____的规定办法。

（5）我国出口贸易通常采用凭指定空白背书提单，习惯上称为_____。

二、单项选择题

（1）在班轮运输中，负责货物的配载装卸并承担装卸费用的是（　　　）。

A. 托运人　　　　　　B. 收货人　　　　　　C. 承运人　　　　　　D. 货运代理人

（2）在定期租船中，负责船舶营运调度并承担相应费用的是（　　　）。

A. 出租人　　　　　　B. 承租人　　　　　　C. 货主　　　　　　　D. 租船经纪人

（3）在计算从价运费时，一般按照货物的（　　　）总价值的百分率计收。

A. FOB　　　　　　　B. CIF　　　　　　　C. CFR　　　　　　　D. CIP

（4）收货人抬头提单是指（　　　）。

A. 记名提单　　　　　　　　　　　　　B. 不记名提单

C. 指示提单　　　　　　　　　　　　　D. 备运提单

（5）下列有关海运单的说法，（　　　）是错误的。

A. 海运单是海上运输合同的证明

B. 收货人必须凭海运单提取货物

C. 海运单不是物权凭证，不可以转让

D. 承运人凭海运单上载明的收货人的提货或收货凭条交付货物

（6）在定程租船中，规定一定的（　　　），并计算滞期费和速遣费。

A. 租期　　　　　　　B. 装卸时间　　　　　C. 航次时间　　　　　D. 航行时间

（7）在国际铁路联运中，货物在过境国铁路的运费是（　　　）。

A. 按发送国铁路的国内运价计算　　　　B. 按到达国铁路的国内运价计算

C. 按过境国铁路的国内运价计算　　　　D. 按国际铁路联运协定的统一货价计算

（8）航次租船中的速遣费是（　　　）。

A. 向租船方收取的一笔罚金　　　　　　B. 给予负责装卸货物的一方的一笔奖金

C. 向出口人收取的一笔罚金　　　　　　D. 给予进口人的一笔奖金

（9）在海运的班轮运价中，"Ad. Val"计费标准是（　　　）。

A. 按商品的 FOB 价的百分比计算运费　　B. 按商品的 CFR 价的百分比计算运费

C. 按商品的 CIF 价的百分比计算运费　　D. 按商品的 FAS 价的百分比计算运费

（10）用班轮运输货物，在规定运费计收标准时，如果采用"W"的规定办法，则表示（　　　）。

A. 按货物的毛重计收　　　　　　　　　B. 按货物的体积计收

C. 按货物的件数计收　　　　　　　　　D. 按货物的价值计收

三、多项选择题

（1）班轮运输的"四个固定"是指（　　　）。

A. 航线固定　　　　　　　　　　　　　B. 船期固定

C. 港口固定　　　　　　　　　　　　　D. 费率相对固定

（2）班轮运费的费用构成包括（　　　）。

A. 滞期费　　　　　B. 基本运费　　　　C. 附加费　　　　　D. 装卸费

（3）定程租船的装卸费通常采用的分摊方式包括（　　　）。

A. 船方负担装货费和卸货费　　　　　　B. 船方管装不管卸

C. 船方管卸不管装　　　　　　　　　　D. 船方装卸均不管

（4）以下有关国际铁路货物联运的说法，正确的是（　　　）。

A. 国际铁路货物联运是由两个或两个以上不同国家铁路当局联合完成的

B. 我国对香港、澳门特别行政区的铁路运输也属于国际铁路货物联运

C. 国际铁路货物联运使用一份统一的国际联运单据

D. 在由一国铁路向另一国铁路移交货物时，货主无须参与

（5）以下有关航空货运单的说法，正确的是（　　　）。

A. 航空货运单是承托双方缔结的运输合同的书面凭证

B. 航空货运单具有物权凭证的作用

C. 航空货运单是承运人或其代理人收到货物的凭证

D. 航空运单可以抵押货物

（6）航空运输的特点包括（　　　）。

A. 运输速度快　　　　　　　　　　　　B. 运输成本高

C. 载重量有限　　　　　　　　　　　　D. 运输可达性好

（7）管道运输的特点包括（　　　）。

A. 固定投资较大　　　　　　　　　　　B. 运输速度慢

C. 运输货物的种类有限　　　　　　　　D. 运输成本低

（8）以下（　　）属于集装箱运输的主要单据。

A. 大副收据　　　　　　　　　　B. 场站收据

C. 集装箱装箱单　　　　　　　　D. 集装箱设备交接单

（9）国际多式联运合同的当事人是（　　）。

A. 分段承运人　　　　　　　　　B. 托运人

C. 多式联运经营人　　　　　　　D. 收货人

（10）构成国际多式联运的条件包括（　　）。

A. 至少是两种不同运输方式的组合

B. 使用一份包括全程运输的多式联运单据

C. 全程单一的运费费率

D. 由一个多式联运经营人对全程运输总负责

四、判断题

（1）在班轮运输中，货物由承运人负责配载装卸，并承担装卸费用。　　　　（　　）

（2）在采用租船方式运输大宗货物时，租船合同和买卖合同中均应订立装卸率和滞期速遣条款。　　　　（　　）

（3）从价运费一般是以货物的 CIF 总价值按一定的百分率计收运费。　　　　（　　）

（4）程租船的装卸费用如果采用"班轮条款"，则是由承租人负责承担装船费和卸船费。装卸费用不包括在程租船的运费里面。　　　　（　　）

（5）在计算程租船的装卸时间时，按晴天工作日计算是指既是港口规定的工作日，又是适宜装卸的天气才能计算为装卸时间。　　　　（　　）

（6）海运单是承运人收到货物的货物收据，是货物所有权的凭证，还是承托双方订立的运输合同，明确双方的权利与义务、责任与豁免，是处理货运争议的依据。　　　（　　）

（7）清洁提单是指表面整洁、没有污点和涂改痕迹的提单，清洁提单是提单转让时必备的基本条件之一。　　　　（　　）

（8）记名提单通常是由提单上载明的特定收货人凭以提货，但由于提单具有物权凭证的性质，所以记名提单也可以通过背书的形式转让给第三者。　　　　（　　）

（9）在国际铁路货物联运中，向未参加国际货协的国家运输货物时，发货人使用一张运单在发货站向铁路托运，即可由铁路以连带责任办理货物的全程运输，在最终到达站将货物交付给收货人。　　　　（　　）

（10）国际多式联运中承担全程运输责任的是承运人。　　　　（　　）

五、名词解释

国际铁路联运　　　清洁提单　　　指示提单　　　海运单

六、简答题

（1）简述国际海上运输的特点。

（2）简述海运提单的性质和作用。

（3）简述集装箱运输的优点。

（4）简述规定装运时间时应注意的问题。

七、案例题

（1）有一批货物共 50 箱，由青岛运往纽约，船公司已签发了已装船提单。货到目的港后，收货人发现下列情况：2 箱欠交；5 箱外包装严重破损，内部货物已散失 30%；10 箱外包装良好，但箱内货物短量。

请分析：在上述三种情况中，哪些属于船方（承运人）的责任？为什么？

（2）2015 年 6 月，中国 A 贸易公司与美国 B 贸易有限公司签订了一份出售 500 箱玻璃器皿的 CIF 合同。合同中，双方约定货物的装船日期为 2015 年 10 月底，付款条件是保兑的、不可撤销的信用证。合同签订后，A 贸易公司委托我国 C 海运公司运送货物到目的港美国西雅图，于 2015 年 10 月 25 日在青岛港装船。在货物装船时发现有 30 箱的货物外包装破损，大副在收货单上对此进行了批注。A 贸易公司为了能够如期结汇取得货款，出具了保证书。C 海运公司接受了保证书，签发了清洁提单。A 贸易公司凭提单和其他单据向中国银行办理了议付手续，收清了全部货款。

当货物运抵西雅图港，收货人美国 B 贸易有限公司凭清洁提单提货时，却发现 30 箱货物严重破包，箱内玻璃器皿大部分破碎损坏。于是 B 公司向 C 海运公司提出了索赔。

请分析：C 海运公司是否承担赔偿责任？为什么？

◇ **课堂讨论题**

根据本课程所学的相关知识，对国际贸易运输过程中应注意的问题进行分析。

第五章　国际货物保险

 **学习要求**

●· **重点** ·●

（1）国际货物运输保险。

（2）海上风险。

（3）共同海损。

（4）国际货物运输保险条款。

●· **掌握** ·●

（1）单独海损。

（2）国际货物买卖合同中的保险条款。

●· **了解** ·●

（1）外来风险。

（2）海上费用。

 引题案例

有一批已投买保险的货物，受载该批货物的海轮在航行中发生火灾。经船长下令施救后，火灾被扑灭。经事后检查，该批货物损失情况如下：第一，500 箱货物受严重水渍损失，无其他受损迹象；第二，另有 500 箱既受热熏损失，又受水渍损失，但未发现任何火烧的痕迹；第三，200 箱着火但已被扑灭，有严重水渍损失；第四，300 箱已被烧毁。试问上述四种情况，各属于什么性质的损失？为什么？

在国际贸易交接过程中，一般都要经过长途运输，货物可能遇到自然灾害或意外事故，从而使货物遭受损失。货主为了转嫁货物在运输途中的风险，通常都要投保货物运输险。如货物发生承保范围内的风险损失，即可从保险公司取得经济上的补偿。本章将着重介绍国际货物保险的相关业务知识。

国际货物运输保险是以运输过程中的各种货物作为保险标的，被保险人（买方或卖方）向保险人（保险公司）按一定金额投保一定的险别，并交纳保险费。保险人承保以后，如果保险标的在运输过程中发生约定范围内的损失，应按照规定给予被保险人经济上的补偿。

国际贸易货物的运输保险通常作为交易条件之一，由买卖双方在合同中商定，在国际贸易中具有重要的意义。

第一，货物的运输保险可以促进国际贸易和航运事业的发展，并增进各国在保险、贸易和航运等方面的友好关系。

第二，对外贸易货物通过保险，将不定的损失变为固定的费用，在货物遭受意外损失时，可以从保险公司及时得到经济上的补偿。这不仅有利于对外贸易，而且有利于外贸企业和有关单位实行经济核算。

第三，对外贸易货物在国内保险，可以节约外汇支出和增加外汇收入，为国家积累建设资金。

第四，对外贸易货物的运输保险便于人们发现货损的原因和规律，及时总结经验，采取有效措施，共同做好预防货损工作。

目前，中国人民保险公司承办的对外贸易货物运输保险业务根据运输方式的不同，分为海上运输保险、陆上运输保险、航空运输保险、邮包运输保险和联合运输保险等，其中业务量最大的是海上运输保险。

第一节　风险、损失与费用

国际货物运输保险的种类很多，包括海上货物运输保险、陆上货物运输保险、航空货物运输保险和邮包运输保险，其中以海运保险居多。尽管各种货物运输保险的具体责任有所不同，但它们的基本原则、保险公司保障的范围等基本一致。因此本节以介绍海上货物运输保险为主。

进出口货物在海运中常常会遇到各种风险，而导致货物的损失。保险人是按不同险别所规定的风险、损失和费用来承担赔偿责任的。

一、海上风险

海上风险是指船舶或货物在海上运输过程中遇到的自然灾害和意外事故。一方面，它并不包括一切在海上发生的风险；另一方面，它又不局限于在航海中发生的风险。按风险性质可分为自然灾害和意外事故。

（一）自然灾害

自然灾害（natural calamities）是指不以人们意志为转移的自然界力量引起的灾害。但在海上保险业务中，它并不是泛指一切由于自然力量造成的灾害，而是仅指恶劣气候、雷电、海啸、地震或火山爆发等人力不可抗拒的灾害。

（1）恶劣气候（heavy weather）。海上飓风、大浪引起船只颠簸、倾斜，造成船体、机器设备损失，或因此引起所载货物相互挤压、碰撞而导致破碎、泄漏、凹瘪等损失。

（2）雷电（lightning）。雷电现象可导致直接损失，或引起火灾，造成损失。

（3）海啸（tsunami）。海啸是指海底地壳变形引起剧烈震荡所产生的巨浪，可能会导致货物的损失。

（4）地震或火山爆发（earthquake or volcanic eruption）。地震是指地壳急剧自然变化，使地面发生震动、坍塌、地陷、地裂等，可能会造成货物损失。火山爆发时产生的地震以及喷发出的火山岩灰也可能导致货物的损失。

（5）洪水（flood）。江河泛滥、山洪暴发、湖水上岸及倒灌或暴雨等致使货物遭受泡损、淹没、冲散等损失。

（6）浪击落海（washing overboard）。舱面货物受海浪冲击入海的损失，不包括恶劣气候下船身摇晃而产生的货物入海损失。

（7）海水、湖水、河水进入船舶、运输工具、集装箱等（entry of sea, lake or river water into vessel, conveyance, container and so on）。

（二）意外事故

意外事故（accidents）一般是指由偶然的、非意料中的原因造成的事故。但意外事故并不是泛指海上所有的意外事故，而是仅指运输工具遭遇的以下风险。

（1）搁浅（grounding）指船舶与水底障碍物发生接触，且持续一定时间失去进退自由的状况。但规律性的海水涨落造成的搁浅不属于保险范围。

（2）触礁（stranding or striking a reef）指船体触及海中岩礁或其他障碍物。

（3）沉没（sunk）指因为海水侵入失去浮力，船体全部沉入水面以下或超过吃水标准。

（4）倾覆（capsized）指船身倾覆或倾斜，不能行驶。

（5）碰撞（collision）指船舶互撞，与流冰或其他物体碰撞（不包括码头、灯塔）。

（6）火灾（fire）指船舶及货物被火烧毁、烧焦、烧裂或间接被火熏黑、灼热或为救火而致损失。

（7）爆炸（explosion）指爆炸致使物体本身及其周围其他物体遭受猛烈破坏。

（8）抛货、失踪、吊索损失（jettison, missing, sling loss）。

二、外来风险

外来风险一般指海上风险以外的其他外来原因造成的风险。保险中所说的外来风险（extraneous risk）必须是意外的，事先难以预料，不是必然发生的外来风险。外来风险可分为一般外来风险和特殊外来风险。

（一）一般外来风险

一般外来风险主要有偷窃（theft，pilferage）；缺少或提货不着（short-delivery and non-delivery）；渗漏（leakage，流质或半流质的货物因容器损坏而引起的损失）；短量（short in weight，数和量的缺少）；碰损和破损（clashing and breakage，金属和金属制品的凹瘪、变形）；钩损（hook damage）；淡水雨淋（fresh and/or rain water damage，雨水、淡水及融雪等淋湿）；受潮受热（sweating and/or heating）；串味（taint of odour）；生锈（rusting）；沾污（contamination）。

（二）特殊外来风险

特殊外来风险是指军事、政治等特殊外来原因造成的风险与损失。例如，战争、罢工、因船舶中途被扣而导致交货不到，以及货物被有关当局拒绝进口或没收而导致的损失等。

三、损失

海运保险货物在海洋运输过程中，由海上风险造成的损失或灭失，称为海损（average）。根据损失的程度与性质，可以对海损进行以下划分。

（一）全部损失

全部损失（total loss）简称全损，是指被保险货物遭受全部损失。按其损失情况的不同，全部损失又可分为实际全损和推定全损两种。

1. 实际全损

实际全损是指被保险货物完全灭失或完全变质，或者货物实际上已不可能再归被保险人所拥有。主要有以下几种情况。

（1）保险标的全部灭失。例如，船只遭遇海难后沉没，货物同时沉入海底。

（2）保险标的丧失并无法挽回。例如，船只被海盗劫去，货物被敌方扣押等。虽然船和货物本身依然存在，但被保险人已失去了这些财产。

（3）保险标的已丧失商业价值或失去原有用途。例如，茶叶经水泡后，虽没有灭失，仍旧是茶叶，但已不能饮用，失去商业价值。

（4）船舶失踪已达一定时期。例如，船舶半年仍无音讯，则可视为全部灭失。

2. 推定全损

推定全损指货物发生保险事故后，认为实际全损已经不可避免，或者为避免发生实际全损所需支付的费用与继续将货物运抵目的地的费用之和超过保险价值的损失。具体地说，推定全损的情况有下列几种。

（1）被保险货物受损后，修理费用估计要超过货物修复后的价值。

（2）被保险货物受损后，整理和续运到目的地的费用，将超过货物到达目的地后的价值。

（3）保险标的的实际全损已经无法避免，或者为了避免实际全损所需的施救费用，将超过获救后的标的价值。

（4）保险标的遭受保险责任范围内的事故，使被保险人失去标的所有权，而收回这一所有权所需的费用，将超过收回后的标的价值。

（二）部分损失

部分损失（part of the loss）是指被保险货物的损失没有达到全部损失的程度。部分损失可分为共同海损和单独海损两种。

1. 共同海损

共同海损（general average）是指载货的船舶在海上遇到灾害、事故，威胁到船、货等各方的共同安全，为了维护船、货安全，或使航程得以继续完成，由船方有意识地、合理地采取措施直接造成的特殊牺牲、支付的特殊费用。

共同海损的成立应具备以下条件：（1）必须确实遭遇危难。即共同海损的危险必须是实际存在或不可避免的，而不是主观臆测的；（2）必须是主动地、有意识地采取的合理措施；（3）必须是为船、货共同安全而采取的措施；（4）必须是属于非常性质的损失；（5）损失必须是共同海损行为的直接结果；（6）牺牲或费用的支出必须有效果。

共同海损是为了使船舶、货物和运费方免于遭受损失，因而应该由船舶、货物和运费各方按最后获救价值的比例分摊，这种分摊被称为共同海损的分摊。

2. 单独海损

单独海损（particular average）是指除共同海损以外的意外损失，即由于承保范围内的风险直接导致的船舶或货物的部分损失。该损失仅由各受损者单独负担。

共同海损和单独海损的区别主要表现在两个方面：

（1）造成海损的原因有别。单独海损是承保风险直接导致的船货损失；共同海损则不是承保风险直接导致的损失，而是为了解除船、货的共同危险，有意采取合理措施而造成的损失。

（2）损失的承担责任有别。单独海损由受损方自行承担；而共同海损则应由各受益方按照受益大小的比例共同分摊。

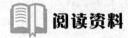 **阅读资料**

共同海损理算规则

1860 年，共同海损理算由英国社会科学促进会发起，并联合欧洲各海运国家的航运、保险和理算各界人士，在英国举行有关会议，制定了《格拉斯哥决议》。后来，又于 1864 年和 1877 年，进行修改和补充，正式定名为《1877 年约克—安特卫普规则》，此规则之后又经过数次修订，在国际海运保险业普遍使用。

我国于 1975 年由国际贸易促进委员会制定了共同海损索赔、理赔的《中国国际贸易促进委员会共同海损理算暂行规则》（简称《北京理算规则》），本规则以《1877 年约克—安特卫普规则》为蓝本，在国内普遍使用。2022 年 9 月 1 日，新修订的《中国国际贸易促进委员会共同海损理算规则》正式实施，原《北京理算规则》同时废止。

资料来源：张永坚. 共同海损的沿革及特点［J］. 大连海运学院学报，1986（4）：23 - 30；中国贸易促进委员会网站。

四、海上费用

海上费用是指保险人即保险公司承保的费用。被保险货物遭遇保险责任范围内的事故，除了能使货物本身受到损毁导致经济损失外，还会产生费用方面的损失。对于这种费用，保险人也给予赔偿，主要有下列几种。

（1）施救费用。施救费用是指当保险标的遭遇保险责任范围内的灾害事故时，被保险人或其代理人、雇佣人员和受让人等为避免或减少损失而采取抢救措施所支出的费用。

（2）救助费用。救助费用是指保险标的遭遇保险责任范围内的灾害事故时，由保险人和被保险人以外的第三者采取救助行动，在救助成功后，由被救方付给救助方的报酬。

（3）特别费用。特别费用是指运输工具遭遇海难后在避难港由卸货引起的损失，以及在中途港、避难港由卸货、存仓、运送货物产生的费用。

（4）额外费用。额外费用是指在发生货损后，为确定损失的原因，以判定是否属于保险责任及其损失程度而支付的费用。

第二节　国际货物运输保险条款

国际保险市场上，最有影响力的保险条款当属英国伦敦保险协会制定的《协会货物条款》（Institute Cargo Clause，ICC）。中国人民保险公司参照国际保险市场的一般做法，并结合我国实际，自行制定了各种条款，总称为"中国保险条款"（China Insurance Clause，CIC）。

一、我国海运货物保险条款

（一）保险险别

保险险别是保险人对风险和损失的承保责任范围，它是保险人与被保险人行使权利、履行义务的基础，也是确定保险人承保责任和被保险人交付保险费的依据。海洋运输货物保险的险别很多，概括起来分为基本险别和附加险别两大类。基本险可以独立投保，包括平安险、水渍险和一切险三种。附加险不能独立投保，只能在投保基本险的基础上加保，包括一般附加险和特别附加险。

1. 基本险别

（1）平安险（free from particular average，FPA）。平安险这一名称在我国保险行业中沿用甚久，其英文原意为"单独海损不赔"。当前平安险的责任范围包括：

①在运输过程中，由自然灾害造成被保险货物的实际全损或推定全损。

②由运输工具遭遇搁浅、触礁、沉没、互撞、与流冰或其他物体碰撞以及失火、爆炸等意外事故造成被保险货物的全部或部分损失。

③在运输工具已经发生搁浅、触礁、沉没、焚毁等意外事故的情况下，货物在此前后又在海上遭遇恶劣气候、雷电、海啸等自然灾害造成的部分损失。

④在装卸或转运过程中，由一件或数件整件货物落海造成的全部或部分损失。

⑤被保险人对遭受承保责任内危险的货物采取抢救、防止或减少货损的措施而支付的合理费用，但以不超过该批被救货物的保险金额为限。

⑥运输工具遭遇海难后，在避难港由卸货引起的损失以及在中途港、避难港由卸货、存仓以及运送货物产生的特别费用。

⑦共同海损引起的牺牲、分摊费和救助费用。

⑧运输契约订有"船舶互撞责任"条款，按该条款规定应由货方偿还船方的损失。

（2）水渍险（with particular average，WPA）。英文原意为"负责单独海损"。水渍险的责任范围，除包括上列平安险的各项责任外，还包括被保险货物由恶劣气候、雷电、海啸、地震、洪水等自然灾害所造成的部分损失。

（3）一切险（all risks）。一切险的责任范围除包括平安险和水渍险的所有责任外，还包括货物在运输过程中由一般外来原因造成的全部或部分损失。

2. 附加险别

海洋运输货物保险的附加险种类繁多，归纳起来，分为一般附加险和特别附加险两类。

（1）一般附加险。一般附加险包括：

①偷窃提货不着险。保险有效期内，保险货物被偷走或窃走，以及货物运抵目的地以后整件未交的损失，由保险公司负责赔偿。

②淡水雨淋险。保险人负责货物遭雨淋或其他原因的淡水入侵造成的损失。

③短量险。保险人承担承保货物数量和重量发生短少的损失，但不包括正常运输途中的自然损耗。通常，包装货物发生短少时，保险公司必须要查清外包装是否发生异常现象，如破口、破袋、扯缝等，如属散装货物，往往以装船重量和卸船重量之间的差额作为计算短量的依据。

④混杂、沾污险。

⑤渗漏险。

⑥碰损、破碎险。

⑦串味险。

⑧受热、受潮险。

⑨钩损险。

⑩包装破裂险。

⑪锈损险。

上述 11 种附加险不能独立投保，只能在投保平安险或水渍险的基础上加保。但投保一切险时，因上述险别均包括在内，故无须加保。

（2）特别附加险。特别附加险是指承保由军事、政治等特殊外来原因引起的风险与损失的险别。中国人民保险公司承保的特别附加险，除包括下列战争险和罢工险以外，还有交货不到险、进口关税险、舱面险、拒收险、黄曲霉素险。

①战争险。它是承保战争或类似战争行为等引起保险货物的直接损失。保险公司对此种险别的承保责任范围包括：由战争、类似战争行为和敌对行为、武装冲突或海盗行为以及由此而引起的捕获、拘留、禁制、扣押造成的损失，或者由各种常规武器（包括水雷、鱼雷、炸弹）造成的损失，以及上述原因引起的共同海损的牺牲、分摊和救助费用。但对原子弹、氢弹、核武器造成的损失，保险公司不予赔偿。战争险的责任起讫与基本险不同，它不采用"仓至仓"条款，而是只负责水面风险，即从货物装上海轮开始，至货物运抵目的港离开海轮为止。

②罢工险。罢工险是保险人承保罢工者，被迫停工工人，参加工潮、暴动和民众战争的人员的行动造成的承保货物的直接损失。对于任何人的恶意行为造成的损失，保险公司也予以赔偿。

③交货不到险。被保险货物在装船后的 6 个月内若未能运到目的地交货，造成的损失由保险公司承担。

④进口关税险。如被保险货物发生保险责任范围内的损失，而被保险人仍须按货物的完好状态完税，保险人即对货损部分的关税损失负赔偿责任。

⑤舱面险。适用于一些体积大、有毒性、易爆的货物。

⑥拒收险。承保货物被海关拒绝进口或没收造成的损失。

⑦黄曲霉素险。发霉的花生、大米经常含有黄曲霉素，如果这种毒素的含量超过进口国规定的限制标准，货物就会被进口国拒绝进口、没收或强制改变用途。黄曲霉素险就承保货物的这类损失。

（二）除外责任

除外责任是指保险人不予赔偿的损失和费用。这种除外责任，一般来说是非意外的、非偶然的或比较特殊的风险。

1. 基本险的除外责任

（1）被保险人的故意行为或过失造成的损失。

（2）由发货人的包装不善等责任引起的损失。

（3）被保险货物在保险责任开始之前就已经存在品质不良或数量短缺形成的损失。

（4）被保险货物的自然损耗、品质特性以及市场跌价、运输延迟引起的损失和费用。

（5）战争险等特别附加险条款规定的责任范围和除外责任。

2. 其他除外责任

战争险的除外责任是指由敌对行为使用原子或热核制造的武器导致被保险货物的损失和费用，保险人不负责赔偿。此外，执政者、当权者或其他武装集团的扣押、拘留引起的损失，也不在赔偿范围之内。

（三）责任起讫

1. 基本险的责任起讫

根据中国人民保险公司《海洋运输货物保险条款》规定，平安险、水渍险和一切险承保责任的起讫，均采用国际保险业中惯用的"仓至仓"条款（warehouse to warehouse clause，W/W）。"仓至仓"条款规定，保险公司所承担的保险责任从被保险货物运离保险单所载明的起运港（地）发货人仓库时开始，一直到货物到达保险单所载明的目的港（地）收货人的仓库时为止。但是，当货物从目的港卸离海轮时起算满60天，不论保险货物有没有进入收货人的仓库，保险责任均告终止。

此外，被保险人可以要求延长保险期，例如，对某些内陆国家出口货物，如在港口卸货转运内陆，无法在保险条款规定的保险期限内到达目的地，即可申请延长保险期。经保险公司出立凭证予以延长，每日加收一定保险费。

2. 其他险别的责任起讫

与基本险采用的"仓至仓"条款不同，战争险的责任起讫是以"水上危险"为限，即保险人的承保责任自货物装上保险单载明的起运港的海轮或驳船开始，到卸离目的港的海轮或驳船为止。如果货物不卸离海轮或驳船，则从海轮到达目的港当日午夜起算满 15 日为止。

二、我国陆上运输货物保险条款

根据 1981 年 1 月 1 日中国人民保险公司修订的《陆上运输货物保险条款》的规定，陆上运输货物保险的险别主要分为陆运险（overland transportation risks）和陆运一切险（overland transportation all risks）两种。陆运险的承保范围是指保险公司负责赔偿被保险货物在运输途中遭受暴风、雷电、洪水、地震等自然灾害，或由于运输工具遭受碰撞、倾覆、出轨，或在驳运过程中因驳运工具遭受搁浅、触礁、沉没、碰撞，或由遭受隧道坍塌、崖崩或失火、爆炸等意外事故造成的全部或部分损失。陆运险的承保范围大致相当于海运货物保险中的水渍险。

陆运一切险除包括上述陆运险的责任外，还负责被保险货物在运输途中由一般外来原因造成的短少、短量、偷窃、渗漏、碰损、破碎、钩损、雨淋、生锈、受潮、受热、发霉、串味、沾污等全部或部分损失。陆运一切险的承保范围大致相当于海运货物保险中的一切险。

陆上运输货物保险的除外责任包括：（1）被保险人的故意行为或过失造成的损失；（2）属于发货人所负责任或被保险货物的自然消耗引起的损失；（3）由战争、工人罢工或运输延迟造成的损失。

陆上运输货物保险责任的起讫同样采取"仓至仓"原则。

三、我国航空运输货物保险条款

根据 1981 年 1 月 1 日中国人民保险公司修订的《航空运输货物保险条款》的规定，航空运输货物保险的基本险包括航空运输险（air transportation risks）和航空运输一切险（air transportation all risks）两种。在投保这两种基本险别之一的基础上，还可酌情加保一种或若干种附加险。

航空运输险的承保责任范围与海运水渍险大体相同。包括被保险货物在运输途中遭受雷电、火灾、爆炸或由飞机遭受恶劣气候或其他危难事故而被抛弃，或由于飞机遭遇碰撞、倾覆、坠落或失踪等自然灾害和意外事故造成的全部或部分损失。

航空运输一切险除包括上述航空运输险的责任外，对被保险货物在运输途中由一般外来原因造成的全部或部分损失也负赔偿之责。航空运输一切险的承保范围大致相当于海运货物保险中的一切险。

航空运输货物保险的除外责任与此前所述的海洋运输货物保险的除外责任基本相同。

在航空货物运输保险责任的起讫方面，采用的是"仓至仓"的条款原则。这种原则规定，如果货物已经运达到了保险单标明的目的地，但却没有送达保险单载明的收货人的仓库或储存处，那么保险责任将在货物在最后卸载地点卸离飞机后的 30 天内有效。如果在 30 天内，被保险的货物需要被转送到非保险单载明的目的地，那么保险责任就会在货物转送的时候终止。

四、邮运包裹保险条款

根据 1981 年 1 月 1 日中国人民保险公司修订的《邮包险条款》的规定，邮包保险的基本险别包括邮包险和邮包一切险两种。邮包险的承保范围是被保险货物运输途中由恶劣气候、雷电、海啸、洪水、自然灾害或由运输工具遭受搁浅、触礁、沉没、倾覆、出轨、坠落、失踪或由失火、爆炸等意外事故造成的全部或部分损失。邮包一切险的承保范围除上述邮包险的各项责任外，还包括被保险的邮包在运输途中由外来原因导致的全部或部分损失。

邮包险、邮包一切险的除外责任与海洋运输货物险条款中基本险的除外责任基本相同。

邮包险的责任自邮包起运时生效，直至运达目的地邮局，自邮局签发到货通知单当日午夜起算，满 15 天终止。

第三节　国际货物买卖合同中的保险条款

在国际货物买卖合同中，为了明确交易双方在货运保险方面的责任，通常都订有保险条款，其内容主要包括保险投保人、保险公司、保险险别、保险费率和保险金额等事项。

一、投保人的约定

在国际货物买卖合同中，货运保险条款是一个重要的内容。如何订立合同条款，取决于买卖双方在合同中采用的贸易术语。采用不同的贸易术语时，办理投保的人不同。采用 FOB、CFR 或 FCA、CPT 条件成交时，在买卖合同中一般由买方投保，比如，保险由买方负责（insurance：To be covered by the buyer）。如买方要求卖方代办保险，则应在合同保险条款中订明"由买方委托卖方按发票金额×××%代为投保××险，保险费由买方负担"。凡是以 CIF 或 CIP 条件成交的出口合同由卖方办理保险手续，需要详细约定卖方负责办理货运保险的有关事项，如约定投保的险别、支付保险费和向买方提供有效的保险凭证等。

二、保险公司与保险条款的约定

在我国，凡是以 CIF 或 CIP 条件成交的出口合同均由卖方办理保险手续，并需向中国人民保险公司按保险金额、险别和适用的条款投保，并订明由卖方负责办理投保。例如，在合同保险条款中订明：

由卖方按发票金额的×××％投保××险、××险（险别）按照中国人民保险公司1981 年 1 月 1 日的有关海洋运输货物保险条款为准。

Insurance：To be covered by the seller for…% of total invoice value against…, …as per and subject to the relevant ocean marine cargo clauses of the People's Insurance Company of China, dated Jan. 1, 1981.

目前，我国通常采用中国人民保险公司 1981 年 1 月 1 日生效的货物运输保险条款。但有时国外客户要求以英国伦敦保险协会货物保险条款为准，我方也可以接受。

三、投保险别的约定

在 CIF 或 CIP 的出口交易中，运输过程中的风险本应由买方来承担，但通常的保险费用则由卖方来支付，因为这些费用已经包含在货物价格中。买卖双方通常会约定一种基本的保险险别，如平安险、水渍险或一切险，以保障货物的安全。如果货物的特性或实际情况需要，也可以添加一种或多种附加险来提供更全面的保障。如果双方约定采用英国伦敦保险协会的货物保险条款，那么应根据货物的特性和实际需求来选择具体的险别。如果没有特别约定险别，卖方通常会按照最低的险别进行投保。需要注意的是，CIF 或 CIP 的价格通常不包括战争险等特别附加险的费用，如果买方需要增加这种保险，那么相应的费用应由买方来承担。

如买卖双方约定由卖方投保战争险并由其负担保险费，卖方为了避免承担战争险的费率上涨的风险，往往要求在合同中规定："货物出运时，如保险公司增加战争险的费率，则其增加的部分保险费应由买方负担。"

四、投保金额的约定

投保金额，也称保险金额，它是保险人应承担的最高赔偿金，也是核算保险费的基础。保险金额一般应由买卖双方经过协商确定，按照国际保险市场习惯，通常按 CIF 或 CIP 总值加 10％计算。所加的百分率称为保险加成率，它作为买方的经营管理费用和预期利润加保。在 CIF 或 CIP 出口合同中，如买方要求以较高加成率计算保险金额，在保险公司同意承保的条件下，我方也可接受。

五、保险单的约定

在国际货物买卖合同中，如约定由卖方投保，通常还规定卖方应向买方提供保险单，如被保险货物在运输过程中发生承保范围内的风险损失，买方即可凭卖方提供的保险单向有关保险公司索赔。

本章要点

（1）国际货物运输保险以运输过程中的各种货物作为保险标的，被保险人（买方或卖方）向保险人（保险公司）按一定金额投保一定的险别，并交纳保险费。国际货物运输保险的种类很多，包括海上货物运输保险、陆上货物运输保险、航空货物运输保险和邮包运输保险，其中以海运保险居多。

（2）海上风险是指船舶或货物在海上运输过程中遇到的自然灾害和意外事故。外来风险一般指海上风险以外的其他外来原因造成的风险。外来风险可分为一般外来风险和特殊外来风险。海运保险货物在海洋运输过程中，由海上风险造成的损失或灭失，称为海损。根据损失的程度与性质可以分为全部损失和部分损失。

（3）共同海损是采取救难措施引起的，共同海损的成立应具备以下条件：第一，必须确实遭遇危难。即共同海损的危险必须是实际存在或不可避免的，而不是主观臆测的。第二，必须是主动地、有意识地采取的合理措施。第三，必须是为船、货共同安全而采取的措施。第四，必须是属于非常性质的损失。第五，损失必须是共同海损行为的直接结果。第六，牺牲或费用的支出必须有效果。

（4）海洋运输货物保险概括起来分为基本险别和附加险别两大类。基本险可以独立投保，包括平安险、水渍险和一切险三种。附加险不能独立投保，只能在投保基本险的基础上加保，包括一般附加险和特别附加险。

（5）根据中国人民保险公司《海洋运输货物保险条款》规定，平安险、水渍险和一切险承保责任的起讫，均采用国际保险业中惯用的"仓至仓"条款规定的办法处理。

（6）基本险的除外责任：被保险人的故意行为或过失造成的损失；由发货人的包装不善等责任引起的损失；被保险货物在保险责任开始之前就已经存在品质不良或数量短缺形成的损失；被保险货物的自然损耗、品质特性以及市场跌价、运输延迟引起的损失和费用；战争险等特别附加险条款规定的责任范围和除外责任。

练习题

一、填空题

（1）我国海运货物保险险别分为＿＿＿＿＿＿＿＿和＿＿＿＿＿＿＿＿两类。前者又称主险，包括＿＿＿＿＿＿＿＿＿、＿＿＿＿＿＿＿＿＿、＿＿＿＿＿＿＿＿三种；后者包括＿＿＿＿＿＿＿＿＿和＿＿＿＿＿＿＿＿。

（2）共同海损的牺牲和费用，应由船方、货方、运费方按最后获救价值共同按比例分摊，这叫作＿＿＿＿＿＿＿＿。

（3）海上运输货物保险的保障范围包括＿＿＿＿＿＿、＿＿＿＿＿＿、＿＿＿＿＿。

（4）基本险的责任起讫，采用国际保险业惯用的＿＿＿＿＿＿＿＿＿＿＿条款。

（5）战争险的保险责任期限仅限于＿＿＿＿＿＿＿＿＿＿＿的危险。

二、单项选择题

（1）水渍险的英文原意是（　　　）。

A. 单独海损不负责赔偿　　　　　　　　B. 单独海损负责赔偿

C. 共同海损不负责赔偿　　　　　　　　D. 共同海损负责赔偿

（2）按照国际保险市场习惯，保险金额通常是将 CIF 或 CIP 总值加成（　　　）计算。

A. 5%　　　　　　B. 10%　　　　　　C. 15%　　　　　　D. 20%

（3）保险人的承保责任范围与下列（　　　）因素有关。

A. 保险金额　　　　B. 保险费　　　　C. 保险险别　　　　D. 投保加成率

（4）单独海损的承担是（　　　）。

A. 由损失方自行承担　　　　　　　　　B. 各方按比例分摊

C. 各方平均分摊　　　　　　　　　　　D. 由船方自行承担

（5）单独海损与共同海损的共同之处在于（　　　）。

A. 二者造成的原因相同　　　　　　　　B. 损失都属于部分海损

C. 二者的责任承担方法相同　　　　　　D. 二者都属于全部海损

（6）下列险别中属于中国人民保险公司承保的海洋运输货物特别附加险的是（　　　）。

A. 偷窃提货不着险　　　　　　　　　　B. 淡水雨淋险

C. 交货不到险　　　　　　　　　　　　D. 受潮受热险

（7）海运货物保险中，按"仓至仓"条款的规定，货物运抵目的港后没有进入指定仓库，（　　　）天内保单仍然有效。

A. 30　　　　　　B. 60　　　　　　C. 90　　　　　　D. 120

（8）我国海运保险中的一切险承保（　　　）。

A. 货物损失的一切风险

B. 平安险和 11 种一般附加险承保的风险

C. 除战争以外的一切货物损失风险

D. 水渍险和 11 种一般附加险承保的风险

（9）出口茶叶，为防止运输途中串味，办理保险时，应投保（　　　）。

A. 串味险　　　　　　　　　　　　　　B. 平安险加串味险

C. 水渍险加串味险　　　　　　　　　　D. 一切险

三、多项选择题

（1）海上风险包括（　　　）。

A. 一般外来风险　　　　　　　　　　B. 特殊外来风险

C. 外来风险　　　　　　　　　　　　D. 自然灾害

E. 意外事故

（2）海损按损失的程度不同，可分为（　　　）。

A. 全部损失　　　　B. 单独海损　　　　C. 推定全损　　　　D. 部分损失

E. 共同海损

（3）下列损失中属于实际全损的有（　　　）。

A. 保险标的物全部沉入海底　　　　　B. 船只被海盗劫走

C. 水泥遇海水完全变质　　　　　　　D. 为维持船身平衡抛出部分货物

E. 为救火将已着火的货物浇湿

（4）海上货物运输保险的保障范围包括（　　　）。

A. 海上风险　　　B. 外来风险　　　C. 海上损失　　　D. 施救费

E. 救助费

（5）海上风险有（　　　）。

A. 雨淋　　　　B. 地震　　　　　C. 失火　　　　D. 锈损

（6）构成共同海损的条件包括（　　　）。

A. 共同海损的危险必须是实际存在的，不是主观臆测的

B. 为消除船、货共同危险而采取的措施必须是合理的

C. 必须是属于非正常性质的损失

D. 采取措施后，船方和货方都作出了一定的牺牲

（7）海上货物运输保险中，除合同另有约定外，下列（　　　）原因造成货物损失，保险人不予赔偿。

A. 交货延迟　　　　　　　　　　　　B. 被保险人的过失

C. 市场行情变化　　　　　　　　　　D. 货物自然损耗

（8）下列危险中属于自然灾害的有（　　　）。

A. 恶劣气候　　　B. 雷电　　　　C. 海啸　　　　D. 地震

E. 火山爆发

（9）下列危险属于意外事故的有（　　　）。

A. 搁浅　　　　B. 触礁　　　　　C. 失踪　　　　D. 雷电

E. 爆炸

（10）构成实际全损的情况有（　　　）。

A. 保险标的全部灭失　　　　　　　　B. 保险标的完全变质

C. 保险标的不可能归还被保险人　　　D. 施救费用和救助费用超过保险标的价值

四、判断题

(1) 海上保险业务的意外事故，仅局限于发生在海上的意外事故。　　（　　）

(2) 船舶失踪达半年，可以按推定全损处理。　　　　　　　　　　（　　）

(3) 共同海损是部分海损中的一种。　　　　　　　　　　　　　　（　　）

(4) 一切险的承保范围包括由自然灾害、意外事故以及一切外来风险造成的被保险货物的损失。　　　　　　　　　　　　　　　　　　　　　　　　　　（　　）

(5) 单独海损是指载货船舶在海运途中，被保险货物发生的部分损失。（　　）

(6) 我某公司按 CFR 贸易术语进口时，在国内投保了一切险，保险公司的责任起讫应按照"仓至仓"原则。　　　　　　　　　　　　　　　　　　　　　　（　　）

(7) 在国际贸易中，向保险公司投保一切险，在运输途中由任何外来原因造成的一切货损，均可向保险公司索赔。　　　　　　　　　　　　　　　　　　　　（　　）

(8) 托运出口玻璃制品时，被保险人在投保一切险后，还应加保破碎险。（　　）

(9) 水渍险的责任范围除平安险责任范围以内的全部责任外，还包括由暴风、巨浪等自然灾害引起的部分损失。　　　　　　　　　　　　　　　　　　　　（　　）

(10) 在已投保一切险的基础上，可以再加保交货不到险。　　　　　（　　）

五、名词解释

国际货物运输保险　　　海上风险　　　共同海损　　　单独海损　　　推定全损

六、简答题

(1) 对除外责任的规定主要包括哪些内容？

(2) 什么是实际全损？有哪几种情况？

(3) 什么是推定全损？有哪几种情况？

(4) 什么是"仓至仓"条款？

七、案例题

(1) 在一次航行中，一艘海轮的舱面上装有 1 000 台拖拉机。然而，在航行过程中，船只遭遇了大风浪的袭击。这导致 450 台拖拉机被卷入海中，使得海轮严重倾斜。船长意识到，如果不立即采取措施，海轮有翻船的危险。因此，船长果断下令将余下的 550 台拖拉机全部抛入海中，以平衡船身，确保船只的安全。

问：这 1 000 台拖拉机的损失属于何种性质？

(2) 一艘从天津新港出发前往新加坡的货轮，在航行途中遭遇了货舱起火的意外。为了保护船舶和货物，船长果断下令向舱内灌水，火势得到了迅速扑灭。然而，由于主机受到损坏，货轮无法继续前行。在这种情况下，船长决定雇用拖轮将货轮拖回新港进行修理。修理完成后，货轮将再次起航前往新加坡。

此次事故导致的损失包括：1 000 箱货物被火烧毁，600 箱货物被水浇湿，主机和部分甲板受到严重损坏，需要支付拖轮的费用，以及因修理和拖航而产生的额外燃料和船上人员工资。

请分析：从损失的性质看，上述损失各属于何种海损？为什么？

（3）某国的一家公司选择了 CIF 鹿特丹的出口方式，运送了 1 000 箱食品。该交易采用了即期信用证付款方式，以确保交易的安全进行。货物在装运后，该公司凭借已装船的清洁提单和已投保的一切险及战争险保险单，向银行收取了货款。然而，当货物到达目的港后，进口方进行了复验，发现了以下问题：首先，在 10 个批号中，抽查的 20 箱货物中，有两个批号的沙门氏细菌含量超过了进口国的标准，涉及总共 200 箱的货物。其次，收货人只收到了 998 箱货物，比原本的 1 000 箱短少了 2 箱。最后，虽然有 15 箱货物外观看起来完好无损，但内部货物却短少了 60 千克。

请分析：以上情况，进口人应分别向谁索赔？理由是什么？

（4）一批货物已经通过平安险进行投保，为了确保安全，这些货物被分别装载到了两艘货轮上。然而，在航行过程中，其中一艘货轮不幸遭遇了暴风雨的猛烈袭击，在狂风暴雨中，船身剧烈颠簸，导致货物之间发生了碰撞，并因此造成了部分损失。另一艘货轮在航行中也没有逃过一劫，它与流冰发生了碰撞，同样导致了货物的部分损失。

问：保险公司对于这两次损失是否都应给予赔偿？

◇ 课堂讨论题

根据本课程所学的相关知识，对国际货物运输保险过程中应注意的问题进行分析。

第六章　国际贸易货款结算

 **学习要求**

●·重点·●

（1）票据的含义及其种类。

（2）汇付的定义及具体流程。

（3）托收的定义及具体流程。

（4）信用证的定义及具体流程。

（5）银行保函的定义及具体流程。

●·掌握·●

（1）票据行为。

（2）汇票、本票、支票的要式内容。

（3）汇付的主要种类。

（4）托收的主要种类。

（5）信用证的主要种类。

（6）银行保函的主要种类。

（7）选择结算方式时考虑的因素。

●·了解·●

（1）票据的特性。

（2）国际贸易货款结算条款。

 **引题案例**

我国 A 进出口公司与国外某客商订立一份轻纺制品的出口合同，合同规定以不可撤销即期信用证为付款方式。买方在合同规定的开证时间内将信用证开抵通知银行，并经通知银行转交给 A 公司。A 公司审核后发现，信用证上有关货物装运期限和不允许转运的规定

与双方签订的合同不一致。为争取时间，尽快将信用证修改完毕，以便办理货物的装运，A公司立即电告开证银行修改信用证，并要求开证银行修改完信用证后，直接将信用证修改通知书寄交我方。

问：（1）A公司的做法可能会产生什么后果？（2）正确的信用证修改渠道是怎样的？

国际贸易中货款的结算对于买卖双方都非常重要，涉及货款结算的工具、货款结算的方式以及货款结算的合同条款。这也是本章的主要内容，学习这些内容后，引题案例中涉及的问题就能迎刃而解了。

第一节　票　据

国际贸易中货款的结算需要通过一定的工具进行，结算工具主要有现金和票据两种。通过现金方式结算货款时，买方将货款以现金交付给卖方从而完成其付款义务。通过票据方式结算货款时，买方将货款通过票据交付给卖方从而完成其付款义务。国际贸易中交易各方所处的国家和地区不同，相隔的距离较远，使用现金结算存在诸多不便。因此，在国际贸易实际业务中，大多数的货款结算都是通过票据进行的。接下去，我们就开始学习国际贸易货款结算的主要结算工具之一——票据。

一、票据的含义及其特性

（一）票据的含义

票据是由出票人签名，要求付款人支付一定金额给收款人的一种有价证券。从票据的含义中我们不难发现，票据是以支付一定额度金钱为目的而存在的。在国际贸易中，票据支付的一定金额就是国际贸易货款。因此，票据是国际贸易中用于支付货款的支付工具。

票据是社会经济发展的产物。随着社会经济的发展，各种交易中的交易金额不断增加，携带大量现金进行交易既不方便也不安全。为了适应大额交易的需求，票据最初是作为承载大量现金的媒体而产生的。

我国票据的产生可以追溯到唐朝时期，当时各地茶商交易往来频繁，但是交通却极其不便，无法携带大量的现金款项。于是，出现了一种"飞钱"，这就是类似于现代票据的古代票据。"飞钱"的使用方法是，茶商先将钱支付给各地驻京机关，或将钱支付给在各地有连锁银号的富商，然后取得一张半联票券，另一张半联票券则送至商人需要付款的地方。商人到达付款地后，拿着一张半联票券去与另一张半联票券进行"合券"后，就能取得自己所需的现金。

（二）票据的特性

票据的产生大大方便了交易中货款的结算，票据作为一种以支付金钱为目的的证券，有其自身存在的特性。

1. 票据的流通性

票据的流通性是指除了票据本身的限制外（如票据上注明"不得转让"字样），票据债权人有权将其票据权利进行转让，从而实现票据流通。这样能使债权人在票据到期前，提前获得票据上载明的现金，有利于资金的融通。在票据的流通转让中，票据债权人转让票据并不需要通知票据的债务人，也就是说，债务人不能因为收款人的变更而拒绝履行付款义务。由此可见，票据的流通转让比一般的债权转让更加简便，受到的限制更少。票据的流通性是票据的核心特性。

2. 票据的无因性

票据的无因性是指票据开立以后，票据上的权利与义务即与产生票据的原因相脱离。票据债权人在行使其票据权利时，无须证明该票据产生及获得的原因。对于票据债务人而言，票据的无因性使其不得不履行付款义务；对于票据债权人而言，票据的无因性使其拥有了对票据债务人及所有票据转让人的追索权，一旦票据债务人不依票履行付款义务，则票据债权人有权向其及所有票据转让人进行追索。例如，A 与 B 签订了一份国际货物买卖合同，A 为买方，B 为卖方。A 向 B 签发了一张付款的票据，约定 C 为付款人。后来，B 拒绝交货，并且持票向 C 要求付款，遭拒绝。于是，B 转而向 A 进行追索。A 可以以 B 拒绝交货为由，拒绝付款。如果说，B 将票据转让给 D，由 D 向 A 和 C 进行追索，此时 A、C 就不能以 B 没有交货为由，拒绝付款。这个案例中，A、C 之所以不能拒绝付款给 D，就是因为票据的无因性。

3. 票据的文义性

票据的文义性是指票据相关当事人的权利和义务完全以票据上的文字记载为准。票据的文义性决定了票据相关当事人不得随意更改票据上的文字内容。票据的文义性与无因性存在很大的关联，票据的无因性引发了票据的文义性。票据内容脱离了票据产生原因，因此就需要将权利和义务在票据上明确记载下来，作为执行时的依据。

4. 票据的要式性

票据的要式性是指票据本身及票据行为都必须符合相关法律法规的规定。票据的要式性规范、统一了票据和票据行为，有助于推动票据的流通转让。不同国家对票据及票据行为的规定有所差别，因此，国际贸易货款结算所使用的票据必须遵循买卖双方国家的票据法及相关的规定。只有遵循了票据的要式性规定，才有可能使用票据顺利地进行货款的结算。

二、票据行为

票据从其存在的物质形式来看，就是一张纸，但是这张纸却隐含着一系列与票据相关的行为，这些行为就是票据行为。从通俗的角度来说，票据行为就是使用票据的相关行为；而从法律角度来说，票据行为是以票据权利、义务的产生与更改为目的的一系列法律行为，具体包括出票、提示、承兑、付款、背书、拒付与追索等。

（一）出票

出票（draw）是指出票人创立票据和交付票据的行为。出票的具体行为过程是出票人按照相关法律法规中规定的票据格式制成票据并签字，然后将其交付给收款人。

（二）提示

提示（presentation）是指票据持有人将票据提交给付款人要求承兑或付款的行为。提示分为提示承兑和提示付款两种：提示承兑是指持票人将票据提交给付款人，要求其承诺在票据到期日进行付款的行为；提示付款是指持票人将票据提交给付款人，要求其进行付款的行为。

（三）承兑

承兑（acceptance）是指票据付款人对其付款义务作出承诺的行为。承兑的具体行为过程是付款人在票据正面写明"承兑"（Accepted）字样，注明承兑时间，签名后交还给持票人。承兑这种票据行为只出现在远期票据中，也就是说，付款日期在未来某一天的票据才会有承兑这种票据行为，而见票后立刻付款的票据不需要承兑。

（四）付款

付款（payment）是指票据付款人向持票人支付票据上所载明的金额的行为。付款的具体行为过程是付款人向持票人支付票据上所载明的金额，持票人在获得付款后，应在票据上注明"货款已收"字样，并将票据交给付款人作为收据。付款行为完成后，票据所包含的债权债务关系即宣告结束。

（五）背书

背书（endorsement）是指票据收款人或持有人在转让其所拥有的票据时，在票据的背面或者粘单上写明相关文句并签字后交付给受让人。票据一经背书，其票据权利就从背书人（即转让人）手中转移到了被背书人（即受让人）手中。

背书的方式主要有三种。第一种是限制性背书（restrictive endorsement），是指背书人在背书时注明一些限制性的文句，例如"付给××，不得转让"（pay to ××，not transferable）或"仅付给××"（pay to ×× only）。票据一旦经过了限制性背书，就无法再次流通转让，只能由被背书人凭票据获取相应的票据金额。第二种是空白背书（blank endorsement），是指背书人不指定被背书人，即不写明被背书人。票据经过空白背书后，可以仅凭交付就完成流通转让。第三种是特别背书（special endorsement），是指背书人在背书时写明被背书人或其指定的人。例如"付给××或其指定的人"（pay to ×× or order）。经过空白背书和特别背书的票据能够再一次进行流通转让。

（六）拒付与追索

拒付（dishonor）是指持票人将票据提交给付款人要求其承兑或付款时，遭到拒绝。因此，拒付包括拒绝承兑和拒绝付款两种情况。拒付可能由于票据债务人主观的原因，也可能由于票据债务人客观上的原因。例如，票据债务人死亡、破产、逃匿等。票据遭到拒付后，票据持有人有权向票据债务人以及所有的票据出让人进行票据款项的追偿，这种行为就是追索（recourse）。在进行追索行为之前，票据持有人必须出具遭到拒付的证明，否则将失去票据的追索权。

以上票据行为是票据在使用过程中可能会涉及的票据行为，也就是说，这些票据行为并不是一定都出现在票据的使用过程中。因为票据的种类、票据的实际使用过程等因素都会影响票据所包含的票据行为。

三、票据的种类

国际贸易货款结算所使用的支付工具是票据，主要有三种，即汇票、本票和支票。在这三种票据中，汇票使用得最多，本票和支票次之。

（一）汇票

1. 汇票（bill of exchange/draft）的定义

《中华人民共和国票据法》第十九条规定："汇票是出票人签发的，委托付款人在见票时或者在指定日期无条件支付确定的金额给收款人或者持票人的票据。"

被世界多数国家引用的英国1882年《票据法》规定："汇票是由一人签发给另一人的无条件书面命令，要求受票人见票时或于未来某一规定的或可以确定的时间，将一定金额的款项支付给某一特定的人或其指定的人，或持票人。"

比较中国《票据法》和英国《票据法》对汇票的定义，不难发现两者的共同之处。首先，两者都明确了汇票是一种无条件支付命令。其次，两者都确定了汇票的付款时间分为见票付款或者未来的某一天付款。本书采用《中华人民共和国票据法》中给出的汇票的定义。

2. 汇票的要式内容

汇票的要式内容是指汇票必须具备的内容。虽然各国票据法中规定的汇票要式内容不尽相同，但是大多都包含了以下这些基本内容。

（1）"汇票"字样：汇票的票面上必须标明"汇票"字样，以明确该票据是汇票。

（2）无条件支付命令：汇票中必须有无条件支付命令的文字表示。

（3）确定的金额：汇票中必须标明付款人应支付的确定的金额。

（4）付款人名称：汇票上必须标有付款人的详细名称。

（5）收款人名称：汇票上必须标有汇票款项收取人的详细名称。

（6）出票日期：汇票中必须标有明确的出票日期，如果没有，则付款人见票即要付款。

（7）出票人签章：汇票出票人必须在汇票上进行签章。

以上汇票的要式内容是一般汇票上都应具备的内容，并不是汇票的所有内容（汇票内容还可能包括汇票编号、"禁止转让"等其他内容）。一张汇票如果漏列了要式内容中的任何一项，则该汇票即为一张无效的汇票，付款人在面对无效的汇票时，有权对其进行拒付。

3. 汇票的种类

汇票的种类非常多，从不同的角度可分为以下几种。

（1）即期汇票和远期汇票。汇票按照其付款时间的不同，可划分为即期汇票（sight draft）和远期汇票（time draft）。即期汇票的付款日期为见票即付，也就是说即期汇票持票人向付款人提示汇票的时候，付款人见票后应立即支付汇票款项。远期汇票的付款日期为未来的某一天，具体又分为定日付款、见票后定期付款、出票日后定期付款以及运输单据日后定期付款。

即期汇票和远期汇票的付款时间都应遵循一定的法律法规。《中华人民共和国票据法》第五十三条规定：见票即付的汇票，自出票日起一个月内向付款人提示付款；定日付款、出票后定期付款或者见票后定期付款的汇票，自到期日起十日内向承兑人提示付款。持票人未按照前款规定期限提示付款的，在作出说明后，承兑人或者付款人仍应当继续对持票人承担付款责任。

例 6-1 各种远期汇票付款日期的表示示例。

（1）定日付款：

2012 年 2 月 1 日（February 1st，2012）

（2）见票后若干天付款：

见票后 30 天付款（At 30 days after sight）

（3）出票日后若干天付款：

出票后 30 天付款（At 30 days after the date of the draft）

（4）提单日期后若干天付款：

提单日期后 30 天付款（At 30 days after the date of the bill of lading）

（2）光票和跟单汇票。汇票按其是否附有货运单据，可划分为光票（clean draft）和跟单汇票（documentary draft）。光票是指不附有任何货运单据（主要包括货运提单、保险单、发票等）的汇票。跟单汇票是指附有货运单据的汇票。

在国际贸易中，取得货物的货运单据就等同于取得货物的所有权。因此，对于卖方来说，必须要注意对货运单据的控制，否则容易造成货款两空的局面。而跟单汇票项下所附货运单据的取得条件是付款人付清汇票金额，如果出口商使用跟单汇票，就相当于先收取货款再将货运单据交给进口方，这样，货款的收取就有了一定的安全保证，不会落得钱货两空的局面。而光票就不具备这样的功能了，光票中货款的支付只能依靠进口人本身的信用。因此，在国际贸易货款结算的实际业务中，跟单汇票使用的频率大大超过了光票的使用频率。光票仅在一些小额的货款结算中使用。

（3）限制性抬头汇票、指示性抬头汇票和来人抬头汇票。"抬头"实际上是英文"title"的音译，所以，抬头的意思也就是名称、称呼的意思。在票据制作中，我国习惯将票据的一些相关当事人称为"抬头"。例如，发票抬头指的是发票的买方，运输单据的抬头指的是收货人。汇票中的抬头指的是汇票的收款人，根据汇票抬头的不同，汇票可分为限制性抬头汇票、指示性抬头汇票和来人抬头汇票。限制性抬头汇票指的是汇票的收款人是受到限制的，汇票上的金额只能付给指定的收款人，不得付给其他人。指示性抬头汇票是指汇票的收款人为某个公司或个人，或其指定的某个公司或个人，汇票上的金额可以付给收款人也可以付给收款人指定的人。来人抬头汇票指的是汇票的收款人是汇票的持票人。

例6-2 不同抬头的汇票付款语句示例。

（1）限制性抬头汇票付款语句：

仅付给××，或付给××，不准转让（Pay ×× only／Pay to ××, not transferable）

（2）指示性抬头汇票付款语句：

付给××或其指定的人（Pay ×× or order）

（3）来人抬头汇票付款语句：付给来人（Pay bearer）

（4）商业汇票和银行汇票。汇票按其出票人的不同，分为商业汇票（commercial draft）和银行汇票（banker's draft）。商业汇票的出票人是个人或者工商企业单位。银行汇票的出票人是银行。商业汇票和银行汇票除了出票人不同之外，还存在很多不同点：第一，付款人不同，商业汇票的付款人可能是个人或工商企业，也可能是银行，而银行汇票的付款人是银行；第二，所附单据不同，商业汇票一般都附有货运单据，银行汇票一般都不附有货运单据，也就是说商业汇票一般为跟单汇票，银行汇票一般为光票。

以上四类汇票是在国际贸易货款结算中常见的汇票。同一张汇票可能同时具备以上四种汇票类型中一种或一种以上的性质，例如，一张汇票是商业汇票的同时也是跟单汇票。

（二）本票

1. 本票（promissory note）的定义

《中华人民共和国票据法》第七十三条规定："本票是出票人签发的，承诺自己在见票时无条件支付确定的金额给收款人或者持票人的票据。本法所称本票，是指银行本票。"从本票的定义可以看出，本票是一种无条件支付承诺，是由出票人本人承诺付款给收款人或持票人。

2. 本票的要式内容

本票与汇票一样，也有法律规定的要式内容，一般本票必须具备以下要式内容。

（1）"本票"字样：本票票面上必须明确标明"本票"字样，以表示该票据是本票。

（2）无条件支付承诺：本票必须写有出票人无条件支付承诺的语句。

（3）确定的金额：本票中必须标明付款人应支付的确定的金额。

（4）收款人名称：本票上必须写明收款人具体的名称。

（5）出票日期：本票上必须写明本票出立的具体日期，如果没有，则视为见票即付本票。

（6）出票人签章：本票上必须有本票出票人签章。

如果一张本票缺少任意一项要式内容，则该本票为无效本票。除了要式内容之外，本票上还可能出现一些其他内容，例如本票出票地、付款地等。

3. 本票的种类

本票从不同的角度划分，也能得到不同的划分结果，下面介绍一些国际贸易货款结算中常见的本票种类。

（1）银行本票和一般本票。根据出票人的不同，本票可分为银行本票（banker's promissory note）和一般本票（general promissory note）。银行本票的出票人是银行，而一般本票的出票人为个人或工商企业。因为本票的出票人即为付款人，所以银行本票的信用属于银行信用，一般本票的信用属于商业信用，从收款安全上来说，前者的收款安全要大于后者的收款安全。《中华人民共和国票据法》第七十三条明确规定："本法所称本票，是指银行本票。"这说明，我国只承认银行本票，不承认个人或工商企业签发的一般本票。同时，我国还对银行本票的出票人有着严格的规定，即只有通过中国人民银行审定的银行才能作为银行本票的出票人。根据本票的主要用途，银行本票又进一步分为现金银行本票和转账银行本票，前者主要用于支取现金，后者则主要用于转账业务。

（2）即期本票和远期本票。本票根据付款时间的不同，可分为即期本票（sight promissory note）和远期本票（usance promissory note）。即期本票的付款时间为见票即付款，而远期本票的付款时间则是未来某一天。《中华人民共和国票据法》第七十八条规定："本票自出票日起，付款期限最长不得超过二个月。"我国只承认银行本票，而银行本票往往是即期本票。

（三）支票

1. 支票（cheque）的定义

《中华人民共和国票据法》第八十一条规定："支票是出票人签发的，委托办理支票存款业务的银行或者其他金融机构在见票时无条件支付确定的金额给收款人或者持票人的票据。"从支票的定义可以看出，只有支票出票人在委托办理支票业务的银行具有大于或等于支票金额的存款时，支票的付款才能完成。否则，支票就会变成空头支票，即支票出票人签发的支票金额超过其在付款时存入付款银行的实际金额。签发空头支票在各个国家都是明令禁止的。

2. 支票的要式内容

支票的要式内容就是其必须具备的法定内容，主要包括以下 6 项。

（1）"支票"字样：支票的票面上必须标明"支票"字样，以表示该票据为支票。

（2）无条件支付委托：支票的票面上必须标明无条件支付委托的文句。

（3）确定的金额：支票票面上必须标明付款人应付的确定金额。

（4）付款人名称：支票票面上必须有付款人详细的名称和/或地址。

（5）出票日期：支票票面上必须有出票的详细日期。

（6）出票人签章：支票票面上必须有出票人的签章。

一张支票必须具备以上 6 个方面的要式内容，缺一不可，否则就成为一张无效的支票。

3. 支票的种类

支票的种类相对于汇票和本票而言较少，主要有以下几种。

（1）普通支票、现金支票和转账支票。支票根据其票款取得的方式划分，可分为普通支票（general cheque）、现金支票（cash cheque）和转账支票（transfer cheque）。普通支票票款的取得方式既可以是获得现金也可以是进行转账，现金支票票款的取得方式只能是获得现金，不得进行转账；转账支票票款的取得方式只能是进行转账，不得支取现金。

（2）划线支票和不划线支票。支票根据其票面上是否有划线，可分为划线支票（crossed cheque）和未划线支票（uncrossed cheque）。划线支票是指支票的正面标有划线；未划线支票则是指在支票的正面没有划线。划线支票只能用于转账，而未划线支票既可用于转账又可用于支取现金。划线支票中的划线可以在支票签发时就做成，也可以将未划线支票进行划线，将其转变为划线支票。

（四）汇票、本票和支票的比较

作为国际贸易货款结算使用的主要结算工具，汇票、本票和支票三者之间既有相同之处，又存在一定的区别。

1. 汇票、本票和支票的共同点

（1）它们都是以支付为最终目的。汇票、本票和支票都是以支付确定金额给收款人或持票人为最终的目的。汇票、本票和支票均属于无因有价证券，只要具备各自的要式内容，持有人就有权向付款人提交票据，要求其履行付款义务。

（2）它们都需要具备要式内容。汇票、本票和支票都必须具备各自的要式内容。所有要式内容都必须出现在票面上，若缺少任意的一项，汇票、本票和支票均宣告失效。

2. 汇票、本票和支票的区别

（1）票据性质不同。汇票和支票的性质都是出票人委托他人付款，两者都属于委托支付证券，而本票则是出票人承诺自己履行付款义务，属于承诺证券。

（2）当事人数量不同。汇票和支票的基本当事人有三个，即出票人、付款人和收款人；而本票的基本当事人只有两个，即出票人和收款人。

（3）出票人与付款人的关系不同。汇票出票人与付款人之间没有法律约束关系，付款人是否愿意付款或承兑取决于付款人自己的意愿，但是，付款人一旦承兑了汇票，则必须承担汇票的付款责任；本票的出票人和付款人是同一个人，其必须承担本票的付款责任；支票的出票人只有在付款人处具有足够的用以支付支票的金额时，支票的付款人才履行其付款责任。

第二节　结算方式

结算方式是指用一定形式和条件来实现相关当事人之间货币收付的程序和方法，也就是实现货币从付款人处到达收款人处的程序和方法。国际贸易货款的结算是需要通过一定的结算方式来进行的。请注意结算方式与结算工具之间的区别。结算工具是货款的支付工具，它可能是货币，也可能是票据。而结算方式是实现货款从付款人处到达收款人处的一系列程序和方法。结算方式要借助结算工具来完成货款的最终支付。国际贸易货款结算中经常使用的结算方式主要有汇付、托收、信用证和银行保函。

一、汇付

（一）汇付的定义

汇付（remittance）又被称为汇款，是指付款人将应付货款通过银行或其他途径汇交给收款人。汇付是国际贸易货款结算中较为简单的一种结算方式，如果采用汇付进行货款结算，付款人（一般为进口人）只要将货款通过银行或其他途径汇交给收款人（一般为出口人）即可。国际贸易货款结算中的汇款一般是跨国汇款。

（二）汇付的当事人及基本流程

1. 汇付相关当事人

在汇付中，相关的当事人主要有四个，即汇款人、汇出行、汇入行和收款人。

（1）汇款人（remitter）。汇款人就是付款人，在国际贸易中一般为进口人或中间商。汇款人的主要任务就是将应付款项交付给收款人，并承担汇付所产生的一些相关费用。

（2）汇出行（remitting bank）。汇付一般是通过银行进行的。汇出行是指接受汇款人的汇款申请，将其所交付的款项汇出的银行。汇出行一般是进口人或中间商所在地的银行。

（3）汇入行（receiving bank）。汇入行是指接受汇出行汇款业务，接收其所汇款项并将其交付给收款人的银行。汇入行一般是收款人所在的银行。

（4）收款人（payee）。收款人是指收取汇款的人，通常是国际贸易中的卖方，其获得款项的主要依据是买卖双方签订的国际货物买卖合同。

2. 汇付的基本流程

汇付是国际贸易货款结算方式中较为简单的一种，它的一般流程是卖方将交易合同项下的货物发运给买方后，将有关货运单据寄给买方并通知买方货物已发出，买方则将交易合同中所规定的货款通过汇付支付给卖方。一般汇付的具体流程如图 6-1 所示。

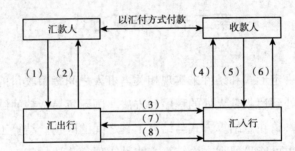

图 6-1　汇付的具体流程

注：（1）汇款人向汇出行提出汇款申请，填写汇款单，交付所汇款项并支付汇款费用。

（2）汇出行接受汇款人的汇款申请，并将汇款回执交给汇款人。

（3）汇出行通过一定的方式将汇款通知交付给汇入行。

（4）汇入行将汇款通知交付给收款人。

（5）收款人凭汇款通知及相关证件到汇入行收取汇款，并将汇款收据交给汇入行。

（6）汇入行将汇款支付给收款人。

（7）汇入行将汇款付讫通知书交付给汇出行。

（8）汇出行解付汇款给汇入行。

（三）汇付的种类

1. 电汇和信汇

如图 6-1 的步骤（3）所示，汇出行需要通过一定的方式将汇款通知交付给汇入行。按照汇款通知书交付的方式不同，汇付可划分为电汇和信汇。

（1）电汇（telegraphic transfer，T/T）。电汇是指汇款人向汇出行提交申请书并交款、付费，汇出行将汇款通知书以电讯方式交付给汇入行。电汇中所使用的电讯方式包括电报、电传、SWIFT（环球银行间金融电讯网络）。采用电汇时，除了通过电讯方式将汇款通知交付给汇入行之外，还要用航空信件向汇入行寄送电汇核实书（T/T confirmation），目的就在于让汇入行核对电汇内容，防止电文传递有误。

（2）信汇（mail transfer，M/T）。信汇是指汇款人向汇出行提交申请书并交款、付费，汇出行将汇款通知书以信件方式寄送给汇入行。汇入行在接到汇款通知书的信件后，对汇出行的签章或印鉴进行核对查证，准确无误后将汇款支付给收款人。

2. 票汇

票汇（remittance by banker's demand draft，D/D）是指汇款人向汇出行提交申请书并交款、付费，汇出行开立一张以其代理银行或其他往来银行为付款人的银行即期汇票，由汇款人自行将这张银行即期汇票交给收款人的汇付方式。从票汇的基本流程来看，它与电汇、信汇存在很大的差别，具体流程也不一样。票汇的具体流程如图 6 - 2 所示。

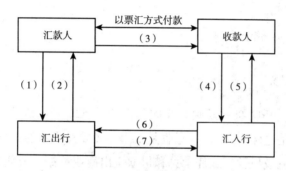

图 6 - 2　票汇的具体流程

注：（1）汇款人向汇出行提出票汇申请，交付所汇款项并支付相关票汇费用。

（2）汇出行开立一张以汇入行为付款人的银行即期汇票，并将其交给汇款人。

（3）汇款人将银行即期汇票交付给收款人。

（4）收款人向汇入行提交银行即期汇票，提示付款。

（5）汇入行向收款人支付银行即期汇票上列明的金额。

（6）汇入行将票汇付讫通知书交给汇出行。

（7）汇出行解付汇款给汇入行。

电汇、信汇、票汇三者的汇款速度由快到慢的排列顺序为电汇、信汇和票汇；三者的汇款费用由高到低的排列顺序为电汇、票汇和信汇。选择汇付方式时，可将汇款速度和费用作为选择的依据。

（四）汇付的特点

汇付作为国际贸易货款结算的主要结算方式之一，具有以下特点。

1. 办理手续简便

办理汇付的手续非常简便，汇款人办理汇付业务只需要到汇出行提出汇款申请，填写相应申请表，交付所汇款项并支付相应汇付费用即可。剩余的事情都交由汇入行和汇出行办理。

2. 费用相对较少

汇付相对于其他国际贸易结算方式来说，费用较少。一般汇付的费用是汇款金额的

1‰左右（不同银行的汇付收费会略有不同），也就是说，如果汇款金额为 1 000 元，则汇付的费用为 1 元。

3. 风险较大

汇付是一种商业信用，收款人能否通过汇付获得款项取决于汇款人的信用，银行在汇付中只提供汇款服务，而不提供付款保证。因此，汇付是一种风险较大的结算方式，特别是对预付货款的买方和货到付款的卖方来说。预付货款的买方在收到货物前就将货款支付给卖方，货到付款的卖方只有在货物到达买方手中后才能收到货款，这两种情况下，能否收到货物和货款完全取决于对方的信用，如果此时采用汇付这种结算方式，必将增加相关当事人的风险。

二、托收

（一）托收的定义

国际商会制定的《托收统一规则》（国际商会第 522 号出版物，简称 URC522）中，对托收（collection）是这样定义的："托收是指由接到委托指示的银行处理金融单据和/或商业单据以便取得承兑或付款，或凭承兑和付款交出商业单据，或凭其他条款和条件交出单据。"

从该定义可以看出，首先，托收是一种委托收款，是收款人委托银行代其进行收款；其次，托收中涉及一系列单据的处理，包括金融单据和/或商业单据的处理。这里所说的金融单据是指汇票、本票、支票等用于取得付款的资金凭证，商业单据则是指货运单据，例如提单、发票等。所以，简单地说，托收是指收款人（一般为出口人）委托银行代其向付款人（一般为进口人）收取应收款项的一种结算方式。

（二）托收的当事人及基本流程

1. 托收相关当事人

（1）委托人（principal）。委托人是委托银行办理托收业务，由银行代其向境外付款人收款的当事人。一般而言，委托人需要开立一张汇票，并将其交给办理托收业务的银行。

（2）托收行（remitting bank）。托收行是接受委托人委托办理托收业务的银行。托收行通常在委托人所在地，其主要任务就是代委托人向付款人收款，并收取相关的托收费用。

（3）代收行（collecting bank）。代收行是接受托收行的委托代其向付款人收款的银行。代收行通常是托收行在付款人所在地的分行或有业务往来的银行。

（4）付款人（payer）。付款人是支付托收业务项下款项给委托人的当事人。

2. 托收的基本流程

国际贸易货款结算若采用托收，其基本流程为：委托人（一般为出口商）开立一张汇票，并连同相关货运单据交给托收行，委托其向付款人收取汇票上载明的款项，托收行又进一步委托代收行在付款人满足一定的交单条件后，将货运单据交给付款人并收取汇票款项，最后，托收行将所收汇票款项支付给委托人。托收的具体流程如图 6-3 所示。

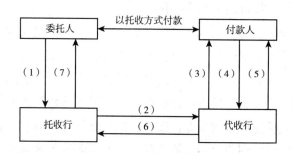

图 6-3　托收的具体流程

注：（1）委托人向托收行提出托收申请，填写托收申请书，开立汇票，上交货运单据，并支付托收费用。

（2）托收行根据委托人填写的托收申请书制成托收委托书，并将其连同汇票以及货运票据一并交给代收行。

（3）代收行根据托收委托书向付款人提示汇票，要求付款或承兑。

（4）付款人对汇票进行付款或承兑。

（5）代收行将货运单据交给付款人，并收取汇票款项。

（6）代收行通知托收行汇票已付或已承兑。

（7）托收行将代收的汇票款项交给委托人。

（三）托收的种类

根据托收业务中是否附带商业票据（如提单、发票等），托收可划分为两种类型，分别是光票托收和跟单托收。

1. 光票托收

光票托收（collection on clean bill）是指仅使用金融票据（如汇票、支票等），不附带商业票据的托收。

因光票托收不附带商业票据，所以一般适用于一些不涉及货物的费用结算，例如货款尾数结算、贸易从属费用结算等。光票托收在国际贸易货款结算中应用得较少，国际贸易货款结算如果采用托收结算，一般都使用跟单托收。

2. 跟单托收

跟单托收（collection on documents）是指金融单据附带商业单据或不用金融单据的商业单据的托收。跟单托收是国际贸易货款结算中经常使用的托收种类，因此，在介绍一般托收具体流程时（见图 6-3），使用的就是跟单托收的一般流程。在图 6-3 的第（5）步中，要满足一定的交单条件后，代收行才能将货运单据交给付款人。跟单托收按照交单条件的不同，又可进一步分为付款交单和承兑交单两种。

（1）付款交单（documents against payment，D/P）。付款交单是指在跟单托收中，代收行向付款人交出货运单据的条件是付款人付清汇票上的款项。因为汇票按照付款时间分为即期汇票和远期汇票，所以付款交单又分为即期付款交单（D/P at sight）和远期付款交单（D/P after sight）。前者的交单程序较为简单，只要付款人见票付款，代收行即可将货运单据交给付款人；后者的交单程序比前者略多，付款人先要对汇票进行承兑，在汇票到期日付款后，代收行才能将货运单据交给付款人。

（2）承兑交单（documents against acceptance，D/A）。承兑交单是指在跟单托收中，代收行向付款人交出货运单据的条件是付款人对汇票进行承兑。也就是说，付款人对汇票进行承兑后即可取得货运单据，待汇票到期时再付清汇票款项。承兑行为是远期汇票才具备的票据行为，因此，承兑交单的跟单托收也只能适用于远期汇票的托收。同时，在承兑交单的情况下，付款人承兑后付款前即可取得货运单据，这相当于付款人无须付款就可取得货物，如果付款人在汇票到期时不付款，则收款人就会落得钱货两空的局面。因此，承兑交单对于收款人来说，风险是非常大的，使用承兑交单需谨慎。

（四）托收的主要特点

1. 手续相对简便、费用相对较低

托收作为国际贸易货款结算的主要方式，其与信用证相比较而言，相关办理的手续较为简便，委托人只需开立汇票，到托收行办理托收业务，交付货运单据，支付托收费用即可。同时，与信用证相比，托收的费用较低，有利于企业节约成本。

2. 风险较大

虽然托收业务交由托收行和代收行共同完成，但是银行只负责提供托收服务，不负责付款。委托人能否收取托收款项仍然取决于付款人的信用，因此，托收是一种商业信用而不是银行信用。托收对于委托人来说，风险仍然很大，特别是承兑交单（D/A）。

三、信用证

（一）信用证概述

1. 信用证的定义

1993 年，国际商会制定的《跟单信用证统一惯例》（国际商会第 500 号出版物，简称 UCP500）对信用证（letter of credit，L/C）作了如下定义："就本惯例而言，'跟单信用证'和'备用信用证'（以下简称'信用证'），不论其如何命名或描述，意指一项约定，根据此约定，一家银行（开证行）按其客户（申请人）的要求和指示，或以其自身的名义，在与信用证条款相符的条件下，凭规定的单据：Ⅰ. 向第三者（受益人）或其指定的人付款，或承兑并支付受益人出具的汇票；或Ⅱ. 授权另一家银行进行该项付款，或承兑

并支付该汇票；或Ⅲ. 授权另一家银行议付。"

2021 年，国际商会制定的《跟单信用证统一惯例》（国际商会第 600 号出版物，简称 UCP600）第二条规定："信用证指一项不可撤销的安排，无论其名称或描述如何，该项安排构成开证行对相符交单予以交付的确定承诺。"

UCP600 在 2007 年代替了 UCP500，成为最新版本的《跟单信用证统一惯例》。但是，UCP500 中对信用证的定义比 UCP600 中更加具体。比较分析两者对信用证的定义后，可以发现：首先，信用证开立的最终目的是支付信用证项下载明的具体金额；其次，信用证项下金额的支付是有一定条件的，那就是"在与信用证条款相符的条件下，凭规定的单据获得付款"。

据此，本书给出的信用证定义是：信用证是一家银行根据进口商的申请开立给出口商的一种保证付款凭证，该银行承诺在与信用证条款相符的条件下，出口商凭规定的单据即可获得付款。

2. 信用证的主要内容

信用证的内容根据不同的交易而有所不同，而且在目前的国际贸易实务中，也并未形成信用证的统一格式。尽管如此，各种信用证的主要内容还是大致相同的，主要包括以下四个方面。

（1）信用证本身的内容，包括信用证的种类、信用证编号、信用证开证日期、信用证有效期、信用证相关当事人、信用证金额等。

（2）相关单据的内容，包括信用证项下需要的金融票据、商业票据的具体种类、份数、具体要求、交单期限等。

例 6-3　信用证中关于单据要求的文句示例。

单据要求（以下单据除非另有规定，均需一式三份）：

（1）签章的商业发票。

（2）保险单或证书，空白背书，保险单险种包括一切险和战争险。

（3）整套的清洁提单，空白背书，并标有"运费预付"字样。

……

Documents required（in triplicate，unless otherwise specified）：

（1）Signed commercial invoice.

（2）Insurance Policy or Certificate，endorsed in blank，covering All Risks and War Risks.

（3）Full set clean bill of lading，endorsed in blank，marked Freight Prepaid.

…

（3）装运货物的内容，指信用证项下交易货物的相关内容，具体包括货物的名称、规格、数量、单价、货物的运输方式（包括是否允许转运、分批装运）、运输的起运地和目的地。

（4）信用证其他说明内容，包括开证行保证付款文句、开证行指示文句等。

（二）信用证的相关当事人及基本流程

1. 信用证相关当事人

信用证相关当事人主要分为基本当事人和其他关系人。基本当事人是指各种信用证中都存在的当事人，其他关系人是指信用证中可能出现的当事人。两者在信用证中，前者一定出现，后者可能出现，具体说明如下。

（1）开证申请人（applicant）。开证申请人是指向开证行提出开立信用证申请的人，一般为进口人（买方），也可能是开证行本身。开证申请人申请开立信用证时需要填写开证申请书，并支付开立信用证的相关费用。

（2）开证行（issuing bank）。开证行是指接受开证申请人的申请和指示（或代表自己），开立信用证的银行。开证行一般为开证申请人所在地的银行。开证行一旦开立信用证，就负有信用证金额的付款责任。

（3）受益人（beneficiary）。受益人是指享有收取信用证款项、转让信用证等相关信用证权利并履行相关义务的人。在国际贸易中，信用证受益人一般为出口人（卖方）。

（4）通知行（advising bank）。通知行是指接受开证行委托，负责将信用证交给受益人的银行。通知行一般为受益人所在地的银行。通知行需要鉴别信用证本身的真实性，如果无法鉴别，则应该在通知受益人时告知受益人该情况。除此之外，通知行不承担其他责任。

（5）付款行（paying bank）。付款行是指由开证行授权进行信用证付款或承兑的银行。付款行一般是开证行，也可以是由开证行指定的另一家银行。

（6）议付行（negotiating bank）。议付行是指买入或贴现受益人开立和提交的符合信用证规定的汇票和/或单据的银行。议付行审核汇票和/或单据符合信用证规定后，即可支付汇票和/或单据对应的款项给受益人，然后在信用证到期日向开证行提示付款。

（7）偿付行（reimbursing bank）。偿付行是指代开证行向其他替开证行垫付信用证款项的银行或议付行进行偿付的银行。偿付行只是代替开证行对向开证行索偿的相关银行进行付款，不负责审核单据的真实性与可靠性，审单责任仍然由开证行自身承担。

（8）承兑行（accepting bank）。承兑行是指对信用证项下需要承兑的单据，在审核确认其符合信用证规定后，对其进行承兑的银行。承兑行在信用证项下单据到期后，需对受益人进行付款，然后向开证行索偿所付款项。如遇承兑行在承兑后倒闭、破产等情况，则由开证行承担付款责任。

（9）保兑行（confirming bank）。保兑行是指对信用证作出保证付款承诺的银行。保兑行一旦对信用证作出保兑，就与开证行承担相同的付款责任。信用证受益人如果无法从开证行处得到付款，则可向保兑行要求付款。

以上9个信用证相关当事人中，其中（1）、（2）、（3）、（4）为信用证的基本当事人，其余的5个当事人是信用证相关当事人。

2. 信用证的基本流程

信用证的基本流程是由开证申请人向开证行申请开立信用证；开证行将开立后的信用证通过通知行转交给受益人；受益人审证无误后发货，并按照信用证规定提交相关单据；代付行根据信用证规定审核单据无误后，将信用证项下的款项支付给受益人，并向开证行索偿；开证行审核单据无误后，向代付行偿付其所垫付的信用证款项，然后通知开证申请人付款赎单。信用证的具体流程如图6-4所示。

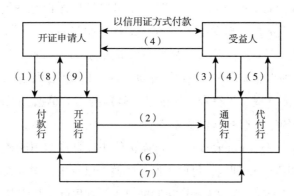

图6-4 信用证的具体流程

注：（1）开证申请人向开证行申请开立信用证，填写开证申请书，交纳一定的开证押金以及支付信用证相关费用。

（2）开证行根据开证申请书开立信用证，并将信用证发送通知行。

（3）通知行将信用证转交给受益人。

（4）受益人审核信用证无误后发货，制作并提交符合信用证规定的相关单据。

（5）代付行根据信用证条款审核单据，在"单证一致，单单一致"的条件下，将信用证项下的金额支付给受益人。

（6）代付行将相关单据交付给开证行，进行信用证项下金额的索偿。

（7）开证行根据信用证条款进行审核，在"单证一致，单单一致"的条件下，支付给代付行其所垫付的信用证金额。

（8）开证行通知开证申请人付款，赎回相关单据。

（9）开证申请人向开证行付款，赎回相关单据。

（三）信用证的种类

信用证根据其性质、期限、使用方式等特点，可以从不同的角度分为以下几种。

1. 跟单信用证和光票信用证

信用证根据其是否附有货运单据来划分，可分为跟单信用证和光票信用证。

（1）跟单信用证（documentary L/C）。跟单信用证是指信用证项下同时附有金融单据（一般为汇票）和货运单据（一般包括商业发票、保险单、提单等）。跟单信用证是国际贸易货款结算中经常使用的信用证类型，不同开证行开立的信用证在形式、内容上均有所区别，为了规范、统一信用证，国际商会制定了《跟单信用证统一惯例》，简称UCP600

（目前最新版本）。

（2）光票信用证（clean L/C）。光票信用证是指信用证项下仅附有金融票单据，而不附有货运单据。因为光票信用证不附带货运单据，所以多用于一些不涉及货运单据的款项结算，例如，预付货款时常采用光票信用证。

2. 不可撤销信用证和可撤销信用证

信用证根据开立后能否撤销，分为不可撤销信用证和可撤销信用证。

（1）不可撤销信用证（irrevocable L/C）。不可撤销信用证是一种特殊的信用证类型。这种信用证在开证行开立并通知受益人之后，其有效性就确定了。在信用证的有效期内，开证行不得以任何理由，未经受益人以及相关当事人的同意，进行修改或撤销。这是为了保障受益人的权益，确保他们可以在规定的期限内，根据信用证的条款，获得应得的货款。只要受益人向开证行提交了符合信用证条款规定的相关单据，无论任何情况，开证行都必须按照信用证的约定，履行其付款义务。

（2）可撤销信用证（revocable L/C）。可撤销信用证是指信用证经开证行开立并通知受益人后，开证行在信用证有效期内，可以不经过受益人以及相关当事人的同意，就修改或撤销信用证。可撤销信用证对于受益人来说风险非常大，在国际贸易实务中一般不使用。

3. 即期付款信用证、远期付款信用证、承兑信用证和议付信用证

UCP600 第二条规定，"兑付意指：（1）对于即期付款信用证，即期付款；（2）对于延期付款信用证，发出延期付款承诺并到期付款；（3）对于承兑信用证，承兑由受益人出具的汇票并到期付款"。信用证根据兑付方式的不同，可分为即期付款信用证、远期付款信用证、承兑信用证和议付信用证四种。

（1）即期付款信用证（sight payment L/C）。即期付款信用证是指信用证项下的汇票为即期汇票或者是信用证项下没有汇票，受益人只需提交符合信用证规定的相关单据即可获得信用证的付款。开证行应该在信用证中标明相关文句，以表明其即期信用证的性质。例如"当受益人提交信用证规定的单据时，即可获得付款"。

（2）远期付款信用证（deferred payment L/C）。远期付款信用证是指该信用证项下不需开立汇票，受益人只需提交符合信用证规定的相关单据，但是要经过一段时间才能获得信用证付款。需要注意的是，远期付款信用证并不是指信用证项下的汇票是远期汇票，而是指受益人获得付款的时间要迟于其提交相关单据的时间。因此，远期付款信用证又称为延期付款信用证。

（3）承兑信用证（acceptance L/C）。承兑信用证是指信用证项下的汇票是远期汇票，开证行或由其指定的承兑行对该远期汇票进行承兑，承兑后的信用证即为承兑信用证。承兑信用证的受益人只有在远期汇票到期日方能获得信用证的付款。

（4）议付信用证（negotiation L/C）。议付信用证是指信用证的受益人将信用证项下的汇票和/或单据卖给某家银行。信用证受益人在议付信用证后，可获得扣除利息后的汇票金额。进行议付的银行在议付后，再向开证行索偿，如果此时发现单据不符合信用证要求而遭到开证行拒付，议付行有权向信用证原受益人追索议付款项。根据对议付行的规定，议付信用证又可进一步分为公开议付信用证（freely negotiation L/C）和限制议付信用证（restricted negotiation L/C）。前者是指任意一家银行均可对信用证进行议付，后者是指只能由开证行指定的银行对信用证进行议付。

4. 保兑信用证和不保兑信用证

信用证根据是否有另一家银行对其进行保兑，可分为保兑信用证和不保兑信用证。

（1）保兑信用证（confirmed L/C）。保兑信用证是指由开证行以外的另一家银行（即保兑行）对信用证进行保兑。保兑行一旦对信用证进行保兑，就承担与开证行相同的付款责任，即必须保证受益人在提交符合信用证相关规定的单据后获得信用证付款。也就是说，受益人可以先向保兑行提交单据获得信用证付款，也可先向开证行提交单据获得信用证付款，也可以在开证行拒绝付款时，向保兑行要求付款。保兑信用证相当于双重银行信用的信用证，大大提高了受益人获取信用证款项的安全性。

（2）不保兑信用证（unconfirmed L/C）。不保兑信用证是指没有获得另一家银行保兑的信用证，即一般的信用证。

5. 可转让信用证和不可转让信用证

信用证根据受益人能否将其转让给他人，可分为可转让信用证和不可转让信用证。

（1）可转让信用证（transferable L/C）。可转让信用证是指信用证受益人（即第一受益人）可以将信用证的全部或部分金额转让给第三者（即第二受益人）使用的信用证。可转让信用证一般在有中间商的时候使用，中间商作为卖家与进口商签订买卖合同后，进口商开立一张以中间商为受益人的信用证。然后，中间商将该信用证的全部或部分金额转让给真正的卖家，即出口商，从中赚取差价。可转让信用证在使用时，必须在信用证上注明"可转让"字样。同时，可转让信用证只允许转让一次，即第二受益人不能将信用证转让给第三个人，但是允许第二受益人将信用证再次转让给第一受益人。

（2）不可转让信用证（untransferable L/C）。不可转让信用证是指信用证受益人不可将信用证转让给他人使用的信用证。如果信用证上没有注明"可转让"字样或标明可转让的文句时，即为不可转让信用证。不可转让信用证仅限信用证受益人本人使用。

6. 循环信用证

循环信用证（revolving L/C）是指信用证金额被全部支付或部分支付后，其金额又恢复到原金额，信用证可以再次被使用，直到累计金额到达规定的总金额或者信用证使用次数到达规定的次数为止。循环信用证多用于一次成交，但交易数量较大，需要分批分次装运货物的货款结算。循环信用证能使这类交易的买方减少逐笔开立信用证的手续和费用，买方只需一次性支付相关费用即可。

循环信用证根据信用证金额循环的方式，又可进一步分为自动循环信用证（automatic revolving L/C）、半自动循环信用证（semi-automatic revolving L/C）和非自动循环信用证（non-automatic revolving L/C）。自动循环信用证是指信用证的金额被使用后，能自动恢复到原来的金额，无须等待开证行的通知；半自动循环信用证是指信用证金额被使用后的若干天，开证行没有提出不能恢复原金额，则信用证自动恢复到原金额；非自动循环信用证是指信用证金额被使用后，需要经开证行通知，信用证才能恢复到原来的金额。

7. 对开信用证

对开信用证（reciprocal L/C）是指两张信用证 A 和 B，A 证的开证申请人为 B 证的受益人，B 证的开证申请人为 A 证的受益人，则 A、B 两张信用证互为对开信用证。在国际贸易实务中存在这样的贸易，一个进口商从出口商处进口原料或配件用以生产商品，而其生产出来的商品又刚好是原出口商需要购买的商品。此时，进口商和出口商都需要支付给对方一定的款项，双方都希望将两者之间的付款和收款进行抵扣，于是，对开信用证就产生了。对开信用证通过将进口商和出口商之间的往来款项进行抵扣，就能减少双方资金款项的支付数额。

对开信用证涉及两张信用证，两张证信用的金额可以相等，也可以大体相等；两张信用证可以是同时开立，也可以是先后开立；两张信用证可以是同时生效，也可以是先后生效。对开信用证在易货贸易、来料交工、来件装配等国际贸易业务中经常会被使用。

8. 对背信用证

对背信用证（back-to-back L/C）也是指两张信用证 A 和 B，A 证的受益人要求 A 证的通知行或其他银行以 A 证为基础和担保，另行开立一张内容与 A 证相似的新信用证 B，则 B 证为 A 证的对背信用证。对背信用证常被国际贸易中的中间商使用，中间商先与买方（即进口商）签订国际货物买卖合同，获得进口商开立的信用证；然后，中间商再转而向真正的卖方购买产品，并将产品转卖给买方。此时，中间商就需要开立一张以原证为基础的对背信用证给真正的卖方，从中赚取差价。

一般而言，如果 B 信用证为 A 信用证的对背信用证，则 B 信用证的总体金额要少于 A 信用证的总体金额；B 信用证货物的装运日期、信用证到期日比 A 信用证要早；但是 A、B 两张信用证项下货物的质量、数量应该一致。

9. 预支信用证

预支信用证（anticipatory L/C）是指允许信用证受益人在提交符合信用证规定的单据之前，就预先支取信用证项下款项的信用证。预支信用证中受益人预支的金额实际上是由信用证相关当事人先行垫付的，主要有以下几种垫付方式。

（1）由进口商垫付。在这种垫付方式下，进口商在开立信用证时就需要将垫付资金交给开证行，或者在出口商预支货款后，立即将等额的现金调拨给开证行。

（2）由开证行垫付。在这种垫付方式下，信用证受益人通过开立以开证行为付款人的汇票来预支信用证项下的款项。

（3）由代付行垫付。在这种垫付方式下，信用证受益人向代付行预支信用证款项，然后再由代付行向开证行索偿。

信用证受益人在预支信用证项下的金额时，需要向相关垫付当事人支付一定利息，该利息是指支取金额在支取日到信用证到期日之间所产生的利息。预支信用证对于进口人来说存在一定的风险，因此，如果预支信用证的金额较大，应考虑在预支信用证中加具银行保函或者备用信用证。预支信用证常常用红色字体的文句来表示其预支的性质，因此，预支信用证又被称为"红条款信用证"（red clause L/C）。

10. 备用信用证

备用信用证（standby L/C）是指开证行根据开证申请人的要求，对受益人开立一张承诺在开证申请人不履行某项义务时，由其代为履行的凭证。由此可见，备用信用证开立的最终目的在于开证行保证开证申请人履行某项义务。备用信用证与一般信用证之间的区别如下。

（1）信用证义务履行的条件不同。一般信用证的受益人提交了符合信用证规定的单据后即可获得信用证的付款；而备用信用证义务履行的条件是开证申请人不履行其义务。

（2）信用证适用的业务范围不同。一般信用证只适用于国际货物买卖的货款结算，而备用信用证适用的业务范围更广，具体包括：国际货物买卖中，保证开证人付款；投标业务中，保证投标人履行义务；借款中，保证借款人到期付款等。

（四）信用证的主要特点

1. 信用证是一种银行信用

在信用证付款的条件下，开证行在受益人提交符合信用证规定的单据后，将信用证款项支付给受益人，因此，信用证是一种银行信用。对于受益人来说，只要提交符合规定的单据即可获得付款；对于开证申请人来说，通过信用证付款保证了其获得货物的所有权。信用证的使用提高了货款收付的安全性，使买卖双方能顺利地进行交易。

2. 信用证独立于货物买卖合同

虽然信用证的开立是以货物买卖合同为依据的，但是，信用证一经开立，就成为一个独立于货物买卖合同的契约，不受买卖合同的约束。也就是说，信用证项下的相关当事人只依据信用证内容和条款履行其相应的义务。例如，如果卖方按要求发货以后，货物在运输过程中发生损失，虽然交货数量与合同不符，但是只要卖方能提交符合信用证规定的单据，开证行就必须履行其付款责任。

3. 信用证的付款需要具备一定条件

信用证的付款需要具备一定的条件，那就是"单证一致，单单一致"。"单证一致"是指信用证受益人提交的相关单据必须要符合信用证相关的规定，"单单一致"是指受益人提交的各种单据之间相关的内容必须一致。只有同时满足这两个条件，受益人才能获得信用证项下的款项，否则开证行有权拒绝付款。

四、银行保函

（一）银行保函的定义

银行保函（banker's letter of guarantee，L/G）是由银行向受益人开立的一种保证文件，由银行作为担保人，承诺在银行保函的申请人未能履行某项义务时，由开立银行保函的银行代其履行该项义务。从银行保函的定义看，似乎它与备用信用证非常相似，其实两者还是存在明显差别的。首先，两者性质不同。银行保函是一种保证书，而备用信用证是一种信用证。其次，两者履约条件不同。以履行付款义务为例，备用信用证的付款条件是受益人提交备用信用证开证人没有履约的证明以及与信用证条款相符合的单据即可；而银行保函必须要证实银行保函申请人未能履行付款义务的具体细节，并将具体细节结合保函规定才能决定受益人能否获得付款。

（二）银行保函的相关当事人及基本流程

1. 银行保函相关当事人

（1）申请人（applicant）。申请人是指向银行申请对受益人开立银行保函的当事人。保函申请人与受益人之间一般存在一定的权利义务关系。保函开立的目的就是保证保函申请人能对受益人履行其某项义务。

（2）担保行（guarantor）。担保行是指根据申请人申请，在申请人提供一定担保的条件下，对受益人开立银行保函，保证在申请人未能履行某项义务时，由其代为履行该项义务的银行。

（3）受益人（beneficiary）。受益人是指在申请人未能履行某项义务时，有权让担保行代申请人履行义务，并享受保函利益的当事人。

2. 银行保函的基本流程

银行保函的基本流程是：申请人向担保行申请开立银行保函，担保行开立银行保函，并将其交付给受益人。受益人在申请人未能履行其某项义务后，向担保行提交银行保函及相关证明，担保行代申请人对受益人履行某项义务。银行保函的具体流程如图 6 - 5 所示。

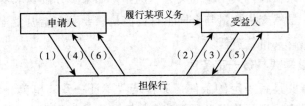

图 6 - 5　银行保函的具体流程

注：（1）申请人向担保行申请开立银行保函，提供一定的担保物，支付银行保函费用。

（2）担保行根据申请人的申请向受益人开立银行保函，并将其交付给受益人。

（3）申请人未能履行某项义务时，受益人告知担保行，并向担保行提供相关证据，要求担保行代申请人履行该项义务。

（4）担保行向申请人核实受益人反映的情况以及提供的证据。

（5）担保行在确认情况属实后，代申请人向受益人履行某项义务。

（6）担保行履行义务后，要求申请人对自己履行义务，如遭拒，则扣留并处理申请人的担保物。

（三）银行保函的种类

在国际贸易实务中，银行保函申请人履行的义务一般为货款支付义务。银行保函根据受益人获得付款的条件来划分，可分为见索即付保函和有条件保函两种。

1. 见索即付保函

见索即付保函（demand L/G）是指担保人根据申请人的申请，向受益人开立书面担保凭证，保证在申请人未能履行某项责任或义务时，由担保人代其在受益人索偿时就立即支付一定金额给受益人的银行保函。

2. 有条件保函

有条件保函（conditional L/G）是指担保人根据申请人的申请，向受益人开立书面担保凭证，保证在申请人未能履行某项责任或义务时，只有在符合保函规定的条件下，担保人才代申请人向受益人支付一定金额。

五、选择结算方式时应考虑的因素

汇付、托收、信用证和银行保函是国际贸易货款结算使用的主要结算方式，每一种结算方式都有各自的优点和不足。结算方式的选择关系到整笔交易的成败。一般情况下，在一笔国际贸易交易中应选择一种结算方式，但是，有时可以将两种或两种以上的结算方式组合起来使用。不论是选择一种结算方式，还是选择组合的结算方式，都应考虑以下几个因素。

（一）客户的资信

无论选择何种结算方式，收款人能否顺利获得货款最终还是取决于付款人。因此，应根据客户的资信情况来选择结算方式。如果客户资信情况良好，则可选择一些手续简单、费用较少的结算方式，例如汇付、托收等；如果客户资信情况不好或对客户资信情况不清楚，则应选择一些收款安全性高的结算方式，例如跟单信用证、银行保函等。

（二）贸易术语

国际贸易中采用的贸易术语也是选择结算方式时应该考虑的因素之一。不同的贸易术语在交货方式、风险转移、买卖双方的义务等方面存在差别。根据交货方式的不同，贸易术语可以分为象征性交货贸易术语和实际交货贸易术语。象征性交货贸易术语有 CIF、CFR 等，在此类贸易术语下，卖方的交货和买方的收货不同时发生，卖方可以通过获得货运单据来控制货物的所有权，此时可选择采用跟单信用证，如果买方资信良好，则可采用托收。实际交货贸易术语有 EXW、DAP 等，在此类贸易术语下，卖方的交货和买方的收货同时发生，即卖方直接将货物交给买方，卖方无法通过货运单据控制货物的所有权，此时则应选择安全性较高的结算方式。

（三）货运单据

在国际贸易实务中，获得货运单据，实际上就获得了货物的所有权。因此，对于卖方来说，如果能控制货运单据，则可考虑采用托收、信用证等结算方式；如果卖方无法控制货运单据，则应采用信用证、银行保函等收款安全性较高的结算方式。

第三节　国际贸易货款结算条款

国际贸易货款结算条款是国际贸易买卖合同中非常重要的一项条款，它直接决定着交易的成败，需要买卖双方不断磋商。国际贸易货款结算条款的具体内容会因为结算方式的不同而有所差别，下面分别介绍汇付、托收以及信用证这三种结算方式下的国际贸易货款结算条款。

一、汇付方式下的货款结算条款

汇付方式下，货款结算条款的基本内容应包括汇付的时间、汇付的种类和具体的金额等。汇付主要用于预付货款、赊账交易等业务中。汇付结算条款举例如下。

例6-4　货款结算条款：买方应不晚于×年×月×日，将全部款项用电汇方式预付给卖方。

Terms of Payment：The buyer shall pay the total value to the seller in advance by T/T not later than…

二、托收方式下的货款结算条款

托收方式下，货款结算条款的基本内容应包括托收交单的条件、付款和承兑责任、期限等内容。具体订立的步骤为：第一步，列明卖方负责在装运货物后开立汇票并连同货运单据办理托收业务；第二步，根据交单条件、付款期限等具体规定作出细节上的说明。托收方式下货款结算条款的举例如下。

例6-5　付款交单托收结算条款。

货物装运后，卖方应将买方为付款人的汇票连同各种货运单据，通过AB银行交给BC银行转交给买方，并办理托收业务。买方凭卖方开具的即期跟单汇票在见票时立即付款，付款后交单。

After delivery, the seller shall send through AB bank a draft drawn on the buyer together with the shipping documents to the buyer through BC bank for collection. Upon first presentation the buyer shall pay against the documentary draft drawn by the seller at sight. The documents are to be delivered against the payment only.

例6-6 承兑交单托收结算条款。

货物装运后，卖方应将买方为付款人的汇票连同各种货运单据，通过 AB 银行交给 BC 银行转交给买方，并办理托收业务。买方对卖方开具的见票后××天付款的跟单汇票，应在提示时予以承兑，并应在汇票到期日付款，承兑后交单。

After delivery, the seller shall send through AB bank a draft drawn on the buyer together with the shipping documents to the buyer through BC bank for collection. The buyer shall duly accept the documentary draft drawn by the seller at…days sight upon first presentation and make payment on its maturity date. The shipping documents are to be delivered against acceptance.

三、信用证方式下的货款结算条款

信用证方式下，货款结算条款的基本内容包括信用证开证时间、相关当事人、信用证种类、信用证金额、货物装运期、信用证到期日等。制订信用证方式下的货款结算条款时，应要求开证申请人严格按照货物买卖合同和 UCP600 的相关规定开立信用证。信用证结算条款举例如下。

例6-7 买方应通过 AB 银行于装运月份前××天开立并送达卖方一张不可撤销即期信用证，有效期至装运月份后 15 天在中国议付。

The buyer shall open through AB bank an Irrevocable Sight Letter of Credit to reach the seller…days before the month of shipment, valid for negotiation in China until the 15 days after the month of shipment.

例6-8 买方应通过 AB 银行于装运月份前××天开立并送达卖方一张不可撤销见票后 30 天付款的信用证，有效期至装运月份后 15 天在中国议付。

The buyer shall open through AB bank an Irrevocable Letter of Credit at 30 days' sight to reach the seller…days before the month of shipment, valid for negotiation in China until 15 days after the month of shipment.

本章要点

（1）票据是国际贸易货款结算使用的工具之一，是由出票人签名，要求付款人支付一定金额给收款人的一种有价证券。

（2）票据的产生大大方便了交易中货款的结算，票据作为一种以支付金钱为目的的证券，具备流通性、无因性、文义性和要式性四大特征。

（3）使用票据时所产生的一系列行为动作就是票据行为，具体包括出票、提示、承兑、付款、背书、拒付和追索等。由于票据种类、票据实际使用过程等因素的不同，这些票据行为并不是一定都出现在票据的使用过程中。

（4）汇票、本票、支票是国际贸易货款结算中常用的三种票据，三者都需要具备一定的要式内容。汇票的要式内容包括"汇票"字样、无条件支付命令、确定的金额、付款人名称、收款人名称、出票日期和出票人签章；本票的要式内容包括"本票"字样、无条件支付承诺、确定的金额、收款人名称、出票日期、出票人签章；支票的要式内容包括"支票"字样、无条件支付委托、确定的金额、付款人名称、出票日期、出票人签章。

（5）汇付是指付款人将应付货款通过银行或其他途径汇交给收款人。汇付是国际贸易中较为简单的一种货款结算方式，它的一般流程是卖方将交易合同项下的货物发运给买方后，将有关货运单据寄给买方并通知买方货物已发出，买方则将交易合同所规定的货款通过汇付支付给卖方。

（6）汇付按照汇款通知书交付的方式不同，划分为电汇、信汇、票汇三种。票汇需要使用一张以汇入行为付款人的银行即期汇票，并由汇款人自行将这张汇票交给收款人。

（7）托收是指由接到委托指示的银行处理金融单据和/或商业单据以便取得承兑或付款，或凭承兑和付款交出商业单据，或凭其他条款和条件交出单据。其基本流程为：委托人（一般为出口商）开立一张汇票，并连同相关货运单据委托托收行代其向付款人收取汇票上所载明的款项，托收行又进一步委托付款人所在地的代收行在付款人满足一定的交单条件后，将货运单据交给付款人并收取汇票款项，并最终将所收汇票款项支付给委托人。

（8）根据托收业务中是否附带商业票据（如提单、发票等）来划分，托收可分为两种类型，分别是光票托收和跟单托收。跟单托收按照交单条件的不同，可进一步分为付款交单和承兑交单两种。

（9）信用证是一家银行根据进口商的申请开立给出口商的一种保证付款凭证，该银行承诺在与信用证条款相符的条件下，出口商凭规定的单据即可获得付款。信用证的基本流程是：由开证申请人向开证行申请开立信用证；开证行将开立后的信用证通过通知行转交给受益人；受益人审证无误后发货，并按照信用证规定提交相关单据；代付行根据信用证规定审核单据无误后，将信用证项下的款项支付给受益人，并向开证行索偿；开证行审核单据无误后，向代付行偿付其所垫付的信用证款项，然后通知开证申请人付款赎单。

（10）信用证根据其是否附有货运单据来划分，可分为跟单信用证和光票信用证；信用证根据开立后能否撤销，分为不可撤销信用证和可撤销信用证；信用证根据兑付方式的不同，分为即期付款信用证、远期付款信用证、承兑信用证和议付信用证；信用证根据是否有另一家银行对其进行保兑，可分为保兑信用证和不保兑信用证；信用证根据受益人能否将其转让给他人，可分为可转让信用证和不可转让信用证。除以上信用证外，常见的信用证还包括循环信用证、对开信用证、对背信用证、预支信用证和备用信用证。

（11）银行保函是由银行向受益人开立的一种保证文件，由银行作为担保人，承诺在银行保函的申请人未能履行某项义务时，由开立银行保函的银行代其履行该项义务。银行保函的基本流程是：申请人向担保行申请开立银行保函；担保行开立银行保函，并将其交付给受益人；受益人在申请人未能履行其某项义务后，向担保行提交银行保函及相关证明；担保行代申请人对受益人履行某项义务。

（12）在国际贸易实务中，银行保函申请人履行的义务一般为货款支付义务。银行保函根据受益人获得付款的条件来划分，可分为见索即付保函和有条件保函两种。

（13）汇付、托收、信用证和银行保函是国际贸易货款结算使用的主要结算方式，每一种结算方式都有各自的优点和不足。结算方式的选择关系到整笔交易的成败。选择结算方式时应考虑几个因素：客户的资信状况；成交的贸易术语；能否控制货运单据。

练习题

一、填空题

（1）在国际贸易业务中主要有三种货款支付票据，它们是_____、_____、_____。

（2）信用证根据其是否附有货运单据来划分，可分为_____和_____。

（3）_____、_____、_____和_____是国际贸易货款结算使用的主要结算方式。

（4）信用证本身的内容包括_____、信用证编号、_____、信用证有效日期、信用证相关当事人、信用证金额等。

（5）信用证是一家银行根据进口商的申请开立给出口商的一种保证付款凭证，该银行承诺在与信用证条款相符的条件下，出口商_____即可获得付款。

二、单项选择题

（1）下列关于可转让信用证的说法，错误的是（　　）。

A. 可转让信用证只能转让一次

B. 可转让信用证可转让无数次，不受限制

C. 第二受益人不得要求将信用证转让给其后的第三受益人

D. 第二受益人可以要求将信用证转让给第一受益人

（2）信用证的第一付款人是（　　）。

A. 进口商　　　　B. 开证行　　　　C. 出口商　　　　D. 通知行

（3）持票人将汇票提交给付款人要求承兑的行为是（　　）。

A. 转让　　　　B. 出票　　　　C. 见票　　　　D. 提示

（4）T/T 指的是（　　）。

A. 信汇　　　　B. 票汇　　　　C. 电汇　　　　D. 托收

（5）某支票签发人在银行的存款总额低于他所签发的支票票面金额，则该签发人所签

发的支票被称为（　　　）。

A. 现金支票　　　　B. 转账支票　　　　C. 旅行支票　　　　D. 空头支票

（6）信用证项下货款的支付必须具备的条件是（　　　）。

A. 受益人提交的单据符合买卖合同规定

B. 受益人提交的单据符合信用证规定

C. 受益人提交的单据符合合同规定，也符合信用证规定

D. 受益人提交的单据不符合合同规定，也不符合信用证规定

（7）对于卖方而言，具有双重付款保证的信用证是（　　　）。

A. 循环信用证　　　　　　　　　　B. 跟单信用证

C. 保兑信用证　　　　　　　　　　D. 可转让信用证

（8）出票人是银行，付款人也是银行的汇票是（　　　）。

A. 商业汇票　　　　B. 银行汇票　　　　C. 光票　　　　D. 跟单汇票

（9）在来样加工贸易中经常使用的信用证是（　　　）。

A. 对开信用证　　　　　　　　　　B. 循环信用证

C. 对背信用证　　　　　　　　　　D. 预支信用证

（10）下列几种结算方式中，对卖方来说风险最大的是（　　　）。

A. 票汇　　　　　　　　　　　　　B. 远期付款交单

C. 即期付款交单　　　　　　　　　D. 承兑交单

三、多项选择题

（1）国际贸易货款结算中使用的票据有（　　　）。

A. 汇票　　　　B. 本票　　　　C. 支票　　　　D. 发票

（2）汇付业务的相关当事人有（　　　）。

A. 汇款人　　　　B. 汇出行　　　　C. 汇入行　　　　D. 收款人

（3）跟单托收根据交单条件不同，可以进一步划分为（　　　）。

A. 提示交单　　　　B. 见票交单　　　　C. 付款交单　　　　D. 承兑交单

（4）信用证的主要特点有（　　　）。

A. 信用证是一种银行信用　　　　B. 信用证独立于货物买卖合同

C. 信用证的付款需要具备一定条件　　　　D. 信用证的风险非常大

（5）选择国际贸易结算方式时，需要考虑的因素有（　　　）。

A. 票据的种类　　　　　　　　　　B. 客户的资信

C. 贸易术语　　　　　　　　　　　D. 货运单据

（6）属于商业信用的国际贸易结算方式的有（　　　）。

A. 信用证　　　　B. 托收　　　　C. 汇付　　　　D. 银行保函

四、判断题

（1）在一般情况下，汇票一经付款，出票人对汇票的责任即告解除。　　　　（　　　）

（2）在承兑交单情况下，是由代收行对汇票进行承兑后，向进口商交单。（　　）

（3）在保兑信用证下，开证行和保兑行同样负第一性付款的责任。（　　）

（4）电汇收取外汇的时间较短，出口商可尽快收回货款，加速资金周转，节约利息支出，同时由于收汇时间短，一定程度上可减少汇率波动的风险。（　　）

（5）在票汇情况下，买方购买银行汇票并自行寄给卖方，因采用的是银行汇票，故这种付款方式属于银行信用。（　　）

五、名词解释

票据　　　　结算方式　　　　信用证　　　　银行保函

六、简答题

（1）请具体说明汇付的一般流程。

（2）请具体说明托收的一般流程。

（3）请具体说明信用证的一般流程。

（4）信用证的种类有哪些？

（5）托收的种类有哪些？

（6）汇付的种类有哪些？

（7）选择国际贸易货款结算方式时需要考虑哪些因素？

七、案例题

（1）在某年的4月，一家托收行处理了一笔金额为USD 100 000.00的出口托收业务，付款条件为D/P at sight。按照出口商的要求，托收行整理了全套单据，并将其与托收面函一同寄给了美国的一家代收行。然而，在单据寄出后的一个星期，委托人提出要将付款条件从D/P at sight改为D/A at 60 days after sight。托收行按照这一要求发出了修改指令。然而，在接下来的时间里，代收行并未发出承兑指令。四个月后，托收行收到了代收行寄回的单据，却发现原本应该有3份的正本提单只有2份。通过美国的有关机构，委托人了解到货物已经被进口商提走。

面对这一情况，托收行要求代收行退回全套单据或者承兑付款。然而，代收行对此始终不予理睬，货款也因此一直没有着落。委托人虽然对此感到不满，但却不愿意通过法律程序来解决这个问题。于是，这笔货款在数年之后，依然没有收回。

请分析：此案中委托人应吸取的教训。

（2）中国A公司向加拿大B公司出口一批货物，合同规定4月装运，B公司于4月10日开来不可撤销信用证，规定：装运期不得晚于4月15日。此时，A公司已经来不及办理运输手续，于是A公司立即要求B公司将装运期延至5月15日，B公司回复：同意将装运期延至5月15日。A公司于5月10日将货物装运，签发提单日期为5月10日，并于5月14日将全套符合信用证规定的单据交给银行，要求银行支付信用证款项。

问：A公司能否顺利获得信用证项下的款项？为什么？

（3）我国买方在某年的11月15日，通过中国银行上海分行（作为开证行）向卖方开出了一张金额为 20 万美元的不可撤销信用证。这份信用证的通知和议付工作被委托给了马赛的一家法国银行。到了 12 月 20 日，卖方完成了装船工作，并获得了信用证要求的提单、保险单、发票等单证。随后，卖方向法国议付行进行了议付。经过审查，单证符合信用证的要求，银行便将 20 万美元支付给了卖方。然而，就在货物离港后的第 10 天，载货船在航行途中遭遇了特大暴雨和暗礁，导致货物和货船全部沉入大海。此时，开证行已经收到了议付行寄来的全套单据，买方也得知了货物全部损失的消息。中国银行上海分行随后决定不向议付行支付 20 万美元货款，理由是买方未能收到预期的货物。

根据国际贸易惯例，请问：

①这批货物的风险自何时起由卖方转移给买方？

②开证行能否由于这批货物全部灭失而免除其所承担的付款义务？依据是什么？

③买方的损失如何得到补偿？

◇ 课堂讨论题

一家印度客商 A 和中国某公司 B 以 CIF 条件初次成交一笔货物，总金额为 USD 500 000，如果 B 公司为卖家，双方约定，印度客商 A 先向 B 公司预付 1% 的货款，请为 A、B 交易选择合适的国际贸易货款结算方式，并订立买卖合同货款结算条款。

第七章　国际贸易商品检验

 **学习要求**

●·**重点**·●

（1）商品检验的含义。

（2）商品检验时间和地点。

（3）商品检验证书的作用。

（4）订立检验条款时应注意的问题。

●·**掌握**·●

（1）法定检验的含义。

（2）合同中检验条款的内容。

（3）我国检验机构及其基本任务。

（4）我国商品检验程序。

●·**了解**·●

（1）国际检验机构。

（2）商品检验证书的种类。

 引题案例

我国某出口公司与日商签订了出口某农产品的合同，采用 CIF 价格，日本进口海关手续由日方负责。我方在合同检验条款中争取到了离岸前检验，并以检验单作为唯一的品质证明单。我方选择了一家大学科研机构作为检验机构，在出口前便拿到了证明货物品质符合合同的检验单。货物抵达日本后，海关检验发现货物中带土——按照日本海关的规定，严格禁止带土农产品入关。货物便被扣留在海关，海关要求日商三日内作出处理答复，可以有三种处理方法：一是就地运回；二是就地焚毁；三是在海关监督下进行关外清洗，直至清洗合格后才准予入关。日商迅速给我方发来传真，认为是我方在品质方面违约，应由我方承担责任，要求我方尽快选择处理方案。我方回传真说这风险不应该由我方承担，理由有三：一是合同采用 CIF 价，进口海关手续由日商办理；二是合同品质条款虽有纯净度的规定，但没有不含土的规定；三是我方有检验单据证明产品符合品质。日商没有办法，只好自己承担损失。此后日商在同我方签订同类产品合同时，都在品质条款中明确规定不许含土，并要求以到岸检验为准，增加了我方的风险。

资料来源：王晓明，孙韶华. 国际贸易实务 ［M］. 北京：中国人民大学出版社，2006。

商品检验是指在国际贸易货物买卖中，对商品的质量、数量、重量、包装、安全等项目进行检验，并出具商品检验证书，以确定合同标的物是否符合买卖合同的规定。商品检验是国际贸易业务中必不可少的重要环节，也是贸易合同的必要条款。对进出口商品进行检验是为了保障买卖双方的利益，避免争议的发生，以及争议发生后便于分清责任和进行处理。

在出口中，根据不同的商品，公平合理地订立检验条款，并由国家的商检部门监督实施，以保证出口商品符合合同规定，对维护和提高对外贸易的信誉有重要的意义。同样，在进口中，订好检验条款，做好进口商品的检验工作，对于维护国家和人民的正当权益也有着重要意义。

第一节　检验时间和地点

在国际贸易中买方一般都有权检验货物，但商品在什么时间和什么地点进行检验，各国并无统一的规定，基本做法有四种：出口国检验；进口国检验；出口国检验，进口国复验；出口国装运港（地）检验重量，进口国目的港（地）检验品质。

一、出口国检验

在出口国检验一般又可以分成出口国工厂检验和装运港检验。

（一）出口国工厂检验

在出口国货物离开工厂前，由出口国工厂检验人员会同买方验收人员进行检验，货物在离开工厂前的品质、数量等责任由卖方承担，离厂后运输途中出现的品质、数量等风险则由买方负责。

《中华人民共和国进出口商品检验法》也明确规定："对重要的进口商品和大型的成套设备，收货人应当依据对外贸易合同约定在出口国装运前进行预检验、监造或者监装，主管部门应当加强监督。"

（二）装运港检验

出口货物在装船前或者装船时，由双方约定的商检机构对货物的质量、重量或者数量进行检验，并由检验机构出具检验证明，作为确定交货品质、重量（数量）的最后依据。此种做法被称为"离岸品质、离岸重量"（shipping quality and shipping weight）。

货物运抵目的港后，买方如对货物进行复验，即使发现问题，也无权再向卖方表示拒收或提出异议和索赔。此种方法对卖方有利，对买方不利，在国际贸易中使用很少。

二、进口国检验

在进口国检验是指货物运抵目的港或目的地卸货后，由双方约定的目的地检验机构验货并出具检验证明作为最后依据，这种做法被称为"到岸品质、到岸重量"（landed quality and landed weight）。

如检验证明货物与合同规定不符，属于卖方责任，卖方应予负责。此种方法对买方有利，对卖方不利，在国际贸易中也使用很少。

三、出口国检验，进口国复验

为了照顾买卖双方的利益，在检验问题上做到公平合理，目前国际贸易中广泛采用在装运港检验和目的港复验的做法。这种做法是以装运港的检验证书作为收付货款的凭证之一，但不作为最后依据。货物运到目的港或目的地后，在双方约定的时间内，买方有权对货物进行复验。

如经检验机构复验后发现货物不符合规定，并证明这种不符情况系原装不良，属于卖方责任而不属于承运人或保险公司的责任范围，买方有权在规定的时间内凭复验证书向卖方提出异议和索赔。

由于这种做法既承认卖方所提供的检验证书是有效文件，可作为交接货物和结算货款的依据之一，又让买方有复验权，对交易双方都有利，因而已成为国际贸易中常用的方法。这一做法既符合我国对外贸易平等互利原则，又符合国际贸易惯例，因此，我国的进出口合同中一般都采用这种做法。

四、出口国装运港（地）检验重量，进口国目的港（地）检验品质

出口国装运港（地）检验重量且进口国目的港（地）检验品质的做法也叫"离岸重量、到岸品质"（shipping weight and landed quality）。该做法以装运港检验机构验货后出具

的重量证书为最后依据，以目的港检验机构出具的品质证书为最后依据；主要用于大宗商品交易的检验。

第二节 检验机构

一、国际检验机构

在国外，商品检验机构的种类繁多。从组织性质来分，有官方的，有同业公会、协会或民间私人经营的，也有半官方的。从经营的业务范围来分，有综合性的、专业性的，也有只限于检验特定商品的。

（一）官方检验机构

官方检验机构是指由国家设立的专门从事商品检验的检验机构。一般法定检验必须由官方机构进行检验。买卖双方也可约定委托官方机构进行检验。比较著名的检验机构有美国食品药品监督管理局（FDA）、美国粮谷检验署（FGES）、法国国家实验室检测中心。

（二）半官方检验机构

半官方检验机构是指有一定权威、由国家政府授权、代表政府行使某项商品检验或某一方面检验管理工作的民间机构。如美国从事安全检验和鉴定的民间机构——美国保险人实验室（UL）。

（三）非官方检验机构

非官方检验机构是由私人或同业公会、协会等开设的检验机构。比较著名的检验机构有：瑞士日内瓦通用鉴定公司（SGS），日本综合性商品检验鉴定机构——日本海事鉴定协会（NKKK），船舶入级和海事鉴定权威认证机构——英国劳氏船级社（Lloyd's Register of Shipping），香港天祥公证行等。

二、我国的检验机构及基本任务

（一）我国的商检机构

中华人民共和国成立后，我国建立了独立自主的国家商品检验部门——中华人民共和国商品检验局，1982年改名为中华人民共和国国家进出口商品检验局，并在各省、自治区、直辖市以及进出口商品口岸设立进出口商品检验局及其分支机构。

1998年初，根据我国九届全国人大一次会议通过的国务院机构改革方案，对国家进出口商品检验局、原卫生部卫生检疫局以及原农业部动植物检疫局进行了整合，共同组建了国家出入境检验检疫局。这一举措标志着我国出入境检验检疫事业步入了一个全新的发展阶段。根据国务院批准的国家出入境检验检疫局的"三定"方案，该局成为主管出入境卫生检疫、动植物检疫和商品检验的行政执法机构，进一步明确了其在我国进出口业务中的重要地位和职责。

为了适应建立和完善市场经济体制的要求，加强质量监督和检验检疫执法，国务院于2001年4月决定将国家质量技术监督局和国家出入境检验检疫局合并，成立了中华人民共和国国家质量监督检验检疫总局，简称国家质检总局。各省、自治区、直辖市及其他城市的国家质检分支机构，专门从事进出口商品检验、进出口商品鉴定及其他服务业务。2018年3月中央将国家工商行政管理总局的职责、国家质量监督检验检疫总局的职责、国家食品药品监督管理总局的职责、国家发展和改革委员会的价格监督检查与反垄断执法职责、商务部的经营者集中反垄断执法以及国务院反垄断委员会办公室等职责进行整合，组建了国家市场监督管理总局，作为国务院直属机构。将国家质量监督检验检疫总局的出入境检验检疫管理职责和队伍划入海关总署；将国家质量监督检验检疫总局的原产地地理标志管理职责整合，重新组建中华人民共和国国家知识产权局；不再保留中华人民共和国国家质量监督检验检疫总局。

（二）我国商检机构的基本任务

《中华人民共和国进出口商品检验法》规定，在进出口商品检验方面，商检机构的基本任务有三项：对进出口商品实施法定检验、办理进出口商品鉴定业务和对进出口商品的质量和检验工作实施监督管理。

1. 实施法定检验

法定检验是国家授权的检验机构依法对法律规定必须检验的商品按照法律规定的程序进行的检验。法定检验是国家依法强制实施的，目的是保护消费者的合法权益，维护生产经营企业和国家的声誉。

法定检验的范围是指列入必须实施检验的进出口商品目录（以下简称目录）的进出口商品以及法律、行政法规规定必须实施检验的进出口商品或者检验项目。目录由国务院设立的进出口商品检验部门（以下简称国家商检部门）制定和调整，并公布实施。此外，为了配合外贸部门做好工作，凡贸易合同规定应由商检机构检验出证的进出口商品，也被视为法定检验商品，由商检机构实施检验和出证。

《中华人民共和国进出口商品检验法》规定，凡列入该法范畴的进出口商品都必须经由商检机构和依法设立的检验机构（以下简称其他检验机构）依法进行检验。凡列入目录而未经检验的进口商品，不准销售、使用；凡列入目录而未经检验合格的出口商品，不准出口。

2. 办理进出口商品检验鉴定业务

其他检验机构可以接受对外贸易关系人或者外国检验机构的委托，以公正的态度办理进出口商品检验鉴定业务，签发各种检验鉴定证书，作为对外贸易关系人办理进出口商品交接、结算、计费、报关、纳税和处理索赔争议的有效凭证。

进出口商品检验鉴定业务涵盖了广泛的领域，包括进出口商品的质量、包装和数量检验鉴定，以及货载衡量。这项业务不仅需要对商品本身进行检验，还需监控商品的装载和卸载过程。此外，还包括进出口商品积载鉴定、载损鉴定和海损鉴定，以确保商品在运输过程中的安全。业务范围还涉及运输工具的适载鉴定，例如装载进出口商品的车辆、船舱和集装箱。集装箱货物装箱和拆箱鉴定也是其中的重要环节。船舶封舱、舱口检视和空距测量等都是为了保证商品运输的顺利进行。除此之外，进出口商品检验鉴定业务还包括与外商投资财产有关的价值、品种、质量和损失鉴定。

进出口商品检验鉴定业务不具有强制性。在对外贸易活动中，如买卖合同的当事人、运输合同或保险合同的关系人等，可以委托经许可的检验机构办理进出口商品的检验鉴定业务，并要求提供各种检验鉴定证明。在办理进出口商品检验鉴定业务时，委托人应当提供合同、信用证以及其他有关的单证。

3. 实施监督管理

国家商检部门和商检机构依法对其他检验机构的进出口商品检验鉴定业务活动实施监督，以督促有关部门对进出口商品按规定进行检验。

三、商品检验程序

（一）报验

在对外贸易中，当贸易关系人需要对商品进行检验时，他们需要向商检机构提出报验申请。在报验时，他们需要填写报验申请单，详细说明需要检验和鉴定的项目和要求，并提交相关的资料，如买卖合同、信用证、成交小样等。

（二）抽样

商检机构在收到报验申请后，会派专业人员到货物堆存地点进行现场抽样。抽样过程中，他们会按照规定的抽样方法和比例，从货物的不同部位抽取一定数量的样品，这些样品需要能代表整批货物的质量。

（三）检验

商检机构在收到报验申请后，会对申报的检验项目进行仔细研究，确定检验内容。他们会仔细审核合同（信用证）中对商品品质、规格、包装的规定，明确检验的依据，然后确定检验的标准和方法，最后进行抽样检验。

（四）签发证书

在进口方面，进口商品通过检验后，商检机构签发检验情况通知单或检验证书，供对外结算或索赔用。凡由收、用货单位自行验收的商品，如发现问题，应及时向商检机构申请复验，如复验不合格，商检机构签发商检证书，供对外索赔用。

在出口方面，出口商品通过检验后，商检机构签发出境货物通关单。海关查验报关地商检机构签发的出境货物通关单后放行。

如果合同、信用证规定由商检机构检验出证或国外要求签发检验证书的，商检机构应根据规定签发所需证书。

我国出境货物检验检疫流程如图7-1所示。

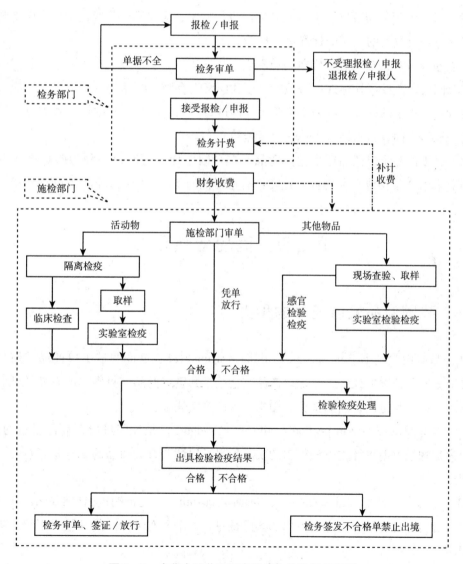

图7-1 中华人民共和国出境货物检验检疫流程

四、商品检验方法和检验标准

检验方法和检验标准涉及检验工作中许多复杂的技术问题。同一商品，如用不同的检验方法和标准进行检验，其结果也会不同。因此，在对外签订合同时，应注意确定适当的检验标准和检验方法。在出口方面，我国的出口商品一般应按我国有关标准规定的方法进行检验。如对方要求按对方或第三国的标准进行检验，应和商检部门研究，征得有关部门同意后再确定。但不宜接受按照与我国不进行贸易的国家的标准进行检验或复验。

在进口方面，对进口商品的检验一般可按下列原则办理。

（1）按生产国的标准进行检验。

（2）按买卖双方协商同意的标准和方法进行检验，但原则上不能接受在合同中规定按照与我国不进行贸易的国家的标准进行检验。

（3）按国际标准或国际习惯进行检验。

如合同规定需按国外标准进行检验，而我国又没有该项商品的有关标准时，应及时向对方索取合同规定的标准，以利于检验工作的进行。同时应在合同中规定我方有取样的权利，因为取样不同，检验结果也往往有所差异。

此外，无论是出口商品还是进口商品，在合同中均应订明以一种检验标准或方法为限，不要采用"某种或某种均可"这类带有选择性的条款，以免引起不必要的纠纷。

第三节　商品检验证书

一、我国商品检验证书的种类

（1）品质检验证书（inspection certificate of quality），是证明进出口商品的质量、规格、等级等实际情况的证书，是出口商品交货结汇和进口商品结算索赔的有效凭证。法定检验商品的证书是进出口商品报关、输出输入的合法凭证。

（2）重量检验证书（inspection certificate of weight），是证明进出口商品重量的证书。其内容为货物经过何种计重方法得出的实际重量，以证明有关商品的重量是否符合买卖合同的规定。

（3）数量检验证书（inspection certificate of quantity），是证明进出口商品数量的证书。其内容为货物经过何种计量方法得出的实际数量，以证明有关商品的数量是否符合买卖合同的规定。

（4）兽医检验证书（veterinary inspection certificate），是证明出口动物产品检疫合格的证书。适用于冻畜肉、冻禽、禽畜罐头、肠衣等出口商品，是对外交货、银行结汇和进口国通关输入的重要证件。

（5）卫生检验证书（sanitary inspection certificate），是证明可供人类食用的出口动物产品、食品等经过卫生检验或检疫合格的证书。它适用于肠衣、罐头、冻鱼、蛋品、乳制品、蜂蜜等，是对外交货、银行结汇和通关验放的有效证件。

（6）消毒检验证书（inspection certificate of disinfection），是证明出口动物产品经过消毒处理，保证安全卫生的证书。它适用于猪鬃、马尾、羽毛、人发等商品，是对外交货、银行结汇和国外通关验放的有效凭证。

（7）熏蒸证书（inspection certificate of fumigation），是用于证明出口粮谷、油籽、皮张等商品，以及包装用木材与植物性填充物等已经过熏蒸灭虫的证书。它主要说明使用的药物、熏蒸的时间等情况。

（8）残损检验证书（inspection certificate on damaged cargo），是证明进口商品残损情况的证书。它适用于进口商品发生残、短、毁等情况，可作为收货人向发货人或承运人或保险人等有关责任方索赔的有效凭证。

（9）产地检验证书（inspection certificate of origin），是证明进出口产品的产地时使用的证书。如果合同规定出具原产地证明，按给惠国的要求，出口方开具原产地证明，商检机构签发原产地证书。

（10）价值检验证书（inspection certificate of value），是证明产品价值的证书，通常用于证明发票所载的商品价值真实、正确。

（11）船舱检验证书（inspection certificate of tank/hold），是证明承运出口商品的船舱清洁、牢固、冷藏效能及其他技术条件是否符合保护承载商品的质量和数量完整与安全的要求的证书。可作为承运人履行租船契约适载义务的证明，还可以作为对外贸易关系方进行货物交接和处理货损事故的依据。

二、检验证书的作用

（一）作为卖方所交货物与合同相符的证明

国际货物买卖中，卖方有义务保证所交货物的质量、数量、重量、包装等与合同规定相符。因此，在买卖合同或信用证中往往规定卖方交货时须提交商检机构出具的检验证书，以证明所交货物与合同规定相符。

（二）作为处理贸易纠纷的依据

国际贸易中，当交易双方产生争议时，检验证书是解决争议的重要凭证。如合同中规定在进口国检验或规定买方有复验权，若经检验货物与合同规定不符，买方可凭指定检验机构出具的检验证书，向卖方提出异议和索赔。

（三）作为海关通关验放的有效证件

凡属于法定检验范围的商品，在办理进出口通关手续时，必须提交检验机构出具的合格检验证书，海关才准予办理通关手续。反之，海关不予放行。

（四）作为议付凭证

在信用证支付方式下，信用证规定卖方须提交的单据中往往包括商检证书，并对检验证书名称、内容等作出了明确规定。当卖方向银行交单，要求付款、承兑或议付货款时，必须提交符合信用证要求的商检证书。

第四节　合同中的检验条款

合同的检验条款与合同的品质条款关系极为密切，是越来越得到重视的条款。商品检验条款在一定程度上关系到交易的成败、经济的得失和信誉的好坏，影响很大，因此，在买卖合同中订好检验条款，具有重要的意义。

一、合同中检验条款的内容

合同中的检验条款是双方约定的关于检验的内容及规定，一般包括以下内容。

（一）检验权

检验权是指由谁来负责检验。在合同中须明确具体地规定检验责任与权利归谁所有。它包括对买卖双方或某一方的指定、检验项目内容的指定、检验机构的确定等方面的权利。在约定检验中，只有拥有检验权的一方所进行的检验才是有效的、被双方认可的。因此，国际贸易的双方都想拥有检验权，这是为了在处理商品品质纠纷时对自己更有利。

（二）检验时间与地点

一般指离岸前检验或到岸检验，具体包括在装运港检验、在目的港检验、在装运港检验和目的地复验等。

（三）检验机构

由买卖双方或某一方按某种原则、标准来指定检验机构。检验机构包括官方机构、非官方机构和第三方检验机构。

（四）检验证书

检验机构对进出口商品进行检验、鉴定后签发的书面证明文件，一般合同中须明确出具检验证书的名称和份数。

（五）检验效力

只有合同条款中规定有检验权的一方在约定的机构按约定的要求进行的检验才具有合同中规定的效力。

二、订立检验条款时应注意的问题

（1）合同中的品质条款和包装条款应该明确、具体，否则，商品检验便无法进行。

（2）明确双方对进出口商品进行检验的机构，以确立其合法性。确定出具的检验证书的名称和份数，以满足不同部门的要求。

（3）可以根据业务需要规定检验标准、抽样方法和检验方法。检验标准是指检验机构从事检验工作所遵循的尺度和准则，是评定检验对象是否符合规定要求的准则，最好争取采用我国的有关标准和抽样方法。

（4）食品和动物产品的卫生检验，一般均按照我国标准和有关法令规定办理，如外商提出特殊要求或按国外法规有关标准检验，应要求对方提供有关资料，经出入境检验检疫机构有关部门认可后，才能接受。

（5）明确买方对货物的品质、数量、包装等进行复验的时间、地点和复验方法。复验地点一般为目的港，机器设备可以在目的地复验。复验时间不宜过长，通常视商品性质而定，为货物到达目的港后 30～180 天不等。

（6）必须牢记货物是最重要的，但交易双方的义务履行和纠纷处理只依赖各项文件。就检验条款而言，在买方拥有检验权的情况下，如果买方出具货物与合同不符的检验证明，即使卖方所交货物与合同相符，也判定卖方违约。

本章要点

（1）国际贸易货物买卖合同中的检验时间和地点，通常有下列不同的规定方法：出口国检验——出口国工厂检验、装运港检验；进口国检验；出口国检验，进口国复验；出口国装运港（地）检验重量，进口国目的港（地）检验品质。

（2）国际检验机构：官方检验机构、半官方检验机构和非官方检验机构。

（3）我国的检验机构及基本任务。我国的检验机构是商检机构和依法设立的检验机构。我国商检机构的基本任务：实施法定检验，办理进出口商品鉴定业务，实施监督管理。

（4）我国商品检验程序：报验、抽样、检验、签发证书。

（5）我国商品检验证书的种类繁多，主要有：品质检验证书；重量检验证书；数量检验证书；兽医检验证书；卫生检验证书；消毒检验证书；熏蒸证书；残损检验证书；产地检验证书；价值检验证书；船舱检验证书。

（6）检验证书的作用：作为卖方所交货物与合同相符的证明；作为处理贸易纠纷的依据；作为海关通关验放的有效证件；作为议付凭证。

（7）合同中检验条款的内容包括检验权、检验时间与地点、检验机构、检验证书、检验效力等内容。

（8）订立检验条款时应注意的问题。第一，合同中的品质条款和包装条款应该明确、具体。第二，明确双方对进出口商品进行检验的机构，以确立其合法性。第三，可以根据业务需要规定检验标准、抽样方法和检验方法。第四，食品和动物产品的卫生检验，一般均按照我国标准和有关法令规定办理。第五，明确买方对货物的品质、数量、包装等进行复验的时间、地点和复验方法。第六，必须牢记货物是最重要的，但交易双方的义务履行和纠纷处理只依赖各项文件。

练习题

一、填空题

（1）在检验时间和地点的规定中，目前使用最广泛的是_____。

（2）我国商检机构的基本任务有实施法定检验、_____、_____。

（3）我国目前的商检机构是_____。

（4）我国商品检验程序主要有报验、_____、_____和签发证书。

二、单项选择题

（1）在进出口合同的商检条款中，关于检验时间和地点的规定，使用最多的为（　　）。

A. 在出口国检验　　　　　　　　　B. 在进口国检验

C. 在出口国检验，在进口国复检　　D. 在出口国检验重量，在进口国检验品质

（2）货物在装运港装运前，由双方约定的检验机构对货物进行检验，该机构出具的检验证书作为决定交货质量、重量和数量的（　　）。

A. 初始依据　　　B. 最后依据　　　C. 粗略依据　　　D. 次要依据

（3）下列不由商检局出具的检验证书为（　　）。

A. 品质检验证书　　　　　　　　　B. 重量检验证书

C. 卫生检疫证书　　　　　　　　　D. 植物检疫证书

（4）产地检验证书的作用是（　　）。

A. 进口方可据以享受免税或低关税待遇

B. 出口方可据以享受免税或低关税待遇

C. 使进口方掌握其真实的生产厂家

D. 可使给予我国普惠制待遇的国家的进口方据以享受进口免税或低进口关税的待遇

（5）若使买方在目的港对所收货物无权提出异议，商品检验应（　　　）。

A. 以离岸品质，离岸重量为准　　　　　B. 以到岸品质，到岸重量为准

C. 以离岸品质，到岸数量为准　　　　　D. 以到岸品质，离岸数量为准

（6）商检部门对进出口商品的质量、规格、等级进行检验后，出具的是（　　　）。

A. 品质检验证书　　　　　　　　　　　B. 重量检验证书

C. 数量检验证书　　　　　　　　　　　D. 卫生检验证书

（7）对技术密集型产品，宜在（　　　）。

A. 出厂前检验　　　　　　　　　　　　B. 装船前检验

C. 目的港检验　　　　　　　　　　　　D. 最终用户所在地检验

（8）以下不属于我国商检机构基本任务的是（　　　）。

A. 实施法定检验　　　　　　　　　　　B. 实施监督管理

C. 办理公证鉴定业务　　　　　　　　　D. 进行对外索赔

三、多项选择题

（1）常见的进出口商品检验项目包括（　　　）。

A. 品质检验　　　　　　　　　　　　　B. 数量、重量检验

C. 包装检验　　　　　　　　　　　　　D. 残损鉴定

（2）2018 年 3 月中央将（　　　）的职责与国家发展和改革委员会的价格监督检查与反垄断执法职责、商务部的经营者集中反垄断执法和国务院反垄断委员会办公室等职责整合，组建国家市场监督管理总局，作为国务院直属机构。

A. 国家工商行政管理总局　　　　　　　B. 国家质量监督检验检疫总局

C. 国家食品药品监督管理总局　　　　　D. 国家卫生检疫局

（3）以下属于非官方检验机构的有（　　　）。

A. 瑞士日内瓦通用鉴定公司（SGS）　　B. 美国食品药物管理局（FDA）

C. 美国保险人实验室（UL）　　　　　　D. 日本海事鉴定协会（NKKK）

四、判断题

（1）如果货物在产地检验，那么货物离厂后出现的品质、数量等方面的风险概由买方负责。（　　　）

（2）货物检验是国际贸易中可有可无的环节。（　　　）

（3）货物检验就是特指对商品质量的检验。（　　　）

（4）"离岸重量、到岸品质"这种检验规定主要用于大宗商品交易的检验。（　　　）

（5）目前我国对外贸易鉴定业务统一由我国商检机构或商检公司办理，不准外国商检机构在我国设立机构和办理鉴定业务。（　　　）

（6）任何商品的商检证书，必须由商检局出具，才能作为议付的凭证之一。（　　）

五、名词解释

商品检验　　　　　法定检验

六、简答题

（1）我国商检机构的基本任务有哪些？

（2）进出口商品检验时间和地点通常有哪几种规定方法？

（3）商品检验证书的作用是什么？

（4）商品检验条款的主要内容有哪些？

七、案例题

（1）某合同商品检验条款中规定以装船地商检证书为准。但在目的港交付货物时，买方委托的检验机构经过检验发现货物的品质与合同约定规格不符。买方凭借当地商检机构出具的检验证书向卖方索赔，卖方却以上述商检条款拒赔。

问：卖方的拒赔是否合理？为什么？

（2）2000年，我国某进出口公司与国外A公司签订了一份由中方出口化工产品的进出口合同。合同中规定"商品的质量、数量和重量以中国国家进出口商品检验局检验证书为最后依据"。中方在收到A公司开来的信用证后，发货交单，其中商检证书由山东省进出口商品检验局签发，检验结果为合格。3个月后，国外A公司向我方提出索赔要求，理由是出口商出具的商检证书不是合同规定的商检机构出具的，且经过进口地商检部门的检验，我方提交的货物与合同不符。

问：在本案例中，我方的失误在哪里？

（3）甲国的一家公司与乙国的商人签订了一份食品出口合同。根据乙国商人的要求，该公司将货物运至丙国某港口，并通知了丙国的商人。然而，当货物抵达目的地港口后，丙国的卫生检疫部门对货物进行了抽样检测，发现食品中的霉菌含量超过了丙国的标准。因此，丙国决定禁止这些食品在境内销售，并建议将货物就地销毁。

问：对此，你认为甲国公司应如何处理？

◇ 课堂讨论题

通过本章的学习，分析在国际贸易中对进出口商品进行检验的重要性体现在哪些方面。

第八章 争议与处理

 **学习要求**

●·重点·●

（1）争议、索赔与理赔。

（2）不可抗力的含义与界定。

（3）仲裁的特点与作用。

●·掌握·●

（1）援引不可抗力条款时应注意的事项。

（2）国际贸易争议的处理方式。

（3）约定仲裁条款时应注意的事项。

●·了解·●

（1）索赔条款。

（2）仲裁协议的形式与程序。

 引题案例

广州某家伞厂与意大利的客户签订了一份雨伞出口合同。按照买方开来的信用证规定，应该在8月进行装运交货。然而，在7月初，广州这家伞厂遭遇了一场不幸的火灾，不仅烧毁了成品，连半成品也全部损毁。由于这个意外事件，广州伞厂陷入了无法交货的困境。请问：卖方可否援引不可抗力条款要求免交货物？

在国际贸易中，经常会出现意外事故导致无法履行合同，并引起贸易纠纷与问题。本章的内容可以对这些因合同无法履行而引起的纠纷与问题提供解决思路。

国际贸易交易过程，其实也是交易双方履行各自的责任和义务的过程。在履行过程中，任何一个环节出现意外或差错，都容易产生业务纠纷，引起争议，有可能导致索赔、仲裁和诉讼等问题的发生。为了预防争议的产生，或者发生争议后能够妥善地解决问题，买卖双方在商订合同时就应明确各方的责任和义务，对容易引起争议的条款作出明确且详细的规定，以减少纠纷的发生。此外，还应就违约后出现的索赔、理赔、不可抗力和仲裁等条款予以详细规定。

第一节　争议、索赔与理赔

一、争议

争议（disputes）是指在合同履行过程中，交易的一方不履行或不完全履行合同所规定的责任和义务，发生违约而引起纠纷。在国际贸易中，引起争议的原因有很多，主要可以分为三种。

（一）卖方违约

卖方违约主要是卖方没有按照合同所规定的商品品质、数量、包装交货，或没有按规定时间交货，或因某种变故不交货，或提供的单证不相符等。

（二）买方违约

买方违约主要是买方不按合同规定开出信用证或不开证，或不按合同规定付款赎单，无理拒收货物，不按合同规定派船接货等。

（三）买卖双方都违约

买卖双方都违约主要是由于合同规定不明确，双方对合同条款的理解产生偏差而造成违约。

二、索赔

索赔（claim）是指在国际贸易业务中，一方违反合同的规定，给另一方直接或间接地造成损害，受损方向违约方提出损害赔偿，以弥补其所受损失的要求。索赔的直接对象可能是卖方、买方、承运人和保险公司，在进行索赔时，首先要明确各方的责任。此外，如果损失的发生涉及各方面的责任，则应按实际情况由各责任方分摊。

（一）卖方责任

（1）所交货物名称、品质、规格、数量、包装与合同不符。

（2）逾期交货。

（3）卖方其他不符合合同规定的行为导致买方受到损失。

（二）买方责任

（1）支付不及时。

（2）不按规定时间派船接货。

（3）买方其他不符合合同规定的行为导致卖方受到损失。

（三）承运人责任

（1）货物数量（重量）少于提单载明的数量（重量）。

（2）开出的是清洁提单，但实际货物发生残损污染。

（四）保险公司责任

（1）发生承保范围内的损失。

（2）承运人不予赔偿的损失或赔偿不足以补偿货物的损失，但又在承保范围之内。

三、理赔

理赔（settlement）是指违约方受理受损方提出的赔偿要求的行为，或者说是合同的一方对合同的另一方提出的索赔要求进行受理。

索赔和理赔是同一问题的两个方面，对受损方而言，是索赔；对违约方而言，是理赔。在一般情况下，索赔多发生在进口方面，而理赔多发生在出口方面。但进口方面的理赔和出口方面的索赔也是存在的。

无论是索赔还是理赔，都是当事人维护自身权益的一种体现，为更好地处理索赔和理赔问题，买卖双方应订立明确的索赔条款。

四、索赔条款

在国际贸易合同中，索赔条款有两种规定方式：一种是异议和索赔条款（discrepancy and claim clause）；另一种是罚金条款（penalty clause）。一般情况下，买卖双方多数只订立异议与索赔条款。但是在大宗商品和机械设备买卖合同中，除订明异议和索赔条款外，还须加订罚金条款。

（一）异议和索赔条款

在异议和索赔条款中，除规定一方如违反合同，另一方有权提起索赔外，须订明索赔依据、索赔期限、赔偿损失的办法和赔付金额等条款。

1. 索赔依据

索赔依据主要规定索赔时必须具备的证据和合法的出证机构，包括事实依据和法律依据两个方面。若索赔的证据不全、不清，或者出证机构不符合规定，都可能遭到对方拒赔。

2. 索赔期限

索赔期限是指索赔方向违约方提起索赔的有效时限。逾期索赔可能会遭到违约方不予受理。索赔期限应由买卖双方在合同中根据商品的不同特性以及检验时间的长短进行确定，如一些易腐的农产品、食品的索赔期限可规定短一些；对于机械设备的索赔期限就有数量和品质方面的不同规定，数量的索赔期一般为货到目的港后 60 天，品质方面的索赔期一般为 1~2 年。另外，对索赔的起算时间也应作出具体规定，通常有以下几种情况：（1）货物抵达目的地（港）后××天后起算；（2）货物抵达目的地（港）卸货后××天起算；（3）货物抵达买方营业处所或所在地后××天起算；（4）货物在目的地（港）经检验后××天起算。

3. 索赔处理办法

索赔处理办法在国际贸易合同中一般只作笼统规定，如退货、换货、整修或货物贬值等。因为事先对可能发生的违约和违约的程度很难估计，因而只规定有索赔的权利和索赔期限，具体不作过细规定。

例 8 - 1 买方对货物的任何异议必须于装运货物的船只到达提单指定目的港××天内提出，并须提供经卖方同意的公证机构出具的检验报告。

Any claim by the Buyer regarding the goods shall be filed within × × days after the arrival of the goods at the port of destination specified in the relative B/L and supported by a survey report issued by the surveyor approved by the Seller.

（二）罚金条款

罚金又称违约金，是指违约方向受损方支付一定数额的金钱，以弥补对方的损失。违约金的计算方法有两种：一种是在合同中规定的交货期或开证期后开始计算；另一种是规定优惠期，在优惠期届满后开始计算。在通常情况下，合同中都预先规定罚金的百分率。

例 8 - 2 若卖方不能如期交货，在卖方同意由付款行从议付货款中扣除罚金的条件下，买方可同意延期交货。但卖方须向买方支付不超过延期交货部分金额的 5% 的罚金。罚金按照每 7 天收取延期交货部分金额的 0.5%，不足 7 天按 7 天计算。如卖方未按合同规定的装运期交货，延期 10 周后，买方有权撤销合同，并要求卖方支付上述延期交货罚金。

Should the Sellers fail to deliver on time, the Buyers shall agree to postpone the delivery on the condition that the Sellers agree to pay a penalty which shall be deducted by the paying bank from the payment under negotiation. But the Sellers shall pay to the Buyers an amount of penalty not exceeding 5% of the total value of the goods involved in the late delivery. The penalty is charged at 0.5% of the value of the goods whose delivery has been delayed for every seven days, odd days less than seven days should be counted as seven days. In case the sellers fail to make delivery ten weeks later than the time of shipment stipulated in the contract, the Buyers shall have the right to cancel the contract and the Sellers still pay the aforesaid penalty to the Buyers.

关于罚金条款，各国的法律规定不尽相同。我国《民法典》中规定，在合同中可以约定一定数额的违约金，并明确为违反合同的损失赔偿。德国的法律承认罚金条款并给予保护，而英、美、澳大利亚、新西兰等国家则不承认罚金，认为发生违约行为只能要求损害赔偿，而不能"惩罚"。此外，违约方支付罚金并不等于合同的解除，除非合同另有约定，否则当事人仍须继续履行合同。

五、索赔与理赔时应注意的事项

索赔与理赔是维护当事人的政治经济利益，树立良好的国家和企业信誉的一项政策性、法律性很强的工作。因此，处理过程中，要充分合理地利用国际惯例和国际法律，重视调查研究，实事求是地解决争议。在进行索赔或理赔时，应注意以下这些问题。

（一）索赔时应注意的问题

（1）准确判定损失的原因和索赔对象。

（2）提供有效的索赔证据和证明文件，其中包括检疫机构出具的检验证书。

（3）正确合理地计算索赔金额。如合同中事先有约定，则按约定金额赔偿，如未约定，则按实际损失情况确定赔偿金额，除受损商品的价款和利润外，还应包括其他相关费用，如装卸费、银行手续费、利息、仓租费等。

（4）须在索赔期内提出索赔。索赔要在合同规定的有效期内提出，逾期无效。如果商检工作不能在规定期限内完成，应及时向对方提出延长索赔期，并取得对方同意，以免丧失索赔权。《联合国国际货物销售合同公约》规定，在合同未明确索赔期限的情况下，索赔期最长不得超过2年。

（二）理赔时应注意的问题

（1）认真审查对方提出的索赔要求，主要包括索赔的理由是否充分、出证机构是否合法、证据与索赔要求是否一致、是否在索赔期内提出等。

（2）判定是否属于己方的责任或索赔范围，如确属己方责任，在合理确定对方损失后，应实事求是地予以赔偿。不该赔偿的应根据事实向对方说明理由。

此外，在签订索赔和理赔条款时，要注意合理规定时间期限。

第二节　不可抗力

一、不可抗力的含义

不可抗力（force majeure）又称人力不可抗拒，是指买卖合同签订后，不是合同当事人的过失或疏忽，而是发生了合同当事人无法预见、无法预防、无法避免和无法控制的事件，致使合同不能履行或不能如期履行，发生意外事件的一方可以免除履行合同的责任或推迟履行合同。因此它是一项免责条款。

在国际上，对不可抗力的定义及叫法不一：在英美法中，有"合同落空"之说；在大陆法系中，有"情势变迁"或"契约失效"原则的规定；《联合国国际货物销售合同公约》规定，合同签订后，如发生了合同当事人订约时无法预见和事后不能控制的障碍，以致当事人不能履行合同义务，则可免除其责任。上述对不可抗力的各种表述，虽然叫法不同，但其主要精神和处理原则大体相同。

二、不可抗力的界定

不可抗力事件发生的原因大体可分为两大类：一是自然原因，如水灾、暴风、干旱、暴雪、地震、火灾、海啸等；二是社会原因，如战争、罢工、政府封锁、禁运、禁止进出口及国际航道封闭等。但并非所有自然原因和社会原因引起的事件都属于不可抗力事件，构成不可抗力事件一般应包括以下几点：

（1）事件的发生是在签订合同后。

（2）不是由合同当事人故意或过失造成的。

（3）造成的后果是当事人无法预见、无法控制、无法避免和不可克服的。

因此，在界定不可抗力事件时，买卖双方需约定，哪些意外事件构成不可抗力，哪些不构成。除非买卖双方约定，商品价格波动、汇率变化、买方无力偿付货款等一般都不属于不可抗力事件，而是属于正常的贸易风险。

三、不可抗力条款

不可抗力事件的发生是无法预见、无法控制的，为避免因发生不可抗力事件而引起不必要的贸易纠纷，防止合同当事人对不可抗力事件的性质、范围作任意的解释，或提出不合理的要求，或无理拒绝对方的合理要求，因此需要在国际贸易合同中订立不可抗力条款，明确规定不可抗力事件的性质、范围、处理原则和处理办法，以利于合同的履行。

（一）不可抗力条款的订立方法

根据不可抗力范围的确定方法不同，不可抗力条款主要有以下三种订立方法。

1. 概括式

概括式主要是在合同条款中，不具体订明哪些事件属于不可抗力事件，只作概括性的规定。例如，"由于不可抗力事件，导致卖方不能全部或部分装运，或延迟装运，卖方对于这种不能装运，或延迟装运不负有责任。但卖方须用电报或电传通知买方，并须在 15 天内，以航空挂号信件向买方提交由合法机构出具的证明此类事件的证明书"。（If the shipment of the contracted goods is prevented or delayed in whole or in part due to Force Majeure, the Seller shall not be liable for non-shipment or late shipment of the goods of this contract. However, the Seller shall notify the Buyer by cable or telex and furnish the letter within 15 days by registered air mail with a certificate issued by the legal institutions attesting such event or events.）

此种方法包括的范围广，但太过笼统，当涉及具体某一事件是否属于不可抗力时，则很难判断，因此使用较少。

2. 列举式

这种办法主要是指合同中具体订明哪些事件属于不可抗力事件，凡是在合同条款中没有规定的或列明的就不属于不可抗力事件。例如，"由于战争、地震、水灾、暴风雨、雪灾、海啸等原因，致使卖方不能全部或部分装运或延迟装运合同货物，卖方对于这种不能装运或延迟装运本合同货物不负有责任。但卖方须用电报或电传通知买方，并须在 15 天以内，以航空挂号信件向买方提交由合法机构出具的证明此类事件的证明书"。（If the shipment of the contracted goods is prevented or delayed in whole or in part by reason of war, earthquake, flood, storm, heavy snow, tsunami, the Seller shall not be liable for non-shipment or late shipment of the goods of this contract. However, the Seller shall notify the Buyer by cable or telex and furnish the letter within 15 days by registered air mail with a certificate issued by the legal institutions attesting such event or events.）

此种方法的优点是比较明确具体，但对不可抗力范围定得过死，容易遗漏，而且不可抗力事件不能一一列举。

3. 综合式

综合式是将概括与列举两种方式结合使用，先尽量列举可能出现的不可抗力事件，然后再概括性地加以规定。例如，"由于战争、地震、水灾、暴风雨、雪灾、海啸或其他不可抗力的原因致使卖方对本合同项下的货物不能装运或迟延装运，卖方对此不负任何责任。但卖方应立即通知买方并于 15 天内以航空挂号函件寄给买方由合法机构出具的证明发生此类事件的证明书"。（If the shipment of the contracted goods is prevented or delayed in whole or in part by reason of war, earthquake flood, storm, heavy snow, tsunami, or other causes of Force Majeure, the Seller shall not be liable. However, the Seller shall notify the Buyer immediately and furnish the letter by registered air mail with a certificate issued by the legal institutions attesting such event or events.)

这种方法明确具体，又具有一定的灵活性，目前在国际贸易实务中多采用此办法。

（二）通知并提供必要的证明文件

根据《联合国国际货物销售合同公约》第 79 条 4 款规定，当发生不可抗力的情况，导致某一方无法履行合同义务时，该方必须及时通知另一方，告知其遇到的障碍以及这一障碍对其履行义务能力的影响。如果在已经知道或理应知道这一障碍的情况下，通知仍未在一段合理的时间内送达给另一方，那么，未收到通知的一方因此而产生的损失，将由未履行通知义务的一方承担赔偿责任。在实际业务中，有关当事人多以电报或电传方式通知另一方当事人，并应在规定的期限内提供由规定机构出具的证明文件。在我国，出具证明的机构一般是中国国际贸易促进委员会（即中国国际商会）。在国外，大都由当地的商会或登记注册的公证行出具相关证明。一方接到对方关于不可抗力事件的通知或证明文件后，无论同意与否都应及时答复，否则，按有些国家的法律，如美国的《统一商法典》，将被视作默认。

（三）解除或变更合同

在实际业务操作中，根据不可抗力事件对履行合同的影响的情况和程度，其后果可分为两种：一是解除合同；二是变更合同。一般情况下，如果不可抗力事件的发生使合同的履行成为不可能，则可解除合同。如果不可抗力事件只是部分地或暂时性地阻碍了合同的履行，则发生事件的一方只能采用变更合同的方法。为明确起见，双方应在合同中具体订明什么情况下解除合同或变更合同。

四、援引不可抗力条款时应注意的事项

根据各国的法律和国际贸易惯例，如果发生不可抗力事件，导致合同无法履行或无法如期履行，相关合同当事人可免除相应责任，但不可抗力发生的一方应及时通知合同的另一方，提供必要的证明文件，并且在通知中提出如何处理的意见等，否则有可能还是要追究相应责任。在具体援引不可抗力条款时，应注意以下问题。

（1）任何一方发生不可抗力事件后，都应按规定立即通知对方，并提供有关合法机构出具的证明文件。

（2）一方接到不可抗力事件的通知和证明文件后，应及时研究所发生的事件属不属于不可抗力条款规定的范围。如果是，则按双方规定的不可抗力条款来处理，如果不是，则不能按不可抗力条款处理。但不论同意与否，都要回复对方。

（3）注意不可抗力条款的免责有效期和合同规定的处理方式。不可抗力免责只在不可抗力存在的期间内有效，并按规定的内容进行处理。当事件对履约的阻碍消除后，当事人就应立即恢复履行相应的义务。

第三节　仲　　裁

一、国际贸易争议的处理方式

国际贸易中，解决争议的方式主要有协商、调解、仲裁、诉讼。

协商是指发生争议以后，当事人双方直接进行磋商，自行解决纠纷。这种做法可节省费用，灵活性大，也有利于保持双方贸易关系。

调解是指发生争议后，双方协商不成，请第三方居间调停。通过协商或通过第三者调解的方式，气氛一般比较友好，也有利于贸易双方的长期交往，买卖双方也多愿意采用这两种方法。但是如果对争议达不成一致意见，就需要采用仲裁或诉讼的方式来进行解决。

仲裁（arbitration）也称为公断，是指买卖双方按照之前达成的协议，自愿将双方之间的争议提交双方都同意的仲裁机构进行裁决。

诉讼也称打官司，是指买卖双方将争议交由司法部门处理，按照司法程序来解决双方的贸易争端。

这四种争议解决处理方式，相比较而言，仲裁的程序比较简单，时间短，费用较低，而且裁决一般为终局性的，所以合同双方一般均愿意采用这种方式解决纠纷。

二、仲裁协议的形式与作用

（一）仲裁协议的形式

仲裁协议是指买卖双方共同约定将发生的或可能发生的争议提交仲裁机构裁决的书面协议。仲裁协议有三种形式：一是双方当事人在争议发生之前订立的，愿意将可能发生的争议提交仲裁庭裁决，一般在合同条款中设置"仲裁条款"进行规定。二是双方当事人在争议发生之后订立的，愿意将已经发生的争议提交仲裁庭裁决，这种协议必须是以书面形式订立的，包括通过合同书、信件、电传、电报或其他电子传送系统达成的协议。以上两种形式的仲裁协议具有同等的法律效力。三是双方当事人不必直接草拟仲裁协议的内容，而是通过"援引"（reference）的方式，对可能发生或已经发生的争议达成的仲裁协议。例如，当事人双方约定依照某公约、双边条款、多边条款或标准合同等进行裁决。

（二）仲裁协议的作用

依据各国仲裁法的规定，仲裁协议的作用主要体现在以下三个方面。

（1）仲裁协议约束双方当事人在协商调解不成时，只能以仲裁方式解决争议，不得向法院起诉。

（2）排除法院对有关争议案件的管辖权。如果一方违背仲裁协议，自行向法院起诉，另一方可根据仲裁协议要求法院不予受理，并将争议案件退交仲裁庭裁断。

（3）仲裁协议是仲裁机构受理争议案件的依据。任何仲裁机构都无权受理没有仲裁协议的案件，即仲裁协议使仲裁机构获得对争议案件的管辖权。

三、仲裁的特点与仲裁程序

（一）仲裁的特点

（1）仲裁以双方同意为基础，不是强制的。仲裁依据双方当事人的协议进行，不具有强制性，一般仲裁机构不受理没有仲裁协议的争议案例。因此，自愿是仲裁的基础和前提。

（2）仲裁机构属于民间性质。仲裁机构一般都是民间组织，仲裁员也非由国家任命。

（3）仲裁的过程可以不公开。仲裁过程不同于诉讼过程，一般情况下可以不公开，以便尽快解决争议，方便日后交往。

（4）仲裁的结果具有终局性。仲裁是依照一定的法律程序进行的审理和裁决，仲裁结果为终局性的，双方都必须执行。如有一方不执行，可申请法院强制执行。

（5）仲裁程序简便、结案快、费用低。与诉讼相比，仲裁程序比较简便，解决争议耗费的时间短，所需费用较低，为国际上经常采用。

（二）仲裁程序

仲裁程序主要包括以下步骤。

（1）仲裁申请。仲裁申请是仲裁机构立案审理的前提。根据我国仲裁规则的规定，仲裁申请包括提交仲裁申请书、提交仲裁申请的证明性文件、预交规定的仲裁费。

（2）组成仲裁庭。根据我国仲裁规则，申诉人和被申诉人各自在仲裁委员会仲裁员名册中指定一名仲裁员，并由仲裁委员会主席指定一名仲裁员为首席仲裁员，共同组成仲裁庭审理案件；双方当事人亦可在仲裁委员名册中共同指定或委托仲裁委员会主席指定一名仲裁员为独任仲裁员，成立仲裁庭，单独审理案件。

（3）仲裁审理。仲裁庭审理案件的形式有两种：一是不开庭审理，这种审理一般是经当事人申请，或由仲裁庭征得双方当事人同意，只依据书面文件进行审理并作出裁决；二是开庭审理，这种审理按照仲裁规则的规定，采取不公开审理，如果双方当事人要求公开审理，由仲裁庭作出是否公开审理的决定。

（4）保全措施。保全措施是在仲裁程序进行前或进行中，根据一方当事人的申请，由仲裁机构提请法院向另一方当事人的财产采取临时性的强制措施，冻结银行账户，防止其转移或变卖财产。但应注意，申请保全措施理由要正当，而且还应提供担保，防止保全错误造成损失。

（5）仲裁裁决。仲裁程序的最后一个环节是裁决，一旦裁决作出，案件审理程序即告结束，这种裁决也因此被称为最终裁决。在我国的仲裁规则下，除了最终裁决，仲裁庭还有可能在审理过程中，根据案件的实际情况或接受当事人的提议，对任何问题作出中间裁决或部分裁决。中间裁决是针对已经审理清楚的争议作出的暂时性裁决，目的是更好地进行下一步的案件审理。部分裁决则是在仲裁庭已经对整个争议中的某些问题进行了清楚审理的情况下，提前作出的部分终局性裁决，这种裁决可以作为最终裁决的一部分。仲裁裁决必须在案件审理结束之日起的 45 天内以书面形式作出。除了因调解达成和解而作出的裁决书外，所有的裁决书都应该包含仲裁请求、争议事实、裁决理由、裁决日期等内容，并由仲裁员签名，加盖仲裁委员会的印章。

当事人对于仲裁裁决书，应依照其中所规定的时间自动履行，裁决书未规定期限的，应立即履行。一方当事人不履行的，另一方当事人可以根据法律的规定向当地法院申请执行，或根据有关国际公约的规定处理。

四、仲裁条款

（一）基本内容

国际贸易合同中，仲裁条款的基本内容主要有仲裁的争议范围、仲裁地点、仲裁机构、仲裁规则、裁决的效力、仲裁员的人数、指定仲裁员的方式以及仲裁费用的负担等。

例 8 - 3 凡因执行本合同所发生的或与本合同有关的一切争议，双方应通过友好协商解决；如果协商不能解决，应提交北京中国国际贸易促进委员会对外经济贸易仲裁委员会根据该会的《仲裁程序暂行规则》进行仲裁，仲裁的裁决是终局的，对双方都有约束力。

（All disputes arising from the execution of, or in connection with this contract, shall then be settled amicably through negotiation. In case no settlement can be reached through negotiation, the case shall then be submitted to the Foreign Economic and Trade Arbitration commission of the China Council for the Promotion of International Trade, Beijing for arbitration in accordance with its Provisional Rules of Procedure. The arbitral award is final and binding upon both parties. ）

（二）约定仲裁条款时应注意的事项

在约定合同仲裁条款时，应注意以下事项。

（1）选择合适的仲裁地点。仲裁地点不同，适用的法律规则不同，不同法律对同一问题的解释和处理也有所区别。因此，交易双方都希望选择法律环境比较有利于己方的地点仲裁。同时，也要考虑仲裁地点的远近以及仲裁费用的多少，最好争取在本国仲裁。如果在第三国进行仲裁，要考虑选择态度公正且具有一定业务能力的仲裁机构。

（2）选择适当的仲裁机构。在选择仲裁机构时，要考虑成交金额的大小、仲裁机构的历史和背景、对案件的态度是否公正、办事效率与业务水平、在行业中的影响力等因素。

（3）合理约定仲裁费用的负担。在仲裁条款中，要约定仲裁费用的负担问题。仲裁费用一般由败诉方承担，如果出现双方都违约的情况，则由仲裁庭酌情决定双方承担的比例。

（4）仲裁条款的规定要明确、具体。在订立仲裁条款或签订仲裁协议时，内容应明确、具体，不能用一些模棱两可或含糊的字眼。"如双方发生争议，通过仲裁解决"，这种模糊、不明确的表述，都不利于争议的解决。

本章要点

（1）争议是指在合同履行过程中，交易的一方不履行或不完全履行合同所规定的责任和义务，发生违约而引起纠纷。

（2）在国际贸易中，引起争议的原因有很多，主要可以分为三种：卖方违约；买方违约；买卖双方都违约。

（3）索赔是指在国际贸易业务中，一方违反合同的规定，给另一方直接或间接地造成损害，受损方向违约方提出损害赔偿，以弥补其所受损失的要求。

（4）理赔是指违约方受理受损方提出的赔偿要求的行为，或者说是合同的一方对合同的另一方提出的索赔要求进行受理。

（5）在国际贸易合同中，索赔条款有两种规定方式：一种是异议和索赔条款；另一种是罚金条款。一般情况下，买卖双方多数只订立异议与索赔条款。但是在大宗商品和机械设备买卖合同中，除订明异议和索赔条款外，还须加订罚金条款。

（6）索赔时应注意的问题：准确判定损失的原因和索赔对象；提供有效的索赔证据和证明文件，其中包括检疫机构出具的检验证书；正确合理地计算索赔金额；须在索赔期内提出索赔。

（7）理赔时应注意的问题：认真审查对方提出的索赔要求；判定是否属于己方的责任或索赔范围。

（8）不可抗力又称人力不可抗拒，是指买卖合同签订后，不是合同当事人的过失或疏忽，而是发生了合同当事人无法预见、无法预防、无法避免和无法控制的事件，致使合同不能履行或不能如期履行，发生意外事件的一方可以免除履行合同的责任或推迟履行合同。因此它是一项免责条款。

（9）构成不可抗力事件一般应包括以下几点：事件的发生是在签订合同后；不是由合同当事人故意或过失造成的；造成的后果是当事人无法预见，无法控制、无法避免和不可克服的。

（10）国际贸易中，解决争议的方式主要有协商、调解、仲裁、诉讼。

（11）仲裁的特点：仲裁以双方同意为基础，不是强制的；仲裁机构属于民间性质；仲裁的过程可以不公开；仲裁的结果具有终局性；仲裁程序简便、结案快、费用低。

（12）仲裁协议的作用。依据各国仲裁法的规定，仲裁协议的作用主要体现在以下三个方面：

第一，仲裁协议约束双方当事人在协商调解不成时，只能以仲裁方式解决争议，不得向法院起诉。

第二，排除法院对有关争议案件的管辖权。如果一方违背仲裁协议，自行向法院起诉，另一方可根据仲裁协议要求法院不予受理，并将争议案件退交仲裁庭裁断。

第三，仲裁协议是仲裁机构受理争议案件的依据。任何仲裁机构都无权受理没有仲裁协议的案件，即仲裁协议使仲裁机构获得对争议案件的管辖权。

（13）仲裁程序：仲裁申请；组成仲裁庭；仲裁审理；保全措施；仲裁裁决。

（14）约定仲裁条款时应注意的事项：选择合适的仲裁地点；选择适当的仲裁机构；合理约定仲裁费用的负担；仲裁条款的规定要明确、具体。

练习题

一、填空题

（1）在国际贸易中，引起争议的原因有很多，主要可以分为三种：_____、_____和_____。

（2）在国际贸易合同中，索赔条款有两种规定方式：一种是_____；另一种是_____。

（3）根据不可抗力范围的确定方法不同，不可抗力条款主要有以下三种订立方法：_____、_____和_____。

二、单项选择题

（1）下列不属于卖方违约责任的是（　　）。

A. 所交货物名称、品质、规格、数量、包装与合同不符

B. 逾期交货

C. 其他不符合合同规定的行为导致买方受到损失

D. 不按规定时间派船接货

（2）下列不属于买方违约责任的是（　　）。

A. 支付不及时

B. 不按规定时间派船接货

C. 逾期交货

D. 买方其他不符合合同规定的行为导致卖方受到损失

(3)《联合国国际货物销售合同公约》规定，在合同未明确索赔期限的情况下，最长不得超过（　　）年。

A. 2 　　　　　　　B. 3 　　　　　　　C. 4 　　　　　　　D. 5

(4) 下列不属于不可抗力事件的是（　　）。

A. 水灾 　　　　　　B. 旱灾 　　　　　　C. 暴风 　　　　　　D. 汇率变化

(5) 解决争议的四种方式中，（　　）的程序比较简单，时间短，费用较低，而且裁决一般为终局性的。

A. 协商 　　　　　　B. 调解 　　　　　　C. 仲裁 　　　　　　D. 诉讼

三、多项选择题

(1) 下列事件属于不可抗力事件的有（　　）。

A. 水灾 　　　　　　B. 旱灾 　　　　　　C. 暴风 　　　　　　D. 战争

(2) 索赔时应注意的问题有（　　）。

A. 准确判定损失的原因和索赔对象

B. 提供有效的索赔证据和证明文件，其中包括检疫机构出具的检验证书

C. 正确合理计算索赔金额

D. 须在索赔期内提出索赔

(3) 构成不可抗力事件一般应包括（　　）。

A. 事件的发生是在签订合同后

B. 是由外在客观因素引起的

C. 不是由合同当事人故意或过失造成的

D. 造成的后果是当事人无法预见、无法控制、无法避免和不可克服的

(4) 国际贸易中，解决争议的方式主要有（　　）。

A. 协商 　　　　　　B. 调解 　　　　　　C. 仲裁 　　　　　　D. 诉讼

四、判断题

(1) 索赔和理赔是同一问题的两个方面。　　　　　　　　　　　　（　　）

(2) 索赔期限一般由买方在合同中根据商品不同特性以及检验时间的长短进行确定。

（　　）

(3) 在通常情况下，合同中都预先规定罚金的百分率。　　　　　　（　　）

(4)《联合国国际货物销售合同公约》规定，在合同未明确索赔期限的情况下，最长不得超过 3 年。　　　　　　　　　　　　　　　　　　　　　　　　（　　）

(5) 仲裁的结果具有终局性。　　　　　　　　　　　　　　　　　（　　）

五、名词解释

争议　　　索赔　　　理赔　　　不可抗力　　　仲裁

六、简答题

（1）简述索赔和理赔时应注意的问题。

（2）简述构成不可抗力的条件。

（3）简述仲裁的特点和作用。

（4）简述约定仲裁条款时应注意的事项。

七、案例题

（1）我国某公司与澳大利亚商人签订小麦进口合同200万吨，交货期为某年5月，但澳大利亚在交货期年度遇到干旱，不少小麦产区歉收20%，而且当年俄罗斯由于严重缺粮，从美国购买大量小麦，导致世界小麦价格上涨，澳商提出推迟到下年度履行合同。

问：澳方能否引用不可抗力条款来推迟履行合同？中方能否同意？为什么？

（2）某日，双方按照信用证付款条件签署了两个金属硅买卖合同。然而，合同签订之后，金属硅的价格出现了上涨。买方按照合同规定开具了信用证，但卖方却没有按照约定交货。当买方发现信用证已经过期时，为了尽可能减少损失，他们从其他公司购买了相同品质的替代货物。

此后，买方以卖方违约为由，向卖方提出了差价损失的索赔。双方经过协商，但没有达成一致，于是买方决定向中国国际经济贸易仲裁委员会上海分会申请仲裁。在仲裁庭进行了开庭审理后，他们支持了买方采取的补救措施，并裁定卖方应赔偿买方因购买合同替代货物而产生的货物差价损失。

问：您对该案例有何看法？

（3）买卖双方按CIF鹿特丹、即期信用证付款条件达成交易，在合同和信用证中规定"不准转船"。卖方按合同和信用证规定，及时将其出售的货物装上直达鹿特丹的班轮，并凭直达提单等装运单据办理了货款的议付。船方为了装载其他货物，中途擅自将卖方托运的货物换装其他船续运至鹿特丹。因其中途转船延误了时间，致使货物晚到1个月，买方便向卖方索赔，卖方拒赔。后买方提请仲裁，结果被仲裁庭予以驳回。

问：您对该案例有何看法？是否认同仲裁庭的裁决？为什么？

◇ 课堂讨论题

根据所学的知识，谈谈在签订国际贸易合同时，买卖双方应如何规定不可抗力条款。

第九章　国际贸易合同的磋商、签订与履行

 **学习要求**

●· **重点** ·●

(1) 交易磋商的一般程序。

(2) 合同成立应具备的条件。

(3) 出口合同履行的各环节。

(4) 进口合同履行的各环节。

(5) 我国出口结汇的方法。

(6) 正确缮制和运用各种出口单据应注意的事项。

●· **掌握** ·●

(1) 询盘的含义。

(2) 还盘的法律后果。

(3) 订立书面合同的意义。

(4) 书面合同的内容。

(5) 审证的重点。

(6) 结汇时单证不符的处理方法。

●· **了解** ·●

(1) 交易磋商的形式和内容。

(2) 书面合同的形式。

(3) 做好索赔理赔工作应注意的事项。

 引题案例

我国的一家出口公司，在 3 月 5 日向美国的 A 公司发出了一个供应一批某商品的报价，并设定了一个有效期，即 3 月 10 日。然而，在 3 月 6 日，我国公司收到了 A 公司的

回复，他们表示，如果能够将价格降低5%，他们就会接受这个报价。然而，就在我国公司正在考虑如何回复A公司的要求时，国际市场上该商品的价格开始上涨。于是，A公司又在我国公司报价的有效期截止前一天，即3月8日，来电表示他们无条件接受我国公司在3月5日发出的报价。然而，我国公司并没有接受A公司的回复，反而在3月9日将这批货物卖给了另一家美国公司B。这个行为导致了双方对于合同是否成立产生了争议。

问：美商A的接受能否使合同成立？为什么？

进出口贸易是围绕国际货物买卖合同进行的。合同的产生要经历一系列的磋商环节，在磋商与订立合同的过程中，因对法律、法规、惯例的理解的不同，常会产生一些纠纷；进出口合同订立后的履约阶段，也还有许多技术层面上的基础知识需要理解和掌握。如何减少纠纷，更好地履约，正是本章所要解决的问题。

第一节 国际贸易合同的磋商

交易磋商（business negotiation），又称贸易谈判，它是指交易双方就买卖商品的各项条件进行沟通和协商，以期达成交易的过程。合同的订立过程实际上就是交易磋商的进程。磋商作为合同的基础，其结果就是合同的产生。交易磋商工作的质量对合同的签订以及后续的履行有着直接的影响，它关乎双方的经济利益。

一、交易磋商的形式和内容

（一）交易磋商的形式

交易磋商的形式有两种：口头磋商和书面磋商。

口头磋商是指当事各方直接用口头语言进行沟通，包括面对面的谈判和电话谈判。面对面的谈判包括参加各种交易会、洽谈会以及贸易小组出访，邀请客户来访等。

书面磋商是指交易双方利用信函、电报、电传、传真、电子邮件及电子数据交换等文书方式来进行洽谈。

（二）交易磋商的内容

交易磋商的内容包括主要交易条件和一般交易条件。商品的品质、数量、包装、价格、交货和支付条件等为主要交易条件。因货物、数量、时间等不同，这些交易条件在每笔交易中也不尽相同，需要进行具体磋商。出口企业所拟订的一般交易条件通常包括：

（1）有关主要交易条件的补充说明（例如，品质机动幅度，数量机动幅度，允许分批装运/转运，保险金额、险别和适用的保险条款，信用证开立的时间和到期日，到期地点的规定，等等）。

（2）有关预防和处理争议的条件（例如关于货物检验、索赔、不可抗力和仲裁的规定）。

（3）个别的主要交易条件（例如通常采用的包装方法、凭不可撤销即期信用证支付的规定等）。

一般交易条件大都印在合同的背面或合同正面的下部。一般交易协议对缩短交易洽谈时间，减少费用开支等均有好处，因此在国际贸易中广泛采用。

二、交易磋商的一般程序

在实际业务中，交易磋商的一般程序应包括询盘、发盘、还盘和接受四个环节。其中，发盘和接受是达成交易、合同成立必不可少的两个基本环节。

（一）询盘

询盘（inquiry），又称询价，是指交易的一方打算购买或出售某种商品，向对方询问买卖该商品的交易条件。询盘的内容通常包括价格、规格、品质、数量、包装、装运以及索取样品等方面。尽管询盘的内容较为广泛，但大部分情况下，询盘主要关注价格问题，因此，业界通常将询盘称为询价。

询盘对买卖双方都不具有法律上的约束力，询盘仅作为交易前期的一种意向表达，不能强制双方履行交易。

虽然询盘在某些情况下是交易的前置程序，但并非每笔交易都必须经过询盘阶段。在一些简单的交易中，双方可能直接进入发盘和接受阶段。因此，在实际操作中，应根据具体情况判断是否需要进行询盘。

有时一方发出询盘，是希望表达与对方进行交易的愿望。他们期待对方在接到询盘后，能及时发出有效的发盘，以便自己考虑是否接受。这种情况下，询盘更像是一种交易前的沟通和试探。因此，在实践中，应对接到的询盘加以区分，并作出及时和适当的处理。

（二）发盘

发盘（offer），又称报盘、发价、报价，是指买卖双方中的一方（发盘人）向另一方（受盘人）提出购买或出售某种商品的各项交易条件，并表示愿意按这些条件与对方达成交易，订立合同的一种肯定表示。发盘人可以是卖方，也可以是买方。前者被称为售货发盘（selling offer）；后者被称为购货发盘（buying offer），业务中被称为递盘（bid）。

1. 发盘的法律效力

发盘既是商业行为，也是法律行为。发盘在法律上被称为"要约"，即表明发盘人愿"承受约束"。一项发盘一经发出，对发盘人就立即产生法律上的约束力，在发盘的有效期内，发盘人不得任意撤销或修改内容。发盘一经对方在有效期内接受，发盘人将受其约束，并承担按发盘条件与对方订立合同的法律责任。

2. 构成有效发盘的条件

根据《联合国国际货物销售合同公约》（以下简称《国际货物销售合同公约》）对发盘所下的定义，一项有效的发盘的构成条件有以下四项。

（1）向一个或一个以上特定的受盘人提出。所谓"特定的人"，是指在发盘中指明个人姓名或企业名称的受盘人。受盘人可以是一个，也可以是多个。非向指定受盘人提出的发盘仅应视为邀请发盘（invitation to make an offer）。

（2）表明订立合同的意思。即表明当其发盘被受盘人接受时，发盘人将承受约束的意旨，承担按发盘条件与受盘人订立合同的法律责任。表明承受约束的意旨，可以是明示的，也可以是暗示的。

（3）发盘的内容十分确定。对于"十分确定"的理解，按《国际货物销售合同公约》第14条规定，一项订约建议中，只要列明货物的名称、数量、价格三项条件，即可被认为其内容十分确定，而构成一项有效的发盘。数量和价格可以明示或暗示地规定，还可以只规定确定数量和价格的方法。

（4）送达受盘人。发盘必须被送达受盘人，这是《国际货物销售合同公约》和各国法律的普遍要求。发盘于送达受盘人时生效。如果发盘在传递途中遗失，则该发盘不生效，对发盘人不再有约束力。

3. 发盘的有效期

一般情况下，发盘都会设定一个有效期限。这个期限的含义是给予受盘人决定是否接受的时间或阶段。有效期限包含两个方面：首先，在有效期内，发盘人对发盘内容负责，如果受盘人在有效期内向发盘人发出接受通知，发盘人必须按照发盘的条件与受盘人签订合同。其次，如果超过有效期，发盘人将不再对发盘内容承担责任。因此，有效期的规定，既是对发盘人的约束，也是对发盘人的一种保障。

国际贸易中，发盘的有效期有两种表现形式：明确规定有效期限；采用合理期限。前者不但很少引起争议，而且还可以促进成交，使用较多，但不能撤销；后者容易产生争议，但在对方接受前可以撤销。

我国出口业务中，具体规定的方法有以下三种。

（1）规定最迟接受期限。如"发盘限5日复到我方"。这里的"日"是指某月某日的具体日期。

（2）规定一段接受的期间。如"发盘限3天内复到有效"（offer valid if reply here in three days…），"发盘有效三天"（offer valid three days）。

（3）不作明确的规定或仅规定答复传递的方式。一般做法是函来函复，电来电复，都在一个合理期限内答复。如"发盘……电复"（offer…cable reply）、"即复"（reply promptly）、"速复"（reply immediately）、"急复"（reply urgently）、"尽快答复"（reply as soon as possible）等。

第（3）种规定方法，由于其有效期不具体，容易引起纠纷，应少用或不用。

4. 发盘的生效和撤回

（1）发盘的生效。对于发盘何时生效的问题，《国际货物销售合同公约》第15条规定，发盘于送达受盘人时生效。不论是书面的还是口头的发盘，只有传达至受盘人时才能对发盘人产生约束力。

按《国际货物销售合同公约》规定，对于口头发盘，受盘人必须立即接受，如果受盘人不在磋商当场表示接受，发盘即告失效。但发盘人在口头发盘中明确规定了有效期的除外。

（2）发盘的撤回。发盘的撤回是指发盘人在发盘送达受盘人之前，即在发盘尚未生效时，阻止该项发盘生效。

根据《国际货物销售合同公约》规定，发盘在生效之前是可撤回的。《国际货物销售合同公约》第15条规定："一项发盘，即使是不可撤销的，也可以撤回，如果撤回的通知在发盘送达受盘人之前或同时送达受盘人。"

需注意的是，如果发盘系使用电话、电传或电子邮件等电子传递方式，则该项发盘不存在撤回的可能性，因为这些信息随发随到。

5. 发盘的撤销

发盘的撤销是指发盘已经生效后，发盘人以一定的方式解除其效力的行为。因此，发盘的撤销不同于发盘的撤回。

对于一项已经生效的发盘能否撤销，各国法律的规定存在较大的差异。英美法律规定，在受盘人表示接受之前，发盘人可以随时撤销或变更其内容。而大陆法规定通常不得撤销。

《国际货物销售合同公约》第16条对此问题作出了折中的规定。根据规定，发盘可以撤销，其条件是：发盘人的撤销通知必须在受盘人发出接受通知之前送达受盘人，但在下列情况下，发盘不能再撤销：

（1）发盘中注明了有效期，或以其他方式表示发盘是不可撤销的。

（2）受盘人有理由信赖该发盘是不可撤销的，并且已本着对该发盘的信赖行事。

6. 发盘的失效

发盘的失效是指发盘法律效力的消失。它含有两方面的意义：一是发盘人不再受发盘的约束；二是受盘人失去了接受该发盘的权利。

任何一项发盘最终都会面临失效，一般来说，发盘失效的情形有如下几个方面。

（1）在发盘生效前被受盘人撤回。

（2）在发盘有效期内被发盘人依法撤销。

（3）在发盘有效期内被受盘人拒绝或还盘。

（4）发盘中规定的有效期届满，或虽未规定有效期，但在合理时间内未被接受。

（5）法律的适用。发盘因某些特定情况的出现，按有关法律的适用而失效。包括：人力不可抗拒的意外事故造成发盘的失效，如政府禁令或限制措施；在发盘被接受前，当事人丧失行为能力或死亡或法人破产等。

7. 发盘一般采用的术语和语句

发盘（offer）	发实盘（offer firm；firm offer）
报价（quote）	供应（supply）
可供应（can supply）	订购（book；booking）
订货（order；ordering）	可订（can book）
递盘（bid；bidding）	递实盘（bid firm；firm bid）

……

（三）还盘

还盘（counter offer），又称还价，在法律上被称为反要约，是指受盘人收到发盘后，不同意或不完全同意发盘提出的各项条件，并提出了修改意见，建议原发盘人考虑，即还盘是对发盘条件进行添加、限制或其他更改的答复。

例 9 - 1　你方 2 日电还盘 30 英镑 CIF 伦敦限 8 日我方时间复到有效。

Your cable 2 counter offer sterling 30 cif London reply here 8th。

还盘的法律后果如下：

（1）还盘是对发盘的拒绝，还盘一经作出，原发盘失去效力，发盘人不再受其约束。

（2）还盘等于受盘人向原发盘人提出的一项新的发盘。还盘作出后，原发盘的受盘人变成新发盘的发盘人，而原发盘的发盘人则变成了新发盘的受盘人。新受盘人有权针对还盘的内容进行考虑，决定接受、拒绝或是再还盘。

还盘不一定是还价，有关货物价格、付款、货物质量和数量、交货地点和时间、一方当事人对另一方当事人的赔偿责任范围或解决争端的办法等条件提出添加或更改，也都属于还盘的性质。一笔交易往往要经过多次的发盘、还盘、再还盘才能敲定。

（四）接受

接受（acceptance），法律上称为"承诺"，是买方或卖方同意对方在发盘中提出的各项交易条件，并愿按这些条件与对方达成交易、订立合同的一种肯定的表示。

1. 接受的法律后果

接受如同发盘一样，既属于商业行为，也属于法律行为。接受产生的重要法律后果是：一方的发盘经另一方接受，交易即告达成，合同即告订立，双方就应分别履行其所承担的合同义务。

2. 有效接受的条件

（1）接受必须由特定的受盘人作出。接受只有由特定的受盘人作出才具有效力，其他人即使了解发盘内容并表示完全接受，也不能构成有效的接受。

（2）受盘人表示接受，必须明确表示出来。

《国际货物销售合同公约》第 18 条第 1 款规定："受盘人声明或作出其他行为表示同

意一项发盘，即为接受，缄默或不行动本身不等于接受。"受盘人表示接受的方式有两种：一是用声明作出表示，即用口头或书面的声明形式表示接受。这是国际贸易中最常用的表示方法。二是用"作出行为"表示。我国对第二种方法持保留态度。我国在批准参加《国际货物销售合同公约》时，对该公约承认合同可以书面以外形式订立的规定声明保留。意即我国实际业务中，企业应以书面通知的形式表示对发盘的接受。

（3）接受的内容必须与发盘相符。按传统的法律规则，接受应是无条件的。但在实际业务中，受盘人在表示接受时，常常会对发盘的内容作增加、限制或修改，这在法律上称为有条件的接受。

有条件的接受是否有效？为了适应现代商业发展的需要，尽量促成交易的达成，《国际货物销售合同公约》对此作了相关的规定。《国际货物销售合同公约》将对发盘的变更分为两种：实质性变更（material alteration）和非实质性变更（non-material alteration）。

有关货物价格、付款、货物质量和数量、交货地点和时间、一方当事人对另一方当事人赔偿责任范围或解决争端等的添加或不同条件，均视为实质变更发盘的条件。实质性变更不能构成有效接受，而只能视作还盘。

非实质性变更是指受盘人所作出的修改在实质上并不变更发盘的条件，如要求提供产地证、重量单等单据。非实质性变更能否构成有效的接受，要取决于发盘人是否反对。如果发盘人立即表示反对，该接受无效，构成还盘。如果发盘人不表示反对，仍构成有效的接受，合同的条件就包含了发盘的内容以及接受通知中所做的变更。

（4）接受必须在发盘的有效期内送达发盘人。当发盘规定了有效期，接受的通知要在发盘的有效期内送达发盘人才能生效。如果发盘中未规定有效期，则应在合理时间内将接受通知送达发盘人方为有效。如果一项接受超过了发盘规定的有效期才送达发盘人，即构成逾期接受或称迟到的接受。

逾期接受是否有效呢？迟到的接受一般无效。但《国际货物销售合同公约》规定下列情况的逾期接受仍具有效力：

第一，如果发盘人毫不迟延地用口头或书面方式通知受盘人，确认该项逾期接受有效，合同仍可于接受通知送达发盘人时成立。反之，如果不及时通知，这项接受就失去了效力。

第二，如果载有逾期接受的信件或其他书面文件表明，它在传递正常的情况下是能够及时送达发盘人的，那么这项逾期接受仍具有接受的效力，除非发盘人毫不迟延地用口头或书面方式通知受盘人，认为该发盘已失效。反过来说，如果发盘人没有及时表态，而受盘人又能证明接受迟到不属于他的责任，则该接受就有效。

总之，在接受迟到的情况下，不管受盘人有无责任，决定该接受是否有效的主动权都在发盘人。

3. 接受的生效和撤回

关于接受生效的时间，各国法律解释不同。英美法系国家采用投邮生效原则，又称"发信主义"，根据这一原则，在以书信、电报作出接受时，只要受要约人把书信投入邮局信箱或把电报交到电报局发出，承诺立即生效，合同即告成立。

大陆法系国家采用到达生效原则，即表示接受的函电必须在发盘有效期内送达发盘人，接受才有效。

《国际货物销售合同公约》和我国的《民法典》对接受的生效时间，均采用到达主义。接受在送达受盘人时生效。接受生效的时间就是国际货物买卖合同成立的时间。

根据《国际货物销售合同公约》及我国《民法典》规定，如果撤回通知先于接受通知或与接受通知同时送达发盘人，接受可以撤回。

接受一旦生效，合同即告成立，当事人就不得撤销接受或修改其内容，否则就是撤销或修改合同。

第二节　国际贸易合同的签订

在国际贸易中，当买卖双方当事人就交易条件进行磋商，达成一致协议后，合同即告成立。合同具有法律效力，任何一方违反合同规定都将承担法律责任。

一、合同成立的时间

《国际货物销售合同公约》规定，接受在送达发盘人时生效。接受生效的时间实际上就是合同成立的时间。

我国《民法典》规定，"承诺生效时合同成立"。"当事人采用合同书形式订立合同的，自当事人均签名、盖章或者按指印时合同成立。""当事人采用信件、数据电文等形式订立合同要求签订确认书的，签订确认书时合同成立。"

例9-2　A公司于2012年3月5日向B公司发出要约，B公司于3月10日向A公司作出承诺并于当日到达，A公司于3月15日在合同上签字后再寄给B公司，B公司于3月20日在合同上盖章，后A、B双方又于3月25日签订了合同确认书。在这个案例中，A、B之间的合同成立时间应为2012年3月25日。

此外，根据我国法律和行政法规规定，应由国家批准的合同，在获得批准时方为合同成立。

二、合同成立的有效条件

交易一方的发盘一经对方有效接受，交易即达成，合同即告成立。但合同是否具有法律效力，还要看其是否具备了一定的条件。一般来说，合同应具备下述条件才算有效成立。

（一）当事人必须有订立合同的能力

在贸易实践中，当事人包括自然人和法人。当事人订立合同，应当具有相应的民事权利能力和民事行为能力。未成年人、精神病患者订立合同必须受到限制。法人必须通过其代理人，在法人的经营范围内签订合同，即越权的合同不发生法律效力。

（二）当事人必须在自愿和真实的基础上达成协议

签订国际货物买卖合同是买卖双方的法律行为，不是单方面的行为，所以只有双方当事人的意思表示一致，合同才能成立。采取欺诈、胁迫手段订立的合同无效。

（三）合同必须有对价或合法的约因

约因（cause）即当事人签订合同的直接目的。对价（consideration）是指双方当事人之间存在相互给付的关系，即双方互为补偿。换句话来说，也就是双方各自都要付出代价。在国际货物买卖合同中，买卖双方当事人所追求的直接目的分别为货物和货款：买方支付货款获得货物，卖方交付货物获得货款。合同只有在有对价或合法的约因时，才是法律上有效的合同。

（四）合同的内容必须合法

许多国家都要求合同内容必须合法，其中包括不得违反法律，不得违反公共秩序或公共政策，以及不得违反善良风俗或道德三个方面。

（五）合同的形式必须符合法律规定

当事人订立合同，有书面形式、口头形式和其他形式。我国法律规定，国际货物买卖合同必须采用书面形式。

三、书面合同的签订

在实际业务中，按照一般习惯做法，买卖双方达成协议后，将各自的权利和义务用书面的形式加以明确的行为，就是所谓的签订合同。

（一）签订书面合同的意义

1. 它是合同成立的证据

合同是否成立，必须要有证明。在用信件、电报或电传磋商时，往来函电就是证明。口头合同成立后，如果不用一定的书面形式加以确定，那么它将由于不能被证明而不能得到法律的保障，甚至在法律上成为无效合同。

2. 它是合同生效的条件

一般情况下，合同的成立是以接受的生效为条件的。但在有些情况下，签订书面合同是合同生效的条件。交易双方如约定以签订一定格式的书面合同为准，则在正式签订书面合同时合同方成立。

3. 它是合同履行的依据

买卖双方不论通过口头谈判，还是信件、电报磋商，在达成交易后，都应将彼此磋商一致的内容全面清楚地列明在一个书面文件上，进一步明确双方的权利和义务，以此作为合同履行的依据。

（二）书面合同的形式

在国际贸易中，书面合同的形式和名称不尽相同，形式很多，均无特定的限制，一般常用的有正式合同、确认书、协议、备忘录等，此外，还有意向书和订单等。

1. 合同和确认书

合同（contract）或称正式合同，其内容比较全面详细，除了包括放在"保险等"之后的品名、规格、数量、包装、价格、装运、支付、保险等外，还包括商检、异议索赔、仲裁和不可抗力等条款。这种合同可分为销售合同（sales contract）和购货合同（purchase contract）两种。

确认书（confirmation）是合同的简化形式，是买卖双方在通过交易磋商达成交易后，寄给对方加以确认的列明达成交易条件的书面证明。确认书也可分为售货确认书（sales confirmation）和购货确认书（purchase confirmation）两种。

合同和确认书在法律上具有同等的效力。

2. 协议

协议或协议书（agreement），在法律上是合同的同义词，只要协议对买卖双方的权利和义务作出明确、具体的规定，一经双方签署确认，即与合同一样对买卖双方具有约束力。

3. 备忘录

备忘录（memorandum）也可作为书面合同的形式之一。它是指买卖双方在磋商过程中，对某些事项达成一定程度的理解、谅解及一致意见，将这种理解、谅解、一致意见以备忘录的形式记录下来。备忘录不具有法律约束力。但如果买卖双方将商定的交易条件明确、具体地在备忘录中一一作了规定，并经双方签字，那么，这种备忘录的性质就与合同无异了。

4. 意向书

意向书是指买卖双方当事人在磋商达成最后协议之前，为达成某种交易的目的，而作出的一种意愿表示，并把设想、意愿、逐步商定的条件以书面形式记录下来，作为今后谈判的参考与依据。它不具有法律效力。

5. 订单和委托订购单

订单（order）是指由进口商或实际买家拟制的货物订购单。委托订购单（indent）是指由代理商或佣金商拟制的代客购买货物的订购单。

（三）书面合同的内容

书面合同的内容一般包括约首、本文和约尾三个部分。

1. 约首

约首是合同的首部，包括合同的名称、合同号码、订约日期、订约地点、买卖双方的名称和地址以及序言等内容。序言主要是写明双方订立合同的意义和执行合同的保证，以及合同对双方都有约束力等。双方的名称应用全称，不能用简称，地址要详细列明，因涉及法律管辖权问题，所以不能随便填写。在我国出口业务中，除在国外签订的合同外，一般都是以我出口公司所在地为签约地址。

2. 本文

合同的主体部分主要规定了双方的权利和义务，包括一系列的交易条款，以确保交易的顺利进行。这些条款包括但不限于商品的名称、品质规格、数量包装、单价和总值，以及交货期限、支付方式、保险责任、检验标准、索赔权益、不可抗力情况下的处理方式以及仲裁条款等。此外，根据具体商品和交易情况的不同，还可能包括保值条款、溢短装条款和合同适用的法律等特殊条款，以确保合同的完整性和适用性。

3. 约尾

约尾是合同的尾部，包括合同文字的效力、份数、订约的时间和地点及生效的时间、附件的效力以及双方签字等，这也是合同不可缺少的重要组成部分。

例 9-3 销售确认书样本如图 9-1 所示。

ABC 进出口公司
ABC IMP AND EXP CORPORATION
销售确认书
SALES CONFIRMATION

To 致：   No. 编号：_____
                    Date 日期：_____

             Address 地址：_____

确认售与你方下列货物，其条款如下：
DEAR SIRS,
WE HEREBY CONFIRM HAVING SOLD TO YOU THE FOLLOWING GOODS ON TERMS AND CONDITIONS AS STATED BELOW:

货号 Article No.	商品 Commodity	规格 Specification	数量 Quantity	单价 Unit Price	金额 Amount

PACKING 包装：
SHIPPING MARKS 唛头：
TIME OF SHIPMENT 装运期限：
PORT OF LOADING 装运口岸：
INSURANCE 保险：
TERMS OF PAYMENT 付款条件：
CLAIMS 索赔：
……

Buyer Signature   Seller Signature
（买方签字）   （卖方签字）
_____   _____

图 9-1 销售确认书

第三节 出口贸易合同的履行

国际货物买卖合同的签订，表达了买卖双方当事人的交易意愿，但是只有履行了合同才能实现各自的经济目的。在国际贸易中，买卖合同一经依法有效成立，有关当事人必须履行合同规定的义务。

履行合同既是经济行为，又是法律行为。我国《民法典》规定："依法成立的合同，对当事人具有法律约束力。"假如一方当事人发生了不属于不可抗力或其他免责范围内的不符合同规定的行为，就构成违约；另一方当事人可以根据不同情况采取合理的补救措施，维护自己的合法权益。

"重合同，守信用"是我国在对外贸易中一贯遵循的原则。遵循这一原则不但关系到实现一份合同的经济目的和效益，更关系到国家的对外信誉。

在履行出口合同的过程中，工作环节多，涉及面较广，手续繁杂，影响履行的因素很多。为了提高履约率，出口企业必须加强同有关部门的协作与配合，力求把各项工作做到精确细致，尽量避免出现脱节情况，以保证合同的顺利履行。

我国出口贸易中，除大宗交易有时采用 FOB 条件外，多数采用 CIF 和 CFR 术语和凭信用证支付方式。以 CIF 术语和信用证结算方式为例，其合同履行一般包括备货、报验、催证、审证、改证、租船订舱、投保、报关、装船、制单结汇、违约索赔、出口退税及外汇核销等环节。其中又以货（备货）、证（催证、审证、改证）、船（租船订舱）、款（制单结汇）四个环节最为重要。

一、备货、报验

（一）备货

备货工作是卖方履行交货义务的物质基础。备货工作的核心任务是出口企业根据合同和信用证的规定，向生产加工部门或供货单位发出货物联系单。在这个过程中，相关部门需要根据联系单的要求，对所需交付的货物进行详细清点、妥善加工整理、正确刷制运输标志，并负责办理货物申报检验和领取相关证书等事宜。在备货工作中，应注意以下几个问题。

（1）货物品质与规格。备货过程中，货物品质和规格必须与出口合同中规定的内容保持一致，并满足商品通常的用途。如果合同中有特定的用途要求，也应予以满足。在必要时，应对货物进行加工整理，以确保其满足合同约定的要求。

（2）货物数量。为确保货物数量满足合同或信用证的规定，备货时应适当留有余地，以应对装运过程中可能发生的货物调换和适应舱容需求。当合同中存在溢短装条款时，备货工作还需考虑满足溢短装的需求。通过充分考虑这些因素，可以保证货物顺利交付并避免可能产生的纠纷。

（3）货物的包装和唛头（运输标志）。按约定的包装条件包装，并要满足保护商品和适应运输的要求，如发现包装不良或破坏，应及时进行修整或调换。在包装的明显部分，应按合同规定的式样刷制唛头。如果合同和信用证未提及包装标志要求，则按卖方提供的运输标志来刷制。

（4）备货时间。应根据信用证规定，结合船期安排，以利于船货衔接。

（5）拥有货物的所有权。卖方对所出售的货物要有完全的所有权，并不得侵犯他人权利。《国际货物销售合同公约》规定：卖方所交付的货物，必须是第三方不能根据工业产权或其他知识产权主张任何权利或要求的货物。我国企业在出口业务中，除应注意自己产品不得侵犯他人知识产权外，也应重视对自有知识产权的保护，做好境外商标注册工作。

（二）报验

凡属国家规定必须强制检验的商品，或合同、信用证规定必须经国家出入境检验检疫局检验出证的商品，在备货完毕装船前，应及时向商检机构申请检验，只有取得商检机构签发的合格的检验证书，海关才准放行。凡经检验不合格的货物，一律不得出口。

凡需要法定检验出口的货物，应填制出口检验申请单，向商检机构办理报验手续。出口检验申请单的内容一般包括品名、规格、数量（或重量）、包装、产地等项。申请单还应附上合同、信用证副本等有关单据，供商检机构检验和发证时参考。

货物经检验合格，即由商检机构发给检验证书，出口企业应在检验证书规定的有效期内将货物出运。如超过有效期装运出口，应向商检机构申请展期，并由商检机构进行复验合格后才能出口。

二、催证、审证和改证

在履行以信用证付款的合同时，落实信用证是不可缺少的一环。落实信用证通常包括催证、审证和改证等项内容，其中审证尤为关键。

（一）催证

在信用证结算方式下，买方按合同规定按时开立信用证是卖方履约的前提。但在实际业务中，由于种种原因，买方往往会拖延开证。对此，我们应催促对方迅速办理开证手续。

催开信用证不是履约时必做的工作，通常在下列几种情况下须催证。

（1）当买方遇到国际市场变化对其不利的情况，或资金发生短缺时，往往拖延开证和不开证。

（2）大宗商品交易。

（3）按买方要求特制的商品交易。

（4）卖方根据货源和运输情况需提前交货。

（5）合同规定的装运期较长，而买方应在装运期前一定时日开证的。我方在通知对方预计装运日期的同时，催请对方开证。

一般来说，卖方可通过函电或其他方式催促买方迅速开出信用证，必要时，可请我驻外商务机构或银行协助代为催证。

（二）审证

信用证作为国际贸易支付的一种重要方式，其开立是依据合同条款进行的。理论上，信用证的内容应当与合同中的条款保持一致。然而，在实际操作过程中，由于各种可能的因素，如工作疏忽、电文传递过程中的错误，或者由于不同贸易习惯造成的理解差异等，可能会出现信用证条款与合同规定不符的情况。为了确保我方的收汇安全，保证合同的顺利执行，对于来自国外的信用证，我们应当进行认真的核对和审查工作，以确保其与合同内容保持一致，避免可能由此引发的纠纷和风险。

出口企业审核信用证条款的依据是双方签订的买卖合同，同时还需结合《跟单信用证统一惯例》（UCP600）的解释和相关规定。

在实际业务中，通常是由银行和出口企业共同承担审证任务。

1. 银行着重审核的内容

银行着重审核开证行的政治背景、资信能力、付款责任和索汇路线等方面的内容。

（1）从政策上审核。来证国家必须是与我国有经济贸易往来的国家和地区。来证各项内容应符合我国的政治与经济方针政策，不得有歧视性内容。

（2）对开证行资信的审核。为保证安全收汇，对开证行所在的政治经济情况、开证行的资信情况以及经营作风等必须进行审查。

（3）对信用证的性质和开证行付款责任的审核。来证不应标明"可撤销"的字样，同时在证内应载有开证行保证付款的文句。不得在开证行付款责任方面加列有"限制性"条款或其他"保留"条件的条款。

2. 卖方审核的内容与重点

出口企业着重审核信用证内容与买卖合同是否一致。

（1）对信用证金额与货币的审查。信用证金额应与合同金额相一致。如合同订有溢短装条款，信用证金额应包括溢短装部分的金额。信用证金额中单价与总值要填写正确，大、小写并用，两者内容一致。来证所采用的货币应与合同规定相一致。如来自与我国订有支付协定的国家，使用货币应与支付协定规定相符。

（2）对信用证有关货物记载的审核。来证对有关商品品名、数量、规格、包装、单价等内容的记载必须与合同规定相符，特别是要注意有无另外的特殊条件。另外，还应注意装运期、装卸港口、运输方式、可否分批装运和转船等内容的审查。

（3）对单据的审核。对于来证中要求提供的单据种类和份数及填制方法等，要进行仔细审核。要注意单据由谁出具，能否出具，是否与合同一致，有无前后矛盾等。如发现有不正常的规定，例如要求商业发票或产地证明须由国外第三者签证，以及提单上的目的港后面加上"指定码头"等字样，都应慎重对待。

（4）对信用证有关时间说明的审核。主要包括以下几个方面：

装运期：这是货物运输的时间节点，必须与合同规定的时间一致。如果信用证规定的装运期太晚，导致无法按期装运，应及时联系国外开证人，申请延展装运期限。

有效期：信用证的有效期应该与装运期有一定的间隔，以便在货物装运后有足够的时间办理制单结汇工作。如果信用证的有效期与装运期规定在同一天，这种情况被称为"双到期"，是否需要就此提出修改，应根据具体情况来决定。

到期地点：通常，信用证的到期地点要求在中国境内。如果信用证规定的到期地点在国外，由于我们难以掌握国外银行收到单据的确切日期，这不仅会影响收汇时间，而且容易引发纠纷，因此一般不宜接受。

交单期：按照惯例，所有的信用证都必须规定一个交单付款、承兑或议付的到期日。如果信用证中没有明确规定交单期，那么通常规定为货物装运后的 21 天，但必须是在信用证的有效期内。未规定到期日的信用证是无法使用的。在信用证中，规定的到期日通常是指受益人最迟向出口地银行交单议付的日期。

（5）对其他特殊条款的审查。在审证时，除对上述内容进行仔细审核外，有时信用证内加列许多特殊条款（special condition），如指定船籍、船龄等条款，或不准在某个港口转船等，一般不应轻易接受，但若对我方无关紧要，而且也可办到，则可酌情灵活掌握。

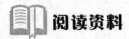 **阅读资料**

警惕软条款信用证

信用证软条款又称软条款信用证，是指不可撤销信用证中规定有信用证附条件生效的条款，或者规定要求信用证受益人提交某些难以取得的单证，使受益人处于不利和被动地位，导致受益人履约和结汇存在风险隐患的条款。信用证出现软条款的后果是信用证的支付被申请人或开证行单方面所控制，使得作为出口方的受益人收取货款的权益无法得到保障。软条款的隐蔽性很大，一般不易引起受益人的警觉，因而常常被不法商人用作诈欺、违约、拒付的有效法律手段和工具。

常见的信用证软条款有以下几种。

（1）规定信用证暂时不生效，开证行另行指示或通知后方能生效。

（2）信用证规定必须在货物抵达目的港经买方检验合格后方才付款。

（3）信用证规定某些单据必须由指定人签署方能议付。

（4）无明确的保证付款条款，或对银行的付款、承兑行为规定了若干前提条件。

（5）有关运输事项如船名、装船日期、装卸港等须以开证申请人修改后的通知为准。

（6）设置不易被察觉的陷阱，使卖方难以取得合格的单据，从而保留拒付的权利。例如在海运单据中规定将内陆城市确定为装运港。

（7）信用证前后条款互相矛盾，受益人无论如何也做不到单单一致。

资料来源：徐冬根．信用证软条款问题研究［J］．政治与法律，2004（1）：8。

（三）改证

在审证过程中如发现信用证内容与合同规定不符，应区别问题的性质，分别会同有关部门研究，作出妥善的处理。

开证申请人和受益人都有权提出修改信用证的申请。如由受益人提出，则先需征得开证申请人的同意。改证的申请一般由申请人提出，经开证行同意后，由开证行以修改通知书或电讯的方式告知通知行，再由通知行转告受益人。经各方同意接受修改书后，修改方为有效。在改证过程中，需注意以下几个方面的问题。

（1）掌握好改与不改的界限。对来证不符合合同规定的各种情况，凡可以变通处理且不是非改不可的，只要来证内容不违反政策原则，不影响安全收汇，不增加我方费用，则可不改，按信用证要求办理即可。

（2）未经开证行、保兑行（如有的话）及受益人的同意，不可撤销信用证既不能修改也不能撤销。

（3）凡需要修改的各项内容，应做到一次向国外客户提出，尽量避免由于我们考虑不周而多次提出修改要求。否则，不仅增加双方的手续和费用，而且可能会造成不良的对外影响。

（4）开证行的改证通知书仍须通过原通知行转递，以保真实。

（5）UCP600 的规定，对信用证的修改通知作出了一系列详细的规定，旨在确保贸易双方在信用证修改过程中的权益得到保障。在受益人向通知修改的银行表示接受该修改内容之前，原信用证（包括先前已被接受修改的信用证）的条款和条件对受益人仍然有效。这意味着，受益人在此期间仍需遵守原信用证的条款，直至其表示接受修改。受益人应对信用证的修改内容作出接受或拒绝的通知。如果受益人未能给予通知，将会对后续的交单和付款产生影响。如果受益人未能给予通知，当交单与信用证以及尚未表示接受的修改的要求一致时，即视为受益人已作出接受修改的通知。

（6）对一项修改的部分接受是不允许的，它将被视为拒绝修改的通知。即对于改证通知书的内容，要么全部接受，要么全部拒绝，不能只接受其中的一部分，而拒绝另一部分。如发现其中一部分不能接受，则应把改证通知书退回，待全部改妥后才能接受。

总之，对国外来证的审核和修改，是保证顺利履行合同和安全迅速收汇的重要前提，我们必须给予足够的重视，认真做好审证工作。

三、租船、订舱和装运

在 CIF 或 CFR 条件下，租船订舱是卖方的主要职责之一。如大宗货物出口，则要对外办理租船手续；如出口货物数量不大，无须整船装运，可由货运代理公司（简称货代）代为洽订班轮或租订部分舱位运输。租船订舱的简单程序如图 9-2 所示。

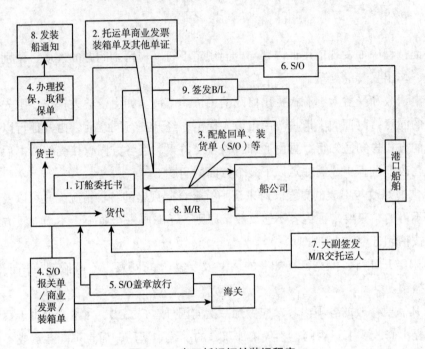

图 9-2　出口托运订舱装运程序

注：1. 出口公司委托货代公司办理托运手续，提交出口货运代理委托书。托运单（shipping note），亦称"订舱委托书"，是订舱的依据。

2. 货代公司收到货运代理委托书后，缮制订舱单，向船公司或其代理洽订舱位。

3. 船公司或其代理收到货代的托运单后，审核托运单，确定装运船舶后，抽取其所需各联，在托运单中的装货单（shipping order，S/O）一联上盖好签单章，连同其余各联退回货代公司。此时，承、托运双方之间的运输合同即告成立。

4. 准备装运前，托运人须先向海关办理出口报关手续，装货单是报关时必须向海关提交的单据之一。

5. 海关根据规定对出口货物进行查验，如同意出口，则在 S/O 上盖放行章，并将 S/O 退还给托运人。

6. 托运人持海关盖章的由船公司签署的 S/O 要求船长发货。

7. 货物经海关查验放行后，船公司凭加盖了放行章的装货单将货物装船。货物装船以后，船长或大副应签发收货单（又称大副收据，mate's receipt，M/R），作为货已装妥的临时收据。

8. 货物装运后，出口方应立即向国外买方发出装船通知，以便于买方做好收货的准备。

9. 托运人凭大副收据向船公司或其代理人交付运费并换取正式提单（B/L），如收货单上有大副批注，换取提单时应将大副批注转注在提单上。运输单据的签发日期不得迟于信用证或合同规定的最迟装运期。

四、投保

在 CIF 价格成交的出口合同中，卖方需要按照合同和信用证的相关规定，及时向保险公司办理投保手续。这个过程需要填写一份详细的投保单，以确保货物在运输过程中的安全。以下是投保手续中需要填写的主要信息：货物名称、投保金额、运输路线、运输工具、开航日期和投保险别等。

五、报关

出口货物在装运前，货物的发货人或其代理人须向海关办理报关手续，只有经过海关查验放行后，货物才能装运出口。

报关工作的程序为：出口申报→查验货物→办理征税→结关放行。

（一）出口申报

在货物出口时，发货人或其代理人需要在海关规定的期限内，按照海关规定的格式填写出口货物报关单。报关单是海关对出口货物进行监管的重要依据，因此要求准确、详细地填写。

发货人或代理人除了填写报关单外，还需要提供相关货运、商业单据，以及批准货物出口的证件。这些文件有助于海关了解货物的具体情况，以便于监管和征税。

报关分为自理报关和代理报关两种类型。自理报关是指进出口货物收发货人自行办理报关业务；代理报关则是由专业报关行、货运代理公司等接受收发货人的委托，代为办理报关手续。

根据《中华人民共和国海关法》规定，出口货物的发货人除海关特准的外，应在货物运抵海关监管区后、装货的 24 小时以前向海关申报。

出口报关时应提交的单证有：出口货物报关单、出口合同、商业发票、装箱单（大宗散装货物不需要）、装货单（S/O）、出口收汇核销单等。此外，对于国家有关法律法规规定实行特殊管理的商品，还须提交出口货物许可证、商品检验证书等。

申报的方式：办理出口货物的海关申报手续，应当采用纸质报关单和电子数据两种形式。两种形式均为法定申报，具有相同的法律效力。

（二）查验货物

海关查验是指海关接受出口申报后，以出口货物报关单和其他报关单证为依据，对出口货物进行实际的核对和检查。查验的目的是核对报关单证所报内容与实际发货是否相符，有无错报、漏报、瞒报、伪报等情况，审查货物的出口是否合法。

海关查验货物，应在海关规定的时间和场所进行。如有特殊理由，事先报经海关同意，海关可以派人员在规定的时间和场所以外查验。

海关查验货物时，要求货物的发货人或其代理人必须到场，并按海关的要求负责办理货物的搬移、拆装箱和查验货物的包装等工作。海关认为必要时，可以径行开验、复验或者提取货样，货物保管人应当到场作为见证人。

（三）办理征税

出口征税是海关根据国家的有关政策、法规对出口货物征收关税。目前世界上许多国家为了鼓励本国商品的出口，一般对出口商品不征出口关税。对少数因种种原因限制出口的商品，海关需要征收出口税。我国出口货物以海关审定的售与境外的 FOB 价，扣除出口关税后作为完税价格。出口关税税额的计算公式为：

$$应征出口关税税额 = 出口货物的完税价格 \times 出口关税税率$$

其中，

$$出口货物的完税价格 = FOB 价 / （1 + 出口关税税率）$$

（四）结关放行

放行是海关监管现场作业的最后一道程序，涉及货物能否顺利出口。海关在此环节对出口货物的报关单据、实际货物进行审核和查验，确保依法办理征收货物税费手续或减免税手续。海关在出口货物的报关过程中，需要对报关单据进行审核，以核实货物的信息、数量、价格等是否与实际情况相符。此外，海关还会对实际货物进行查验，确保货物的性质、用途、数量等与报关单据一致。根据报关单据和货物实际情况，海关会依法办理征收货物税费手续或减免税手续。在办理过程中，海关会对相关单据进行签盖放行章，以示货物已通过海关监管。在货物放行后，海关会在出口货物收汇核销单上加盖验讫章，并退还给报关员。出口企业凭此单据到外汇管理局办理出口收汇核销手续，完成整个出口流程。

综上所述，在出口合同履行过程中，货、证、船的衔接是一项极其细致而复杂的工作。因此，出口企业在履行出口合同的过程中，必须加强对出口合同的科学管理，采取合理措施，做好"四排队""三平衡"的工作。"四排队"是指以买卖合同为对象，根据信用证是否开到、货源能否落实，进行分析排队。可以排出四种类型：一是有证有货；二是有证无货；三是无证有货；四是无证无货。通过"四排"，及时发现问题，及时解决。

"三平衡"是指以信用证为对象，根据信用证规定的货物装船期和信用的有效期远近，结合货源和运输能力的具体情况，分清轻重缓急，力求做到证、货、船三方面的衔接和平衡，防止出现有货无船、有船无货、拖延装运、错过信用证有效期等脱节现象。

六、制单结汇

出口货物装运之后，出口企业应按照信用证的规定，正确缮制各种单据，并在信用证规定的有效期和交单期内，递交银行办理议付结汇手续。

（一）正确缮制单据

银行处理信用证业务时，只凭单据，银行只审查受益人所提交的单据是否符合信用证条款，以决定其是否履行付款责任。银行是按严格相符的原则来办事的。因此，在制单过程中，出口企业应切实做到"单证相符""单单相符"和"单货相符"，以利于及时、安全收汇。

出口单据必须符合"正确、完整、及时、简明、整洁"的要求。

（1）正确。出口单据内容需正确，既要满足信用证的要求，也要真实反映货物的实际情况。此外，各单据的内容应相互一致，避免出现矛盾。

（2）完整。出口单据应完整地包含信用证所规定的各项内容，单据份数应符合信用证的规定，单据本身的内容也应完备，避免出现项目短缺的情况。

（3）及时。出口单据的制作需及时完成，以免错过交单日期或信用证的有效期。这有助于保证出口业务的顺利进行，避免造成不必要的损失。

（4）简明。出口单据的内容应按照信用证要求和国际惯例填写，力求简明扼要，避免添加不必要的附加内容。这有助于提高单据的清晰度和可读性，便于相关方理解和操作。

（5）整洁。出口单据的布局应美观大方，缮写或打印的字迹要清楚醒目。特别是金额、件数和重量等内容，不宜随意更改。

（二）出口常用的单据

出口常用的单据主要有汇票、发票、海运提单、保险单、包装单据、原产地证明书、检验证书等。

1. 汇票

汇票（draft，bill of exchange）是在各种结汇方式中都经常使用的主要单据之一。为了防止遗失，汇票一般开具一式两份，两份具有同等效力。但付款人只付一次，其中一份付讫，另一份即自动失效。银行在传递单据时，一般将两张正本汇票分开邮寄，以免丢失。在即期信用证项下，汇票的有无一般不会影响付款的进行，而远期付款的交易则必须有汇票。缮制汇票时应注意以下问题。

（1）出票条款。在信用证方式下，其内容包括开证行名称、信用证号码和开证日期。托收方式下，则应注明有关买卖合同的号码。

（2）汇票金额和币别。汇票金额和币别应与发票相符，且大小写金额必须一致，不得涂改，不允许更改后加盖校验章，否则无效。

（3）付款人的名称。信用证方式下，汇票的付款人填写信用证中指定的付款人；若来证中未指定付款人，应填写开证行。在托收方式下，一般填写国外的进口商。

（4）收款人的名称。汇票的收款人应为银行。信用证方式下，汇票的收款人一般填写议付行或凭议付行指定。托收项下的收款人一般应为托收行。我国实践中，在信用证或托收方式下，对外签发的汇票均应做成指示性抬头，如 "Pay to the order of Bank of China"。

（5）出票人的名称。信用证业务中，出票人必须为信用证的受益人，在可转让信用证中，有可能为第二受益人。在托收方式下，则一般为合同的出口方。出票人应署企业全称和负责人的签字或盖章（实际业务中，通常是企业的英文全称条形章和法人代表的签章）。

2. 发票

发票通常指的就是商业发票，但在实际中根据其不同的用途，还有许多其他种类。

（1）商业发票（commercial invoice）。商业发票简称发票，它是出口商开立的发货价目清单，是装运货物的总说明，它全面反映了合同的内容。在结算的所有单据中，发票是中心单据。它是买卖双方交接货物、结算货款、记账、报关和纳税的主要单证。

发票的内容及缮制时应注意的事项如下。

①发票抬头人（收货人）。发票必须以信用证开证申请人的名称为抬头（可转让信用证除外）。如果信用证上有指定抬头人，则按来证规定制单。托收方式下，抬头人一般为国外进口商。

②发票号码、发票日期、合同号码。发票号码由出口商统一编制。发票出单日期不能迟于信用证最迟交单日期和有效日期，但可早于信用证开证日期。合同号与信用证上列明的应一致，一笔交易有几份合同的，几份合同的合同号码都应打在发票上。

③货物名称、规格、数量、包装。这些有关货物描述的内容必须与信用证要求完全相符，不能有任何遗漏或改动。

④单价和总值。商业发票上应标明单价和总值。单价、数量和总值三者之间不能相互矛盾。商业发票中的货币与信用证的货币相同。除非信用证另有规定，银行可拒绝接受金额超过信用证所允许的金额的商业发票。

⑤发票上加注各种说明（证明）。国外来证有时要求在发票上加注各种费用金额、特定号码、有关证明句，一般可将这些内容打在发票商品栏以下的空白处。

（2）海关发票（customs invoice/certified invoice）。在国际贸易中，有些进口国家要求国外出口商按进口国海关规定的格式填写海关发票，作为估价完税、征收差别待遇关税、征收反倾销税和编制统计资料的依据。填写海关发票时，必须格外注意下列事项。

①各国（地区）使用的海关发票，都有其特定的格式，不得混用。

②凡海关发票与商业发票上共有的项目和内容，必须一致，不得互相矛盾。

③对"出口国国内市场价格"一栏，应以出口国货币填写，且不能低于 FOB 价格，否则有可能成为进口国海关征收反倾销税的重要依据。如果成交价为 CIF 价格，应分别列明 FOB 价、运费和保险费，三者之和应与 CIF 价相等。

④海关发票的签字人和证明人不能为同一个人，他们均以个人身份签字，而且必须手签才有效。

（3）领事发票（consular invoice）。有些进口国家，如菲律宾、拉丁美洲国家等，要求国外出口商必须向该国海关提供该国领事签证的发票，其作用与海关发票基本相似。各国领事签发领事发票时，均需收取一定的领事签证费。有些国家规定了领事发票的特定格式，有些国家规定可在出口商的发票上由该国领事签证。

（4）厂商发票（manufacturer's invoice）。厂商发票是出口货物的制造厂商出具的以本国货币计价，用来证明出口国国内市场的出厂价格的发票。要求提供厂商发票的目的是供进口国海关估价、核税以及征收反倾销税之用。如果国外来证要求提供厂商发票，应参照海关发票有关国内价格的填写办法处理。

3. 海运提单

海运提单（ocean bill of lading）是船方或其代理人在收到其承运的货物时出具给托运人的货物收据，也是承运人与托运人之间的运输契约的证明，提单还代表所载货物的所有权，是一种具有物权特性的凭证。

各船公司的提单格式各不相同，但其内容大同小异，其中包括承运人，托运人，收货人通知人的名称，船名，装卸港名称，有关货物和运费的记载以及签发提单的日期、地点及份数等。

（1）托运人。托运人一般为信用证的受益人。除非信用证另有规定，也可以是可转让信用证的第二受益人，还可以是以第三者名义为托运人。

（2）收货人（抬头）。应严格按照信用证的规定填写。实际业务中，绝大多数都做成"凭指示"（to order）或"凭托运人指示"（to order of shipper）。这种提单必须经背书，方可流通转让。

（3）被通知人。一般为货物的进口商及其代理人。被通知人的名称、地址必须详细。

（4）提单的包装件数、种类与货物的描述。包装件数和种类按实际情况填写，包装件数须用大小写同时表示；货物描述可用商品统称或总称，不必列出详细规格，但不能与其他单据上的描述相矛盾。

（5）提单上的运费项目。如果以 CIF、CFR 术语成交，应注明"运费已付"（freight prepaid）；如以 FOB 术语成交，则应注明"运费到付"（freight collect）或"运费未付"（freight unpaid）。除非信用证另有规定，提单上不必列出运费的具体金额。

（6）提单的签发份数。按信用证规定的份数签发提单，用大写英文填制。如"三份"（THREE）。如果信用证只规定"全套"（full set），可按习惯填制一式二份或一式三份正本提单。

（7）提单日期及签发地点。已装船提单的签发日期即为装船完毕的日期。提单日期不应迟于信用证规定的最迟装运日。签发地点应按实际装运地点填写。

（8）提单的签署人。按 UCP600 规定，提单表面上须注明承运人名称，并由承运人或其具名代理、船长或其具名代理签署。签署人须表明其身份，若为代理签署，须表明被代理一方的名称和身份。

4. 保险单

按 CIF 条件成交时，出口商应代为投保并提供保险单（insurance policy），保险单的内容应与有关单证的内容相符。

（1）被保险人。一般应是信用证上的受益人，并加空白背书，以便办理保险单的转让。

（2）保险险别与保险金额应与信用证的规定相符。若来证对投保加成比例没有规定，按惯例，投保金额不应低于货物的 CIF 或 CIP 价格的 110%。投保金额保留整数，小数点后零以上的数字都必须进位。如 USD 100.01，应写成 USD 101。

（3）保险单上的船名、装运港和目的港、大约开航日期以及有关货物的记载应与提单内容相符。

（4）保险单的签发日期不得晚于提单日期。

5. 包装单据

包装单据（packing documents）是指一切记载或描述商品包装情况的单据，是商业发票的补充，也是货运单据中的一项重要单据。不同商品有不同的包装单据，常用的有以下几种。

（1）装箱单（packing list/packing slip），又称包装单，是商业发票的补充，是表明出口货物的包装形式、包装内容、数量、重量、体积或件数的单据。一般作为海关验货、公证行核对、进口商提货点数的凭证。装箱单无固定的格式。

（2）重量单（weight list/weight note），又称磅码单或码单，是用于以重量计量、计价的商品清单。一般尽量详细地列明每件商品的毛重、净重及总毛重、总净重等。凡是提供重量单的商品，一般不再提供装箱单。

（3）尺码单（measurement list），偏重于说明每件货物的尺码和总尺码。供买方和承运人了解货物的尺码，以便合理运输、储存货物及计算运费。

6. 原产地证明书

原产地证明书（certificate of origin）是一种证明货物原产地或制造地的证明文件。有些不使用海关发票或领事发票的国家，要求出口商提供产地证明书，以便确定对进口货物应征收的税率。

在我国实践中，常见的产地证有普通产地证、普惠制产地证等。

（1）普通产地证（general certificate of origin，C/O）。又称原产地证书，是证明本批出口商品的生产地，并符合《中华人民共和国出口货物原产地规则》的一种文件。一般由出口地的公证行或工商团体签发。在我国，通常由中国出入境检验检疫局（CIQ）或中国贸促会（CCPIT）签发。

（2）普惠制产地证（generalized system of preferences certificate of origin，GSP）。是根据发达国家给予发展中国家的普遍优惠制待遇，签发的一种优惠性产地证。凡是对给予我国以该种优惠待遇的国家出口的受惠商品，须提供这种产地证，作为进口国海关减免关税的依据。其书面格式名称为"格式 A"（FORM A 或 GSP FORM A），证书颜色为绿色。该证由我国出入境检验检疫局签发。

（3）输欧盟纺织产地证。对欧盟国家出口纺织品时，信用证通常都要求提供这种特殊的原产地证明书。该产地证在我国是由出口地省级外经贸委（厅）签发的。

此外，还有一些区域性经济集团互惠原产地证明书。区域优惠原产地证明书具有法律效力，是协定成员之间就特定产品享受互惠减免关税待遇的官方凭证。目前主要有中国 – 东盟自由贸易区优惠原产地证明书（FORM E）、《亚太贸易协定》原产地证明书（FORM B）、中国与巴基斯坦自由贸易区优惠原产地证明书（FORM P）、中国 – 智利自由贸易区优惠原产地证明书（FORM F）等。它们由商检局或贸促会签发。

7. 检验证书

检验证书（inspection certificate）是检验机构对进出口商品进行检验、鉴定后签发的书面证明文件。在我国这类证书一般由国家出入境检验检疫局出具。此外，在交易中如果买卖双方约定由生产单位或使用单位出具检验证明，则该证明也可起到检验证书的作用。

检验证书包括品质检验证书、重量检验证书、数量检验证书、兽医检验证书、卫生检验证书、价值检验证书和残损检验证书等。提供何种检验证书，应事先在检验条款中作出明确规定。

除上述几种常见的单据外，有些信用证条款还可能提出其他一些单证要求。这些单证，有的是出口人自己制作的，有的是其他单位应出口人要求而出具的。如受益人证明书、装船通知副本、船籍证明、邮局收据等。

（三）交单结汇

出口企业按信用证要求缮制好各种单据后，需在信用证的有效期和规定的交单期限内向指定的银行提交这些单据。这些单据经银行审核无误后，根据信用证规定的付款条件，由银行办理出口结汇。

1. 我国出口结汇的做法

在信用证方式下，目前我国出口结汇的做法有三种：收妥结汇、押汇、定期结汇。

（1）收妥结汇，又称收妥付款，是指议付行收到出口企业的出口单据后，经审查无误，将单据寄交国外付款行索取货款的做法。待收到付款行将货款拨入议付行账户的贷记通知书时，才按当日外汇牌价折合成人民币拨给出口企业。

（2）押汇，又称买单结汇，是指议付行在审单无误情况下，按信用证条款买入受益人的汇票和单据，从票面金额中扣除从议付日到估计收到票款之日的利息，将余款按议付日外汇牌价折合成人民币拨给出口企业。这种做法有利于出口企业的资金融通。

（3）定期结汇，是指议付行根据向国外付款行索偿所需时间，预先确定一个固定的结汇期限，并与企业约定该期限到期后，无论是否已收到国外付款行的货款，都将主动将票款金额折合成人民币拨交出口企业。

2. 单证不符的处理办法

信用证业务是纯粹单据业务，要求受益人为安全收汇，应保证做到单单相符、单证相符。然而，在实践中，常常会由种种原因造成单据不符。这就要求出口企业在信用证规定的交单期内及时重新补制或修改单据，使之符合信用证要求。如受益人因时间条件的限制，无法在规定期限内更正，则可根据实际情况灵活处理。

（1）凭保议付。由受益人出具保证书承认单据瑕疵，声明如开证行拒付，由受益人偿还议付行所垫付款项和费用，同时电请开证人授权开证行付款。

（2）表提。议付行把不符点开列在寄单函上，征求开证行意见，由开证行接洽申请人是否同意付款。接到肯定答复后，议付行即行议付。如申请人不予接受，开证行退单，议付行照样退单给受益人。

（3）电提。在单证不符较为复杂的情况下，议付行暂不向开证行寄单，而是用电报或电传通知开证行单据不符点。如开证行同意付款，再行议付并寄单；若不同意，受益人可及早收回单据，设法改正。

（4）跟证托收。单据有严重不符点，或信用证有效期已过，已无法利用手上的信用证，只能委托银行在向开证行寄单函中注明"信用证项下单据作托收处理"。由于开证行不接受不符的单据实质是开证人拒绝接受，故跟证托收往往也会遭到拒付，所以不宜轻易使用。

需要注意的是，在信用证方式下，出口企业提交的单据除了要做到单证一致，单单一致，还需做到所交货物与合同一致，货物与单据一致。这样才不会在顺利结汇的同时，因违约而遭到买方的索赔。

七、出口收汇核销和出口退税

根据国家有关规定，出口企业在制单结汇后，应及时办理出口收汇核算和出口退税手续。

（一）出口收汇核销

出口收汇核销是指对每笔出口收汇进行跟踪管理，直到收回外汇为止。

出口企业办理出口收汇核销时，应该领取出口收汇核销单。出口收汇核销单是指由外汇局制发，出口单位凭以向海关出口报关、向外汇指定银行办理出口收汇、向外汇局办理出口收汇核销、向税务机关办理出口退税申报的有统一编号及使用期限的凭证。核销单是出口收汇管理的核心单据。有关国家职能管理部门（外汇管理局、银行、税务、海关等）依据核销单对贸易项下收汇进行跟踪管理，以核销单上显示的出口货物价值为标准，核对是否有对应的外汇收入，审核贸易的真实性，防止外汇流失，防止出口单位高报出口价格骗税的行为。

出口收汇核销的操作步骤如下。

（1）开户：出口单位初次申领出口收汇核销单前，应当凭相关材料到外汇管理局办理登记手续。

（2）领单：出口单位在开展具体出口业务前，凭单位介绍信、出口开户单位印鉴卡领取核销单。自领单之日起两个月以内报关有效，填写内容应与出口货物报关单上记载的有关内容一致。出口单位应当在失效之日起一个月内将未用的核销单退回外汇管理局注销。

（3）备案：出口企业进入"电子口岸"，在网上对核销单的编号及有关内容向口岸海关进行报告备案。

（4）报关：出口单位持在有效期内、加盖出口单位公章的核销单和相关单据办理报关手续。货物实际离境后，海关在核销单的"海关签注栏"签注意见并加盖验讫章。

（5）送交存根：出口单位办理报关后，应当自报关之日起60天内，凭核销单及海关出具的贴有防伪标签、加盖海关"验讫章"的出口报关单、外贸发票到外汇管理局办理送交存根手续。

（6）核销：出口单位应当在收到外汇之日起30天内凭核销单和"两票两单"［银行出具的"出口收汇核销专用联"（水单）、报关单、出口发票、进货增值税专用发票］到外汇管理局办理出口收汇核销。

（7）退赔：若出口项下发生退赔，出口单位应向外汇管理局提供有关凭证，外汇管理局审核退赔外汇的真实性，审核无误后，出具"已冲减出口收汇核销证明"。银行凭此证明为出口单位办理退赔外汇的售付。

（二）出口退税

出口退税是一个国家或地区对已报关离境的出口货物，由税务机关将其出口前在生产和流通各环节中已经缴纳的国内增值税或消费税等间接税税款退还给出口企业的一项税收制度。出口退税使本国产品以不含税价格进入国际市场，与国外产品在同等条件下进行竞争，从而增强竞争力，扩大出口创汇。

1. 出口退税的基本条件

申请办理出口退税的商品必须是报关离境的出口货物；必须是财务上作出口销售处理的货物；必须是属于增值税、消费征税范围的货物；必须是已收汇并经核销的货物。

2. 退税需提交的单据

（1）税收（出口货物）专用缴款书和税收出口货物完税分割单。

（2）增值税专用发票（税额抵扣联）。

（3）出口货物外销发票和出口货物销售明细账。

（4）出口收汇核销单（出口退税联）。

（5）中华人民共和国海关出口货物报关单（出口退税专用联）。

（6）出口货物退税汇总申报表、出口退税进货凭证申报明细表、出口货物退税申报明细表。

（7）税务机关要求报送的与出口退税有关的其他材料。

3. 退税程序

出口企业办理出口退税，应当先办理出口退税登记。持出口经营权批件（复印件）和工商营业执照（副本），于批准之日起 30 日内到当地主管退税业务的税务机关办理退税登记。

出口企业必须在货物报关出口之日起 90 天内办理出口退税申报手续，逾期将不予退税。出口企业设专职或兼职办理出口退税人员，按月填报出口货物退（免）税申请书，并提供有关凭证，先报外经贸主管部门稽查签章后，再报国税局进出口税收管理分局办理退税。目前，出口报关单、出口收汇核销单、出口税收缴款书已经全国联网，缺一不可。

税务机关在完成审核、批准，安排退税资金的有关工作后，将出口退税资金划转至出口企业的账下，并通知企业退税款到账时间。

另出口企业在办理出口退税时，应注意以下四个时限规定：

一是"30 天"。外贸企业购进出口货物后，应及时向供货企业索取增值税专用发票或普通发票，属于防伪税控的增值税发票，必须在开票之日起 30 天内办理认证手续。

二是"90 天"。外贸企业必须在货物报关出口之日起 90 天内办理出口退税申报手续，生产企业必须在货物报关出口之日起 3 个月内的免、抵、退税申报期内办理免抵税申报手续。

三是"180 天"。出口企业必须在货物报关出口之日起 180 天内，向所在地主管退税部门提供出口收汇核销单（远期收汇除外）。

四是"3 个月"。出口企业出口货物纸质退税凭证丢失或内容填写有误，按有关规定可以补办或更改的，出口企业可在申报期限内向退税部门提出延期办理出口货物退（免）税申报的申请，经批准后，可延期 3 个月申报。

八、索赔和理赔

在出口合同的履约过程中，一方当事人不履行或不完全履行合同义务而导致另一方受到损害时，受损害的一方有权按合同规定向对方提出索赔。一旦发生索赔事故，首先要弄清事实，在分清责任的前提下，才能向有关责任方提出索赔的要求。

如果国外买方未按合同规定开立信用证，或无理拒收货物、拒绝接受符合合同规定的单据、不支付货款，或不完全按照合同的规定支付货款、收取货物等，致使我方遭受损失，我们应根据不同对象、不同情况及损失程度，有理有据地及时向对方提出索赔，以维护我方的正当权益。

当我方交货的品质、数量、包装不符合约定的条件，或我方未按时装运，致使外商遭受损失而向我方提出索赔时，我方应会同生产部门和运输部门，认真做好调查研究，查清货物发生损失的情况、环节、原因，确定责任，酌情作出适当的处理。如属承运人或保险公司责任范围，应交由他们处理；如确属我方责任，我们应实事求是地给予对方合理的赔偿；如属外商不合理的要求，我们必须以理拒赔。

第四节　进口贸易合同的履行

我国进口业务中大多以 FOB 术语成交，以信用证方式结算。在 FOB 合同下，买方履行合同的一般程序是：开立信用证；租船订舱，接运货物；办理货运保险；审单和付汇；报关提货；验收与拨交货物；进口索赔。

一、信用证的开立和修改

买方开立信用证是履行合同的前提条件。因此，进口合同签订后，我国进口企业应按合同规定向经营外汇业务的银行及时办理开证申请手续。开证时需注意以下几点。

（1）开证申请书是开证银行开立信用证的依据，开证人应保证开证申请书内容完整、明确，做到"证同一致"。开证申请书以对外签订的正本合同为依据，对于应在信用证中明确的合同中的贸易条件，必须具体列明，不能使用"参阅××号合同"这样的表述方式，也不能将有关合同附件附在信用证后面。

（2）信用证的条件必须单据化。信用证方式下，银行处理的是单据，因此，进口方在申请开证时，应将合同的有关规定转化成单据。比如，合同以 CFR 或 CIF 条件成交，信用证应要求受益人在提交的清洁已装船提单上注明"运费已付"字样等。如信用证申请书中含有某些条件而未列明应提交与之相应的单据，银行将认为未列此条件，而不予理会。

（3）进口方应按合同规定时间申请开证。如合同规定在卖方确定交货期后开证，我们应在接到卖方通知后开证；如合同只规定最迟装运日期，则应在合理时间内开证，以使卖方有足够时间备妥货物并予出运。通常掌握在交货期前一个月至一个半月左右。

（4）利用装船前检验证明控制货物质量。由于信用证是单据业务，银行不过问货物质量，因而可在信用证中要求对方提供双方认可的检验机构出具的装船前检验证明，并明确规定货物的数量和规格。如果受益人所交检验证明的结果和证内规定不符，银行即可拒付。

此外，在实践中，我国银行一般不接受开立他行保兑的信用证，对可转让信用证也持谨慎态度。对此，进口商在签订合同时应予以注意，以免开证时被动。

信用证开出后，如发现内容与合同不符，或因其他原因需对信用证进行修改，应立即通知开证行修改；对方收到信用证后，如提出修改信用证的请求，经我方同意后，即可向银行办理改证手续。如不同意修改，也应及时通知出口人。

二、租船订舱，接运货物

FOB 价格条件下，买方应负责租船订舱，并派船到对方口岸接运货物。如合同规定，卖方在交货前一定时期内应将预计装运日期通知我方。在接到上述通知后，我方应及时向外运公司办理租船订舱手续，按规定的期限通知对方船名及船期，以便对方备货装船，避免出现船货脱节现象。

买方备妥船后，还应随时了解和掌握卖方备货情况和船舶动态，注意催促对方按时装运。特别是对数量、金额较大的重要商品的进口，如有必要，可请我驻外机构就地了解、督促，或派员前往出口地点检验监督，以保证船货衔接。

装船完毕后，卖方应及时向我方发出装船通知，以便我方办理保险和接货等工作。

三、保险

FOB、CFR、FCA、CPT 价格条件下的进口合同，由进口企业办理保险。买方在向保险公司办理进口运输货物保险时，有两种做法：预约保险和逐笔投保。

（一）预约保险

在货物运输保险中，一些有大量运输业务的单位如对每一笔业务进行单独投保，不仅烦琐，而且容易发生漏保等差错。为了简化投保手续，可与保险公司签订预约保险合同，简称"预保合同"（open policy）。在预约保险合同中，对外贸企业进口货物的投保险别、保险费率、适用的保险条款、保险费及补偿结算办法等都作了明确的规定。

按照预约保险合同的规定，保险公司对有关进口货物负有自动承保的责任。在 FOB 和 CFR 术语下，每批进口货物，可由国外出口方在装船完毕后，直接将装船通知寄到保险公司；或由买方在收到国外装船通知后，填制进口货物"装运通知"，将预约保险合同号、船名、提单号、开船日期、商品名称、数量、装运港、目的港等项内容通知保险公司，即可作为投保凭证。

（二）逐笔投保

在未与保险公司签订预约保险合同的情况下，对进口货物就需逐笔投保。即收货人在接到国外出口商发来的装船通知后，直接向保险公司填写投保单，办理投保手续。保险公司出具保险单，投保人缴付保险费后，保险单随即生效。

企业如未及时投保，货物在投保之前的运输途中发生的损失，保险公司概不负赔偿责任。

四、审单和付汇

银行接到国外寄来的单据后，必须合理审慎地审核信用证规定的一切单据，以确定其表面上是否符合信用证条款。在"单证一致，单单一致"的情况下，开证行必须承付。同时进口公司用人民币按照国家规定的有关折算的外汇牌价向银行买汇赎单。如审核国外单据时发现单、证不符，要立即处理，要求国外出口商改正，或停止对外付款。

对于银行的审单时间，UCP600 规定，按指定行事的指定银行、保兑行（如有的话）及开证行应各有一段合理时间审核单据，即不超过从交单次日起的第 5 个银行工作日，用以确定交单是否相符。这一期限不因在交单日当天或之后到期日或最迟交单日的发生而被缩减或受到影响。

UCP600 规定，按指定行事的指定银行、保兑行（如有的话）或开证行，审单后发现单证不符或单单不符，决定拒绝承付或议付时，它必须给交单人一份单独的关于拒付的通知。该通知必须以电讯方式，如不可能，则以其他快捷方式，在不迟于自收到单据次日起第 5 个银行工作日结束前发出。

在实际业务中，银行需将不符点征求开证申请人的意见，以确定拒绝或仍可接受。作为开证申请人的进口方，对此应持慎重态度。因为银行一经付款，即无追索权。

五、进口报关和接货

进口报关是指进口货物必须按海关规定的手续向海关办理申报验放的过程。进口报关是履行海关入境手续的必要环节之一。

进口报关工作的全部程序分为申报、查验、放行三个阶段。

（一）进口货物的申报

进口货物到货后，进口货物的收货人或其代理人，应在海关规定的期限内，按海关规定的格式填写进口货物报关单，随附有关的货运、商业单据，同时提供批准货物进口的证件，向海关申报。如属法定检验的进口商品，还须随附商品检验证书。

根据《中华人民共和国海关法》规定，进口货物的报关期限为自运输工具申报进境之日起 14 日内，由收货人或其代理人向海关报关。超过 14 日期限未向海关申报的，由海关征收滞报金。超过 3 个月未向海关申报的，由海关根据有关规定将货物提取作变卖处理后，符合条件的收货人申请发还余款应当补办报关手续，并计征滞报金。滞报金从海关变卖货物的余款中扣除。

（二）进口货物的查验

进口货物，除海关总署特准免验的以外，都应接受海关查验。查验的目的是核对报关单证所报内容与实际到货是否相符，有无错报、漏报、瞒报、伪报等情况，审查货物的进口是否合法。

海关查验货物，应在海关规定的时间和场所进行。如有特殊理由，事先报经海关同意，海关可以派人员在规定的时间和场所以外查验。申请人应提供往返交通工具和住宿并支付费用。

（三）进口货物的放行

海关对进口货物的报关，经过审核报关单据，查验实际货物，并依法办理了征收货物税费手续或减免税手续后，在有关单据上签盖放行章，货物的所有人或其代理人才能提取或装运货物。此时，海关对进口货物的监管才算结束。

另外，进口货物因各种原因需海关特殊处理的，可向海关申请担保放行。海关对担保的范围和方式均有明确的规定。

六、验收和拨交

（一）验收货物

凡属于法定检验的进口货物，在到货后，收货人必须向卸货口岸或者报关地的商检机构办理登记，由商检机构在报关单上加盖"已接受登记"的印章，海关凭此验放。同时，收货人还必须在规定的检验地点和期限内向商检机构报验。未经检验的货物不准投产、销售和使用。

法定检验范围以外的进口商品，如果合同约定由商检机构检验，在进口到货后应按合同所约定的检验地点向商检机构报验。如果合同没有约定检验的地点，则在卸货口岸、到达地或者商检机构指定的地点向商检机构报验。

法定检验范围以外的进口商品，如果合同未约定由商检机构检验，收货人应当按照合同的约定进行验收，商检机构应督促收货人验收并进行抽查检验。验收不合格需要凭商检机构检验证书索赔的，收货人应当及时向所在地的商检机构申请检验出证。如有残损短缺，凭商检局出具的证书对外索赔。

进口货物运达港口卸货时，港务局要进行卸货核对。如发现短缺，应及时填制"短卸报告"交由船方签认，并根据短缺情况向船方提出保留索赔权的书面声明。卸货时如发现残损，货物应存放于海关指定仓库，待保险公司会同商检机构检验后作出处理。

（二）拨交货物

在办完上述手续后，应及时向用货单位办理拨交手续。如用货单位在卸货港所在地，则就近拨交货物；如用货单位不在卸货地区，则委托货运代理将货物转运内地，并拨交给用货单位，在货物拨交后，外贸公司再与用货单位就相关税费进行结算。

七、进口索赔

在进口业务中，进口商常因卖方不履行或不完全履行合同规定的义务，或货物在运输、装卸、搬运过程中受损，或由于自然灾害、意外事故等原因遭受损失等情形，而需向有关方面提出索赔。

（一）索赔对象

1. 向卖方索赔

凡属下列情况者，均可向卖方索赔，例如，原装数量不足，货物的品质、规格与合同规定不符，包装不良致使货物受损，未按期交货或拒不交货等。

向卖方索赔，买方可以采取的补救措施有：宣告合同无效；规定一段合理时限的额外时间，让卖方延迟履行；要求减价、退货、修理、更换货物；等等。

买方可能享有的要求损害赔偿的权利，不因他行使采取其他补救方法的权利而丧失。

2. 向承运人索赔

凡属下列情况者，均可向承运人索赔：到货数量少于提单所载数量；提单是清洁提单，而货物有残缺情况，且属于船方过失所致；货物所受的损失，根据租船合约有关条款应由船方负责；等等。

3. 向保险公司索赔

在保险责任有效期内由自然灾害、意外事故或运输中其他事故的发生致使货物受损，并且属于承保险别范围以内的，均可向保险公司索赔。

需注意的是，进口货物发生了损失，除属于船公司及保险公司的赔偿责任外，如属卖方必须直接承担的职责，应直接向卖方要求赔偿，防止卖方制造借口来推卸理赔责任。

（二）索赔证据

为了保证索赔工作顺利进行，对外提出索赔需要提供证据。索赔时如证据不足、问题不清、责任不明或不符合合同中索赔条款的规定，都可能遭到对方拒绝。首先应制备索赔清单，随附商检机构签发的检验证书、发票、装箱单副本等。其次，对不同的索赔对象还要另附有关证件。如向承运人索赔，须另附由船长及港务局理货员签字的理货报告、由船长签字的短卸或残损证明等。

（三）索赔期限

对外索赔必须在合同规定的索赔有效期限内提出，过期无效。如果商检工作可能需要更长的时间，可向对方要求延长索赔期限。

向卖方索赔，应在约定期限内提出；如合同中没有明确规定索赔期，则合同中的品质保证期限被认为是买方提出索赔的有效期；如合同中没有规定索赔期或品质保证期，则按《国际货物销售合同公约》规定，买方必须在发现或理应发现不符情况后一段合理时间内通知卖方，最长时效是买方实际收到货物之日起不超过两年。对国际货物买卖合同争议提起诉讼或者申请仲裁的期限，我国法律则规定自当事人知道或者应当知道其权利受到侵犯之日起四年为限。

向船公司提出索赔的时限，按《海牙规则》规定，是货物到达目的港交货后一年内。

向保险公司索赔的时限，按中国人民保险公司制定的《海洋运输货物保险条款》规定，为被保险货物在卸货港全部卸离海轮后两年内。

（四）索赔金额

索赔金额，除受损商品的价值外，有关的费用也可以包括在内，如商品检验费、装卸费、银行手续费、仓租、利息等。至于包括哪几项，应根据具体情况确定。

进口索赔工作，应做到检验正确、证据确实、责任明确、理由充分、索赔及时，力争把货物受到的损失减少到最小或如数取得补偿。

本章要点

（1）交易磋商，又称贸易谈判，它是指交易双方就买卖商品的各项条件进行沟通和协商，以期达成交易的过程。

（2）交易磋商的形式和内容。交易磋商有口头磋商和书面磋商两种形式。交易磋商的内容包括主要交易条件和一般交易条件。

（3）交易磋商的一般程序包括询盘、发盘、还盘和接受四个环节。其中，发盘和接受是达成交易、合同成立必不可少的两个基本环节。

（4）发盘，又称报盘、发价、报价，是指买卖双方中的一方（发盘人）向另一方（受盘人）提出购买或出售某种商品的各项交易条件，并表示愿意按这些条件与对方达成交易，订立合同的一种肯定表示。

（5）构成有效发盘的条件：向一个或一个以上特定的受盘人提出；表明订立合同的意思；发盘的内容十分确定；送达受盘人。

（6）发盘的有效期；发盘的生效、撤回和撤销。

（7）发盘失效的情形：在发盘生效前被受盘人撤回；在发盘有效期内被发盘人依法撤销；在发盘有效期内被受盘人拒绝或还盘；发盘中规定的有效期届满，或虽未规定有效期，但在合理时间内未被接受；法律的适用。

（8）还盘的含义及还盘的法律后果。还盘是对发盘的拒绝，还盘一经作出，原发盘失去效力，发盘人不再受其约束；还盘等于受盘人向原发盘人提出的一项新的发盘。

（9）接受，法律上称为"承诺"，是买方或卖方同意对方在发盘中提出的各项交易条件，并愿按这些条件与对方达成交易、订立合同的一种肯定的表示。

①接受的法律后果：属于商业行为，也属于法律行为。一方的发盘经另一方接受，交易即告达成，合同即告订立，双方就应分别履行其所承担的合同义务。

②有效接受的条件：接受必须由特定的受盘人作出；受盘人表示接受，必须明确表示出来；接受的内容必须与发盘相符；接受必须在发盘的有效期内送达发盘人。

③接受的生效和撤回。

（10）合同成立的时间。

（11）合同成立的有效条件：当事人必须有订立合同的能力；当事人必须在自愿和真实的基础上达成协议；合同必须有对价或合法的约因；合同的内容必须合法；合同的形式必须符合法律规定。

（12）签订书面合同的意义：它是合同成立的证据；它是合同生效的条件；它是合同履行的依据。

（13）书面合同的形式：正式合同、确认书、协议、备忘录、意向书和订单等。其中正式合同和确认书在法律上具有同等的效力。协议和备忘录是否具有法律效力要视情况而定。意向书不具有法律效力。

（14）书面合同的内容一般包括约首、本文和约尾三个部分。

（15）出口贸易合同的履行环节和内容。

履行合同既是经济行为，又是法律行为。"重合同，守信用"是我国在对外贸易中一贯遵循的原则。

我国出口贸易中，在 CIF 术语和信用证结算方式下，合同履行一般包括备货、报验、催证、审证、改证、租船订舱、投保、报关、装船、制单结汇、违约索赔、出口退税及外汇核销等环节。其中又以货（备货）、证（催证、审证、改证）、船（租船订舱）、款（制单结汇）四个环节最为重要。

（16）进口合同的履行。进口业务以 FOB 术语成交，以信用证方式结算下，买方履行合同的一般程序是：开立信用证；租船订舱，接运货物；办理货运保险；审单和付汇；报关提货；验收与拨交货物；进口索赔。

练习题

一、填空题

（1）交易磋商一般要经过_____、_____、_____和_____四个环节。其中_____和_____是每笔交易必不可少的两个环节。

（2）签订书面合同的意义有三：_____；_____；_____。

（3）"三平衡"是指_____、_____、_____三方面的衔接和综合平衡。

(4)"四排"是指_____、_____、_____和_____。

(5)_____是我国对外经济活动一贯遵循的原则。

(6)以 CIF 条件,信用证付款方式成交的出口合同,其履行程序包括_____、_____、_____、_____四大环节。

(7)如果信用证未明确规定付款人,我们在缮制汇票时,应填写_____。在采用托收方式时,则应填写_____。

(8)我国目前出口结汇的三种办法是:_____、_____和_____。

二、单项选择题

(1)一项接受由于电讯部门的延误,发盘人收到此项接受时已超过该发盘的有效期,那么( )。

A. 除非发盘人及时提出异议,否则该逾期接受有效,合同成立

B. 只要发盘人及时表示确认,则该逾期接受有效,合同成立

C. 该逾期接受丧失接受效力,合同未成立

D. 以上都不对

(2)在接受迟到的情况下,决定接受是否有效的主动权在( )。

A. 受盘人   B. 邀请发盘人

C. 发盘人   D. 询盘人

(3)信用证的到期地点应视信用证规定而定,在我国外贸实务中,通常使用的到期地点为( )。

A. 出口地   B. 进口地

C. 第三地   D. 开证行所在地

(4)所谓"单证相符"的原则,是指受益人必须做到( )。

A. 单据与合同相符   B. 单据和信用证相符

C. 信用证和合同相符   D. 修改后信用证与合同相符

(5)议付信用证的汇票付款人一般应为( )。

A. 开证行或申请人   B. 开证行或付款行

C. 开证行或议付行   D. 受益人

(6)当贸易术语采用 FOB 时,海运提单对运费的表示一般应为( ),除非信用证另有规定。

A. Freight Prepaid   B. Freight Collect

C. Freight Prepayable   D. As Arranged

(7)在实际业务中,由( )作为当事人承担审证任务。

A. 银行   B. 银行和出口公司

C. 出口公司   D. 进口公司

(8)按照 UCP600 规定,若银行发现单证不符拒收单据时,应在收到单据次日起

（　　）个工作日内，通知受益人。

A. 6 　　　　　　　　B. 7 　　　　　　　　C. 5 　　　　　　　　D. 14

（9）外销合同的成立，按照国际贸易惯例是（　　）。

A. 一方发的实盘为另一方有效地接受　　　B. 双方在书面合同上签字

C. 经双方有关机构批准　　　　　　　　　D. 一方对一方的发盘默认

（10）一项发盘，经过还盘后，则该项发盘（　　）。

A. 失效　　　　　　　　　　　　　　　　B. 仍然有效

C. 对原发盘人有约束力　　　　　　　　　D. 对还盘人有约束力

（11）普惠制单据中的表格 A 产地证适用于（　　）。

A. 一般商品　　　　　　　　　　　　　　B. 纺织品类

C. 配额纺织品　　　　　　　　　　　　　D. 无配额的毛呢产品

（12）向海关申报进出口货物，供海关验关估税和放行的法定单据是（　　）。

A. 提单　　　　　　B. 报验单　　　　　　C. 报关单　　　　　　D. 投保单

（13）在议付行审单无误的情况下，按信用证条款贴现受益人的汇票或者以一定的折扣买入信用证下的货运单据的做法是指（　　）。

A. 收妥结汇　　　　B. 定期结汇　　　　　C. 付款交单　　　　　D. 押汇

（14）在短卸情况下，通常被提出索赔的是（　　）。

A. 卖方　　　　　　　　　　　　　　　　B. 承运人

C. 保险公司和承运人　　　　　　　　　　D. 卖方、保险公司和承运人

（15）如合同中未规定索赔期或品质保证期，则按《联合国国际货物销售合同公约》的规定，买方最长的索赔时效为收到货物之日起不超过（　　）。

A. 60 天　　　　　　B. 180 天　　　　　　C. 1 年　　　　　　　D. 2 年

（16）进口"短卸报告"的签发者为（　　）。

A. 船方　　　　　　B. 港务局　　　　　　C. 商检机构　　　　　D. 海关

（17）在贸易实践中，信用证的装运期和有效期的确定最好是（　　）。

A. 不在同一日期　　　　　　　　　　　　B. 装运期应该早于有效期

C. 有效期应该早于装运期　　　　　　　　D. 同一日期

（18）进口的货物，如发生残损或到货数量少于提单所载数量，而运输单据是清洁的，则应向（　　）提出索赔。

A. 卖方　　　　　　B. 承运人　　　　　　C. 保险公司　　　　　D. 银行

（19）出口企业在收到信用证后，应对照合同和（　　）对信用证内容进行审核。

A.《联合国国际货物销售合同公约》　　　B.《跟单信用证统一惯例》

C.《2020 年通则》　　　　　　　　　　　D. 我国的《合同法》

（20）卖方审证后有不能接受之处应向（　　）提出进行修改。

A. 开证行　　　　　B. 开证申请人　　　　C. 通知行　　　　　　D. 付款行

（21）信用证的修改书应由（　　）传递给出口商。

A. 开证行　　　　　B. 开证申请人　　　　C. 任何银行　　　　D. 原通知行

（22）在我国出口业务中的 Form A 由（　　）签发。

A. 进出口商品检验检疫局　　　　　　　　B. 海关

C. 出口商自己　　　　　　　　　　　　　D. 中国国际贸易促进委员会

（23）托运人凭（　　）向船公司或其代理人换取正式提单。

A. 托运单　　　　　B. 装货单　　　　　　C. 大副收据　　　　D. 下货纸

（24）海关查验货、证、单相符无误后，在（　　）上加盖放行章放行。

A. 装货单　　　　　B. 发票　　　　　　　C. 商检证书　　　　D. 托运单

（25）商业发票的抬头人一般是（　　）。

A. 受益人　　　　　B. 开证申请人　　　　C. 开证银行　　　　D. 卖方

（26）出口报关的时间应是（　　）。

A. 备货前　　　　　B. 装船前　　　　　　C. 装船后　　　　　D. 货到目的港后

（27）英国某买方向我轻工业出口公司来电"拟购美加净牙膏大号 1 000 支请电告最低价格最快交货期"，此来电属交易磋商的（　　）环节。

A. 发盘　　　　　　B. 询盘　　　　　　　C. 还盘　　　　　　D. 接受

（28）国外某买主向我出口公司来电"接受你方 12 日发盘请降价 5%"，此来电属交易磋商的（　　）环节。

A. 询盘　　　　　　B. 发盘　　　　　　　C. 还盘　　　　　　D. 接受

（29）某项发盘于某月 12 日以电报形式送达受盘人，但在此前的 11 日，发盘人以一传真告知受盘人，发盘无效，此行为属于（　　）。

A. 发盘的撤回　　　B. 发盘的修改　　　　C. 一项新发盘　　　D. 发盘的撤销

（30）英国某商人 3 月 15 日向国外某客户用口头发盘，若英商与国外客户无特别约定，国外客户（　　）。

A. 任何时间表示接受都可以使合同成立

B. 应立即接受方可使合同成立

C. 当天表示接受方可使合同成立

D. 在两三天内表示接受可使合同成立

三、多项选择题

（1）根据《国际货物销售合同公约》规定，在下列（　　）情况下发盘失效。

A. 受盘人作出还盘

B. 发盘人在发盘规定的有效期内撤销原发盘

C. 发盘有效期届满

D. 发盘被接受前，原发盘人丧失行为能力

（2）根据我国法律，（　　）不是一项具有法律约束力的合同。

A. 通过欺骗对方签订的合同

B. 采取胁迫手段订立的合同

C. 我某公司与外商以口头形式订立的合同

D. 走私物品的买卖合同

（3）根据《国际货物销售合同公约》规定，受盘人对（　　）等内容提出添加或更改，均视为实质性变更发盘条件。

A. 价格　　　　　　　B. 付款　　　　　　　C. 包装　　　　　　　D. 数量

（4）海关发票的主要内容主要包括（　　）。

A. 商品的货号　　　　　　　　　　B. 商品的成本价值

C. 商品的生产国家　　　　　　　　D. 商品的数量

（5）根据《国际货物销售合同公约》规定，发盘内容必须十分确定，所谓"十分确定"，指在发盘中，应包括的要素有（　　）。

A. 交货时间和地点　　　　　　　　B. 货物数量或规定数量的方法

C. 货物的名称　　　　　　　　　　D. 货物的价格或规定确定价格的方法

（6）"你 10 日电我方接受，但支付条件为 D/P，而非 L/C 即期。"该电文是（　　）。

A. 有效接受　　　　　　　　　　　B. 还盘

C. 对原发盘的拒绝　　　　　　　　D. 实质性变更发盘条件

（7）根据《国际货物销售合同公约》规定，构成发盘必须具备的条件有（　　）。

A. 向一个或一个以上特定的人提出　　B. 发盘的内容必须完整齐全

C. 发盘的内容必须十分确定　　　　　D. 表明订立合同的意思

（8）交易磋商过程中，必不可少的两个法律环节是（　　）。

A. 询盘　　　　　　　B. 发盘　　　　　　　C. 还盘　　　　　　　D. 接受

（9）我公司 14 日向日商发盘，限 20 日复到有效，日商 19 日用信函表示接受我方 14 日发盘，我方 21 日才收到对方的接受通知，此时（　　）。

A. 合同已成立　　　　　　　　　　B. 若我方毫不延迟地表示接受，合同成立

C. 若我方缄默，合同成立　　　　　D. 属于逾期接受，合同不成立

（10）装箱单的作用主要是补充发票内容的不足，通过对包装件数、唛头、规格等填制，明确产品的包装情况，（　　）。

A. 便于进口国海关检查与核对产品　　B. 是出口商必须向进口商提交的单据

C. 是出口商必须向银行提交的单据　　D. 便于进口商了解产品的数量与包装

（11）开证行可以拒付的理由有（　　）。

A. 单单不符　　　　　　　　　　　B. 货与合同不符

C. 信用证和合同不符　　　　　　　D. 单证不符

（12）议付行在审单时如果发现单证不符，变通的做法有（　　）。

A. 担保议付　　　　　　　　　　　B. 以电提方式征求开证行意见

C. 改为托收　　　　　　　　　　　　D. 直接要求买方付款

（13）进口索赔的对象有（　　）。

A. 银行　　　　　　B. 保险公司　　　　C. 承运人　　　　D. 出口方

（14）在信用证结算方式下，我国银行提供的结汇方式包括（　　）。

A. 收妥结汇　　　　B. 买单结汇　　　　C. 定期结汇　　　　D. 预付结汇

（15）在审核信用证金额与货币时，需要审核的内容包括（　　）。

A. 信用证金额的大、小写必须一致

B. 来证采用的货币与合同规定的货币必须一致

C. 发票、汇票的金额不能超过信用证规定的总金额

D. 若合同中订有溢短装条款，信用证金额应有相应的规定

四、判断题

（1）审核信用证时，对于不符合合同规定的条款或不能接受的内容，受益人可以直接向开证行提出修改。　　　　　　　　　　　　　　　　　　　　　　　（　　）

（2）修改信用证只能由受益人引起。　　　　　　　　　　　　　　　　（　　）

（3）受益人接到信用证的修改通知时，应作出接受或拒绝的表示。根据《跟单信用证统一惯例》（UCP600），受益人的沉默或不表态不等于对修改通知的接受。　（　　）

（4）同一信用证如有多处需要修改，原则上只能一次性提出；对于修改通知，可以接受其中一部分，也可以全部接受。　　　　　　　　　　　　　　　　　　　（　　）

（5）保险单的签发日期不得迟于提单出单日期。　　　　　　　　　　　（　　）

（6）一项合同的有效成立必须经过询盘、发盘、还盘和接受四个环节。　（　　）

（7）在交易过程中，发盘是由卖方做出的行为，接受是由买方作出的行为。（　　）

（8）《国际货物销售合同公约》规定，如果发盘中规定了有效期，则在该发盘生效后，发盘人仍可以撤销该发盘。　　　　　　　　　　　　　　　　　　　　　（　　）

（9）根据《国际货物销售合同公约》，一方发盘，另一方表示接受但同时要求提供原产地证明时，发盘人只要立即向对方表示确认，合同关系就能确立。　　　（　　）

（10）凡是出口商品都必须经过检验检疫机构检验才能出口。　　　　　（　　）

（11）规定装运期时，若采用"迅速""立即""尽快"等类似词语，根据《跟单信用证统一惯例》的规定，银行将不予理会。　　　　　　　　　　　　　　　　（　　）

（12）保险凭证与保险单具有同等效力，信用证要求提供保险单时，一般可以用保险凭证代替。　　　　　　　　　　　　　　　　　　　　　　　　　　　　（　　）

（13）汇票的抬头人通常是付款人，提单的抬头人是收货人，保险单的抬头人通常是被保险人。　　　　　　　　　　　　　　　　　　　　　　　　　　　　（　　）

（14）在我国的出口业务中，普遍使用FOB价格术语，以信用证作为支付方式。

　　　　　　　　　　　　　　　　　　　　　　　　　　　　　　　　　（　　）

（15）在交易磋商过程中，对发盘的逾期接受一律无效。　　　　　　（　　）

（16）根据《国际货物销售合同公约》规定，构成一项有效发盘，必须明确规定买卖货物的品质、数量、包装、价格、交付和货款的支付六项主要交易条件，缺一不可。

（　　）

（17）根据《国际货物销售合同公约》的规定，如果撤回通知于原接受生效之前或同时送达发盘人，接受得以撤回。　　　　　　　　　　　　　　　　（　　）

（18）根据《国际货物销售合同公约》的规定，接受必须用声明或行动表示出来，沉默或不行动不等于接受。　　　　　　　　　　　　　　　　　　　　　　（　　）

（19）出口收汇核销是在出口退税工作之后的一项工作。　　　　　　（　　）

（20）对外索赔必须在索赔有效期内提出，过期无效，责任方有权不予受理。（　　）

五、名词解释

交易磋商　　　　　发盘　　　　　接受　　　　　逾期接受

出口退税　　　　　预约保险　　　买单结汇

六、简答题

（1）简述构成有效发盘的条件。

（2）发盘失效的含义及其失效的情形。

（3）简述有效接受的条件。

（4）简述合同成立的有效条件。

（5）简述签订书面合同的意义。

（6）正确缮制单据的要求有哪些？

（7）在信用证方式下，目前我国出口结汇的做法有哪几种？

（8）迟到的接受有效吗？

七、案例题

（1）我国某出口企业于6月1日向英商电传发盘销售某商品，限6月7日复到。6月2日收到英商电传称"接受但价格减5%"，我方对此未做答复。由于该商品市价剧涨，6月3日英商又来电表示："无条件接受6月1日发盘，请告合同号码。"

问：在此情况下，我方可如何处理？简述理由。

（2）我国某进出口公司于8月5日向外商甲发出采购意向，并设定8日为回复期限。外商甲在收到发盘后，于6日上午10时向当地邮局发送接受电报。然而，由于当地邮局工人停工，外商甲的电报在传递途中延误，直至12日才送达我方。我方认为外商甲的答复逾期，未予理会，并将货物以较高价格出售给外商B。8月14日，外商A来电表示信用证已开出，要求我方尽早安排货物出运。我方立即回复外商A，表示接受电报过晚，双方并未建立合同关系。这一回复引发双方后续的争议。

问：请根据《国际货物销售合同公约》的有关规定，分析双方孰是孰非，并说明理由。

（3）我国某进出口公司于7月22日通过电传方式向国外客户发出销售缝纫机一批的

意向，并设定 7 月 28 日为回复期限。国外客户在 7 月 29 日回复我方，表示接受发盘，并请求备货。我国公司立即回复国外客户，确认其接受有效，并催促对方及时开具信用证。然而，正值国际市场行情发生变动，缝纫机的价格大幅下降。外商在 7 月 30 日来电表示，由于 7 月 29 日的接受已经逾期，属于无效接受，因此拒绝开具信用证。在国际贸易中遇到类似逾期接受及争议的情况，双方应积极沟通，寻求合理的解决方案。遵循国际贸易规则和合同法，以维护自身权益，避免不必要的损失。

问：外商理由是否成立？合同是否成立？为什么？

（4）2010 年 11 月，我国某进出口公司与日商签订一份出口 10 万元棉布的合同，按照 CIF 条件进行，支付方式为即期信用证。日商在 2011 年 3 月上旬通过银行开来信用证，经我方审核与合同相符。信用证中保险金额为发票金额加一成。然而，在我方备货期间，日商通过开证行递来一份信用证修改书，将保险金额改为按发票金额加三成。我方按照原证规定进行货物投保，并完成发货。货物装运后，在信用证有效期内，我方向议付行提交全套装运单据。议付行在收到单据后进行议付，并将全套单据寄送至开证行。然而，开证行以保险单与信用证修改不符为由，拒绝支付。

问：开证行拒付的理由是否成立？为什么？

（5）某出口商通过中国银行××分行收到新加坡某银行电开信用证一份，金额为 100 万美元，用于购买花岗岩石块，目的港为巴基斯坦卡拉奇。信用证中有关检验证书的条款规定，检验证书需在货物装运前由开证申请人授权的签字人签字，并且该签字必须由开证行检验。信用证中有关货物装运的条款要求，货物只能在开证申请人指定的船只上装运，并且必须由开证行向通知行发出加押电通知。加押电必须随同正本单据提交议付。

问：该信用证可不可以接受？

（6）我某进口企业与某外商磋商进口机械设备交易一宗。经往来电传磋商，已就合同的基本条款达成协议，但在我方最后表示接受的电传中列有"以签署确认书为准"的文字。事后，外商拟就合同书，要我方确认，但由于对某些条款的措辞尚待进一步商讨，同时又发现该商品的市场价格趋疲，因此，我方未及时给予答复。外商又连续来电催开信用证，我方拒绝开证。

请分析：这一拒绝是否合理？

（7）某公司向美国某贸易商出口工艺品一批，双方约定以 CIF 纽约为计价单位。我方在周一上午 10 时，通过自动电传向美商发出报价。然而，由于工作人员疏忽，我方将原定价每单位 500 美元 CIF 纽约错误报为每单位 500 元人民币 CIF 纽约。美商收到报价后，发现我方报价存在明显错误，即我方误将美元报价报成了人民币报价。

问：在下述三种情况下应如何处理较为妥当？如果是在当天下午发现问题，应如何处理？如果是在第二天上午 9 点发现，客户尚未接受，应如何处理？如果是在第二天上午 9 点发现，客户已经接受，应如何处理？

◇ 课堂讨论题

（1）要求能够根据给定的条件，进行交易的磋商，签订 CIF 条件、以信用证方式支付货款的出口合同，并模拟履行该出口合同的基本环节及主要内容。

（2）要求能够根据给定的条件，进行交易的磋商，签订 FOB 条件、以信用证方式支付货款的进口合同，并模拟履行该进口合同的基本环节及主要内容。

（要求结合前面所学知识，能进行成本核算、通过函电往来进行交易磋商、订立书面合同、体现履约环节等。）

第十章　国际贸易方式

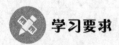 **学习要求**

●·**重点**·●

（1）拍卖的出价方法。

（2）寄售的利弊。

（3）招标与投标业务的基本程序。

（4）套期保值的做法。

（5）补偿贸易的种类。

（6）租赁贸易的形式。

（7）包销协议的主要内容。

●·**掌握**·●

（1）包销的含义。

（2）代理协议的主要内容。

（3）寄售的含义与性质。

（4）招投标的含义。

（5）拍卖的含义和特点。

（6）期货交易的含义，期货与现货的主要区别。

（7）对销贸易的含义。

（8）来料加工和进料加工的含义及两者的区别。

（9）补偿贸易的含义和特征。

（10）互购的特点。

（11）期货交易的特点。

（12）国际技术贸易的含义及特点。

●·**了解**·●

（1）展卖的方式。

（2）易货贸易的特点。

（3）转手贸易。

（4）国际技术贸易的方式。

 引题案例

浙江省某外贸公司拟向东南亚某国出口一批轻工产品。由于该批货物在其仓库搁置了很久，属于积压物资，因此双方当事人通过多次协商，决定以寄售方式在国外销售。货物经由我公司运到目的地后，由于同类商品在当地市场竞争激烈，虽经代销商多方努力，但货物销售情况非常不理想，最后只得再装运回国内。这个案例告诉我们，进入国际市场，要根据自己的实力、产品、市场战略来确定适合的贸易方式。

贸易方式是指国际贸易商品在交易时采取的具体方式。这些方式有些是在长期的国际贸易交易中形成的，如包销、代理、寄售、招投标、拍卖、展卖等。有些则是二战后随着贸易的扩大新产生的，如加工贸易、对销贸易、租赁贸易等。每种贸易方式都有其自身的特点，各种贸易方式之间既有区别也有联系。在进行国际贸易时如何选择贸易方式就显得尤为重要。

第一节 传统的国际贸易方式

一、包销

包销（exclusive sales），又称为独家经销，是出口商与国外包销商签订包销协议，把某一种商品或某一类商品在一定期限内和一定地区内的独家经营权给予国外包销商的贸易做法。独家经销规定，出口商给予包销商在指定地区和期限内独家经营指定商品的权利，出口商不得在该地区把商品销售给其他客户，同时，包销商在此期间和在该地区内，只能经营出口商指定的商品。

（一）包销的特点

出口商与包销商之间属于买卖关系，包销商用自己的资金购买货物，自行销售，自负盈亏，赚取货物进价与销价之间的差价，也承担货物价格涨落及库存积压的风险。

包销方式的优点：由于包销商在该地区内拥有独家经营权，有利于调动包销商的积极性，同时可利用包销商的销售渠道巩固和扩大市场，并可减少多头经营产生的自相竞争。

包销方式的缺点：如果包销商的经营能力较差，不能完成协议规定的经销数额，或者包销商凭借独家专营权压低商品价格等，都会给出口商带来损失。

（二）包销协议

一般来说，包销协议主要包括以下内容。

（1）包销区域。包销区域是指包销商在某一国家或某一城市、地区行使销售权利的地理范围。在确定包销区域时，要考虑包销商的能力与规模、包销商控制的销售网络、包销商品的特性及市场的差异程度等因素。

（2）包销商品。协议中要列明包销商品的品牌、品种、规格等。一般情况下，包销商品的范围不宜过大。

（3）包销协议中双方的关系。在协议中，应明确包销商与出口商之间的关系是买卖关系。

（4）包销期限。包销期限可长也可短，通常为1年。

（5）专买权与专卖权。专卖权是指卖方将约定的商品在规定的地区和期限内，给予包销商独家销售的权利，卖方负有不向该区域内的客户直接售货的义务。专买权是指包销商承担向卖方购买约定的商品，而不得向第三者购买同类商品的义务。

（6）包销数量与金额。包销商必须承担向出口商购买规定数量和金额的商品的义务，出口商也必须承担向包销商出口规定数量和金额的商品的责任，此协议对双方都有同等的约束力。

（7）商品的作价。包销商品的作价办法有两种：一是在规定期限内，一次作价；二是根据国际市场价格的波动分批作价。

（8）广告、专利权及商标的保护。卖方有时为了促进产品在指定区域内的销售，会要求包销商进行一些市场宣传，并要求其提供指定区域的市场信息。协议也规定包销商有责任在卖方指定区域内对卖方产品的知识产权予以保护。

二、代理

代理是指出口商（委托人）授权进口商（代理人）在一定地区和一定时期内，代表出口商销售指定商品的一种贸易方式。代理方式是目前国际贸易中最常用的方式，这种方式对于代理商来说，不需动用自有资金进行买卖，不用承担贸易风险，以收取佣金为报酬，有时还外加红利。

（一）代理的特点

（1）双方当事人属于委托代理关系。这与货物买卖关系有着本质的区别，委托人通常是货物的所有人，在买卖合同中则是卖方。代理人是接受委托人的指定，负有推销指定商品的义务，而没有购买指定商品的责任。所以，代理人对经营上的盈亏不负任何责任，也不赚取差价，只收取佣金。

（2）代理人一般以委托人的名义从事业务活动，由委托人支付必要的业务费用。

（3）代理关系有地域和时间的限制。代理人不得将代理产品跨地区进行推销，代理时间也不可超过合同规定的期限。

（二）代理的种类

在国际贸易中，代理的种类很多，按照委托人授权的大小可分为独家代理、佣金代理和总代理。

1. 独家代理

独家代理是指委托人指定代理人在约定的地区和期限内享有代销指定商品的专营权。按照协议委托人在该地区不得再找第二个代理人，代理人也不得再做其他委托人的代理人。只要在约定的地区和期限内做成的该商品的交易，无论是否由代理人做成，代理人都享有收取佣金的权利。

独家代理有以下优点：（1）代理人享有专营权，多推销可多得佣金，可以调动代理人推销商品的积极性；（2）可以避免同一产品在同一市场上的多头竞争；（3）双方利益具有一致性，能更好地进行协调；（4）可通过代理人向客户提供必要的售后服务。

独家代理也有缺点，代理人享有的专营权限制了委托人的活动，委托人在该地区做成交易，也要付佣金给代理人。同时，代理人不承担盈亏责任，委托人对代理人的约束力相对较小，对积极推销商品不利。

2. 佣金代理

佣金代理也称一般代理，是指在同一地区和期限内，委托人可以同时委托一家或多家代理人，委托人自己也可以直接向该地区的买主发货销售。委托人根据代理人推销商品的实际金额支付佣金。委托人向该地区直接销售商品，代理人不能收取佣金。

3. 总代理

总代理是委托人在指定地区的全权代表，除了能代表委托人进行签订买卖合同、处理货物等商业活动外，还有权代表委托人从事一些非商业性的活动，而且还有权指派分代理，并可分享代理的佣金。

（三）代理协议

代理协议是指明确委托人与代理人之间权利与义务关系的法律文件。代理协议主要包括以下内容。

1. 代理协议当事人

代理协议当事人为委托人和代理人，是独立、自主的法人或自然人。协议应明确双方的全称、地址、法律地位、业务种类及注册日期和地点等。

2. 代理的商品及地区

协议中要具体说明代理商品的名称、种类、规格、牌号和型号等。要明确代理人开展代理业务的区域。

3. 委托人的主要义务

（1）支付佣金。佣金一般按照贸易额的百分比支付，由双方事前约定，佣金率通常为 1%~5% 不等。如果委托人违约，代理人有权要求支付并索赔。

（2）支付代理人垫付的费用。

4. 代理人的主要义务

（1）向委托人公开事实。代理人应向委托人公开一切必要的资料，包括往来客户的情况、成交数量、商品价格等。

（2）保守秘密。代理人在代理合同有效期内以及在代理合同终止后，都不得将在代理期间得到的保密情况或技术资料向第三者泄露。

（3）定期向委托人报账。代理人应对一切代理交易保存正确完整的账目，并根据代理合同规定的期限和方式向委托人报账。

5. 协议有效期及中止条款

按照国际贸易的惯例，代理协议可以是定期的，也可以是不定期的。定期一般为 1~5 年。如不规定期限，双方当事人则在协议中规定，如其中一方不履行协议，另一方有权中止协议。

三、寄售

（一）寄售的概念和性质

寄售是指委托人（货主）先将货物运往寄售地，委托国外一个代销人（受托人），按照寄售协议规定的条件，由代销人代替货主进行销售，在货物出售后，由代销人向货主结算货款的一种贸易做法。

寄售业务是按寄售人和代销人签订的寄售协议进行的。寄售协议与买卖合同有别，寄售协议中的双方当事人不是买卖关系，而是委托和受托的关系。寄售协议属于信托合同性质。寄售业务的代销人介于委托人与实际买方之间。代销人有权以自己的名义与当地购货人签订购销合同，合同双方当事人之间的关系是本人与本人的关系，如当地购货人不履行合同，代销人有权以自己的名义起诉。

（二）寄售的特点

（1）寄售人先将货物运至目的地市场（寄售地），然后经代销人在寄售地向当地买主销售。因此，它是凭实物进行买卖的现货交易。

（2）寄售人与代销人之间是委托代售关系，而非买卖关系。代销人只能根据寄售人的指示处置货物。货物的所有权在寄售地售出之前仍属寄售人。

（3）寄售货物在售出之前，包括运输途中和到达寄售地后的一切费用和风险，均由寄售人承担。

（4）寄售货物装运出口后，在到达寄售地前也可采用出售路货的办法，先行销售，即当货物尚在运输途中，由代销人寻找买方出售。

（三）寄售的利弊

1. 寄售的优点

寄售货物出售前，寄售人拥有货物的所有权，可根据市场的情况，进行销售处理，有利于随行就市；寄售方式是凭实物买卖，货物与买主直接见面，有利于促进成交；代销人不负担风险与费用，一般由寄售人垫资，代销人不占用资金，多销多得，可以调动其经营的积极性。

2. 寄售的缺点

寄售人承担的风险较大，费用较多；寄售货物的货款回收较为缓慢，不利于寄售人的资金周转；一旦代销人不守协议，寄售人可能遭遇货、款两空的危险。

（四）寄售协议

寄售协议一般包括以下内容。

（1）要明确寄售人与代销人之间是委托关系，代销人代表寄售人处理寄售货物的销售等事宜。

（2）寄售商品价格的确定。目前国际上对寄售商品定价有三种做法：一是对寄售商品确定最低售价，代销人在征得寄售人同意下可根据市场行情的变化对价格进行调整；二是事先征得寄售人同意后确定售价；三是代销人按市价自行定价出售，寄售人不作限价。

（3）佣金条款。佣金是寄售人付给代销人的报酬，佣金一般有比例佣金和基本佣金加浮动两种形式。

（4）双方当事人的义务。代销人负有储存、保管、代办保险、垫付有关费用、提供售后服务等义务；寄售人负有按时、按质、按量提供寄售商品和偿付代销人在代销过程中所垫付费用的义务。

（5）货款的支付。代销人出售货物取得货款后，扣除代销人的佣金和代垫费用后，将货款付给寄售人。

采用寄售方式，对寄售人而言，有利于寄售人开拓国际市场和促进商品销售，对于开辟新市场，推销新产品、小商品和处理库存积压商品有一定的作用；对代销人而言，代销人不承担风险和费用，投资较少，能调动其经营积极性；对买方而言，寄售方式采用现货交易，买主可就地付款、就地购买，节约了交易时间和费用。

四、招标与投标

招标投标常用在国际政府机构、国有企业或公共事业单位采购物资、器材或设备的交易中，也广泛地用于国际承包工程。

（一）招标与投标的含义

招标（invitation to tender）是指招标人（买方）在规定的时间、地点发出招标公告或招标单，提出准备买进商品的品种、数量和有关买卖条件，邀请投标人（卖方）投标的行为。

投标（submission of tender）是指投标人（卖方）应招标人（买方）的邀请，根据招标公告或招标单的规定条件，在规定投标的时间内向招标人递盘的行为。

（二）招标的主要方式

1. 国际竞争性招标

国际竞争性招标是指招标人邀请几个乃至几十个投标人参加投标，通过多数投标人竞争，选择其中对招标人最有利的投标人达成交易。它属于竞卖的方式。

2. 谈判招标

谈判招标又叫议标，它是非公开的，是一种非竞争性的招标。这种招标由招标人物色几家客商直接进行合同谈判，谈判成功，则交易达成。它不属于严格意义上的招标方式。

3. 两段招标

两段招标是指无限竞争招标和有限竞争招标的综合方式，采用此类方式时，先用公开招标，再用选择性招标，分两段进行。

（三）招标与投标的特点

招标投标方式不同于一般进口贸易做法，双方当事人无须经过交易磋商，也没有讨价还价的余地。投标人通过一次递价来竞争，中标与否主要取决于投标时的递价竞争力。招标投标业务是一种竞卖方式，卖方之间的竞争对买方有利。这使得买方能够在众多供货来源中进行比较和选择，从而确保获得优质且价格合理的物资。在竞争激烈的招标投标过程中，买方往往能够以较为优惠的价格购进所需物资，从而降低采购成本。招标投标方式在大宗物资采购中得到广泛应用，这也是因为它能够为买方带来明显的优势，包括更多的选择、优质的服务和优惠的价格。

（四）招标投标业务的基本程序

1. 招标前的准备工作

在招标前，招标人需要完成一系列准备工作，如发布招标公告、进行资格预审以及编制招标文件等。

2. 投标

投标人参加投标前，需做好充分准备，例如编制投标资格审查表、深入研究招标文件以及寻找投标担保单位等。投标人在此基础上，根据招标文件要求制定和提交投标文件，同时提供投标保证金或投标保证函。

3. 开标、评标与决标

招标人会在指定时间和地点公开唱标，全体投标人了解最高和最低标价。随后，招标人组织评标工作，确保评标过程的准确性、公开性和保密性。评标结束后，招标人进行决标，选定中标人。

4. 中标签约

中标者从若干投标人中脱颖而出，成为招标人的交易对象。中标者须与招标人签订合同，否则将没收保证金。为确保中标人履约，招标人还要求中标人交纳履约保证金或保证函。

此外，根据国际招标惯例的有关规定，招标人在评标过程中，认为不能选定中标人，可以宣布招标失败，拒绝全部投标，这种行为称为拒绝投标。

五、拍卖

拍卖（auction）是由经营拍卖业务的拍卖行接受货主的委托，在规定的时间和场所，按照一定的章程和规则，以公开叫价的方法，把货物卖给出价最高的买主的一种贸易方式。

拍卖是一种具有悠久历史的交易方式，在今天的国际贸易中仍被采用。通过拍卖成交的商品通常是品质难以标准化，或按传统习惯以拍卖出售的商品，如茶叶、烟草、羊毛、木材、水果以及古玩和艺术品等。

（一）拍卖的出价方法

（1）增价拍卖，又称买家叫价拍卖。增价拍卖，又称买家叫价拍卖。拍卖过程中，拍卖人宣布预定的最低价格，竞买者相继叫价、竞相加价。当拍卖人认为无人再出更高的价格时，接受并卖给最后出价最高的人。

（2）减价拍卖，又称荷兰式拍卖。拍卖人先喊出最高价格，然后逐渐减低叫价。当有某一竞买者认为已经低到可以接受的价格时，表示买进。

（3）密封递价拍卖，又称招标式拍卖。采用这种方法时，拍卖人公布商品的具体情况和拍卖条件等。各买方在规定时间内将自己的出价密封递交拍卖人，拍卖人进行审查比较，决定将该货物卖给哪一个竞买者。

（二）拍卖的一般程序

（1）准备阶段。参加拍卖的货主先要把货物运到拍卖地点，存入仓库。在规定的时间内，允许参加拍卖的买主到仓库查看货物，有些还可抽取样品。查看货物的目的是按质论价。

（2）正式拍卖。拍卖会在规定的时间和地点开始，并按照拍卖目录规定的先后顺序进行。从法律上讲，拍卖过程中也包含有发盘和接受两个环节。买方喊价相当于发盘，主持人落槌则属于接受。

（3）成交与交货。拍卖以其特有的方式成交后，拍卖行要求买方签署一份成交确认书，作为拍卖合同的书面依据。在买方付清货款后，货物所有权也随之转移，买方可以提货。

六、展卖

展卖（fairs and sales）是出口商利用展览会、博览会、交易会及其他会展形式，将自己的商品展示给客户，从而进行销售的一种贸易方式。展卖是最古老的交易方式之一，随着世界经济的发展和国际贸易的不断扩大，展卖形式逐渐向国际化、大型化和综合化方向发展。

展卖最基本的特点是将出口商品的展览和推销有机结合起来，边展边销，以销为主。展卖的形式主要有以下三种。

（一）展览会

展览会是指一国选择适当的场所将商品集中进行展出和销售的贸易方式。展览会由举办国不定期举办，可在国内，也可在国外，还可以采用流动方式在各地进行轮流展出。国际展览会主要是一国商品集中在一起进行展览并销售。有时，也可以是几个国家联合起来在某一国举办。

举办国际展览会，展出国可以展示自己的新产品、新成果及其他特色商品，有利于宣传商品，从而打开商品销路，拓展国际市场。另外，展览会提供了现货成交和集中成交的机会，对出口商和进口商都是有利的。

（二）展销会

展销会是指出口商自己或联合其他出口商共同在国内举办的展销活动。一般多是食品、农产品、纺织品等小型展销会，也有大型商企集团、垄断企业展销自己的系列产品和拳头产品。展销会包括的内容主要有展销时间、展销地点、参展厂商和产品、参展产品特色等。在国际展销会上，出口商可直接向客户和消费者销售产品，但这些产品必须通过海关的检验。

（三）博览会

博览会是指在世界上一些著名的城市定期举办的大型国际展会，各国商人来此参加商品展卖。

国际博览会上各国商品云集，形成了一个相互交流和竞争的环境，通过贸易洽谈、零卖商品、宣传广告等，各国客商可以建立起广泛的世界性商业关系，并且能收集大量的市场信息，提高本国商品水平。因此，国际博览会是国际范围内集中交换商品的重要场所，也是各国商人借此建立广泛贸易联系的重要场所，所以，国际博览会在国际贸易中的地位越来越显著。

国际博览会有综合性博览会和专业性博览会之分，前者一般规模较大，展出的商品品种多样，展品不受限制；后者则对展品有一定的专业性要求。

世界著名的博览会多为综合性博览会。主要有法国的里昂、巴黎，意大利的米兰，德国的汉诺威，奥地利的维也纳，加拿大的蒙特利尔，澳大利亚的悉尼，日本的东京，荷兰的乌德列夫，叙利亚的大马士革等。我国自 1957 年开始在广州举办的中国进出口商品交易会（简称"广交会"）就是具有博览会性质的一种展卖活动。

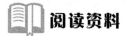 **阅读资料**

中国进出口商品交易会

中国进出口商品交易会即广州交易会，简称广交会，英文名为"Canton fair"。创办于1957 年春季，每年春秋两季在广州举办，迄今已有 60 余年历史，是中国目前历史最悠久、层次最高、规模最大、商品种类最全、到会客商最多、成交效果最好的综合性国际贸易盛会。自 2007 年 4 月第 101 届起，广交会由中国出口商品交易会更名为中国进出口商品交易会，由单一出口平台变为进出口双向交易平台。

广交会是中国历史最悠久、规模最大、商品种类最全、到会客商最多、成交效果最好的综合性国际贸易展会，一年分两届举行，成交总额占中国一般贸易出口总额的 1/4。

中国进出口商品交易会由多个交易团组成，有数千家资信良好、实力雄厚的外贸公司、生产企业、科研院所、外商投资/独资企业、私营企业参展。

中国进出口商品交易会贸易方式灵活多样，除传统的看样成交外，还举办网上交易会。广交会以出口贸易为主，也做进口生意，还可以开展多种形式的经济技术合作与交流，以及商检、保险、运输、广告、咨询等业务活动。来自世界各地的客商云集广州，互通商情，增进友谊。

主办单位：中华人民共和国商务部、广东省人民政府。

承办单位：中国对外贸易中心。

组织机构："中国进出口商品交易会领导委员会"由中华人民共和国商务部、广东省人民政府、广州市人民政府领导，各交易团团长、各展馆馆长、有关部门领导共同组成。

举办地址：广州市海珠区阅江中路 382 号琶洲国际会展中心。

春季开展时间：每年4月15日至5月5日。

秋季开展时间：每年10月15日至11月4日。

参展范围：广交会现在每季分三期举行，每期都有不同的参展范围。

第一期：大型机械及设备、小型机械、自行车、摩托车、汽车配件、化工产品、五金、工具、车辆（户外）、工程机械（户外）、家用电器、电子消费品、电子电气产品、计算机及通信产品、照明产品、建筑及装饰材料、卫浴设备、进口展区。

第二期：餐厨用具、日用陶瓷、工艺陶瓷、家居装饰品、玻璃工艺品、家具、编织及藤铁工艺品、园林产品、铁石制品（户外）、家居用品、个人护理用具、浴室用品、钟表眼镜、玩具、礼品及赠品、节日用品、土特产品（第109届新编入）。

第三期：男女装、童装、内衣、运动服及休闲服、裘革皮羽绒及制品、服装饰物及配件、家用纺织品、纺织原料面料、地毯及挂毯、食品、医药及保健品、医疗器械、耗材、敷料、体育及旅游休闲用品、办公文具、鞋、箱包。

资料来源：中国进出口商品交易会网站（2023年12月31日引用）。

第二节　新兴的国际贸易方式

第二次世界大战后，随着国际贸易的发展和世界市场的扩大，国际贸易方式日益多样化，出现了加工贸易、对销贸易、租赁贸易等一些新兴的国际贸易方式。

一、加工贸易

加工贸易（processing trade）是指经营企业进口全部或者部分原辅材料、零部件、元器件、包装物料，经加工或装配后，将制成品再出口的经营活动。

加工贸易有利于从事加工装配业务的国家利用本国劳动力资源丰富的优势，创造更多的就业机会，可通过引进国外的先进生产工艺，借鉴国外的先进管理经验，提高本国的技术水平、管理水平和产品质量，积极参与国际分工，利用国外的销售渠道，推动本国经济和国际接轨。接受加工的地区主要集中在资源丰富、劳动力低廉的发展中国家和地区，而成品主要输往发达国家和地区。

加工装配业务不属于货物买卖性质，而属于加工承揽业务。当事人为定作方和承揽方，二者属委托与被委托的关系，定作方支付给承揽方的报酬是合同规定的加工费。在实践中也有些加工装配业务，对定作方提供的原料和承揽方提供的成品采取各自作价的方式。承揽方的收费不是采取直接收取加工费的形式，而是赚取差价，但这种差价实质上仍属于承揽方的加工费收入，并非真正的货物买卖。

加工贸易的形式主要有以下三种。

（一）来料加工

来料加工是指由外商免费提供全部或部分原材料、辅料、零部件、元器件、配套件、包装料件等，由加工方按对方要求进行加工装配，成品交对方销售，加工方只收取工缴费的交易形式。其主要是为了吸收外资，同时利用国内劳动力资源等方面的优势，加工成品，以获取收入。

其特点是：来料加工贸易是一种委托加工方式，它体现了国际贸易的一种特殊形式。在这种贸易方式中，外商将原材料等运交我方，但并未发生所有权的转移。我方作为受托人，根据外商的要求进行原料加工，并在加工过程中付出劳动。我们获得的加工费是劳动的报酬。来料加工贸易属于劳务贸易的一种形式，它以商品为载体，实现了劳力出口。

（二）进料加工

进料加工是指加工方用外汇购买进口的原材料、辅料、零部件、元器件、配套件、包装物料等，经加工生产出成品或半成品后再外销出口的交易形式。

进料加工业务有以下几个特点：加工方自行从国际市场组织原辅材料，进口时需对外付汇；加工方需自行开拓国际市场，寻找客户，接洽订单；加工方对从原辅料进口直至成品销售的全过程独立承担商业风险。

（三）来件装配

来件装配指由国外的厂商提供零部件、元器件、工具、必要的设备和技术，利用本国的生产能力，按照对方提供的图纸、技术标准或样品等进行装配，成品交给对方，我方收取装配费的交易形式。

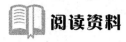 **阅读资料**

我国加工贸易发展历程

1. 从"三来一补"起步，以来料加工为主（1978～1987年）

对于刚刚实行改革开放的国家而言，加工贸易政策的出台和起步有着特别重要的意义，它在普遍贸易管制和数量限制条件下创出了一片新天地，享有准自由贸易安排的小环境。特别是"三来一补"的引入，不仅发挥了向我国港澳台地区开放的桥梁、窗口作用，而且为吸收外商投资的顺利起步创造了条件。

对外开放首先是从经济领域开始的，外贸体制改革"先行一步"。1978年7月国务院发布《开展对外加工装配业务试行办法》，先在广东、福建、上海等地试行特殊贸易政策，即允许加工装配所需原材料、零部件、设备的进口，一律免征关税、工商税。1979年9

月，国务院发布《发展对外加工装配和中小型补偿贸易办法》，提出"积极利用国外原材料和技术，发挥国内生产能力，大力发展以进养出业务，把出口贸易做大做活，增加外汇收入，增强国家的外汇支付能力"。这一系列政策打破了计划经济时期的经济管理和外贸管制的体制障碍，对加工贸易实行了特殊的海关监管政策，促进了加工贸易的迅猛发展。同年，国务院还发布了《以进养出试行办法》，鼓励国有外贸公司专门用于进口料件加工装配以后扩大出口。1980 年，国务院在《关于〈广东、福建两省会议纪要〉的批示》中对海关的管理和关税的减免等方面作了一系列规定。

来料加工装配首先在广东、福建和上海等具备产业承接条件的沿海地区开展，特别是广东、福建两省实行特殊政策、灵活措施，借鉴国外设置"自由贸易区""出口加工区"的做法，创建经济特区，对外贸易得到迅速发展。

2. 沿海地区经济发展战略推动进料加工和外向型经济大发展（1988～2000 年）

20 世纪 80 年代末，国务院出台了一系列鼓励"大进大出、两头在外"的改革和措施，进一步减少了对加工贸易范围和监管的限制，逐步形成了包含来料加工装配和进料加工的"大加工贸易"概念及独特的加工贸易理论和政策操作体系，海关统计体系也由此诞生。1988 年，海关总署发布了《进料加工进出口货物管理办法》，加工贸易保税制度从国家制度层面正式确立。1989 年，当时的外经贸部发布了《关于加强进料加工复出口管理工作的通知》，对进料加工管理工作进一步提出了明确的要求，强化了对进料加工的鼓励和支持，放宽了对进料加工的限制。1988 年以来，国家还对来料加工业务管理进行了一系列改进。这个时期，由于发达国家全球产业转移步伐加快，越来越多的西方跨国公司将成熟的技术与制造工序直接转移到中国，推动了进料加工业务的迅速发展，逐步成为加工贸易的主导方式，大幅提高了加工贸易的国内增值率和配套率，也成为推动我国对外贸易发展的重要动力。

1992 年，海关总署发布了《海关对外商投资企业进出口货物监管和征免税办法》，鼓励外商投资企业开展进料加工贸易；1996 年，海关总署发布了《关于派驻海关监管人员的保税工厂审批原则》等，通过加强管理整顿加工贸易秩序，改善运行环境。

1995 年，国务院出台《关于对加工贸易进口料件试行银行保证金台账制度暂行管理办法》，标志着我国加工贸易政策的重点已从 20 世纪 80 年代的以扶持鼓励为主，转变为以调整结构、规范秩序、加快综合监管为主。1999 年，国务院批转了《关于进一步完善加工贸易银行保证金台账制度的意见》，大部分守法企业实行台账"空转"，台账管理演变成加工贸易企业分类管理、商品分类管理。1999 年，发布第一批《加工贸易禁止类进口限制类商品目录》，加工贸易按进口商品划分为禁止类、限制类和允许类，加工贸易企业划分为 A、B、C、D 四类，对生产不同类型商品的不同类型企业，在银行保证金台账方面给予不同的待遇。为了避免加工贸易遍地开花带来的管理困难，2000 年国务院批复了《海关对出口加工区监管的暂行办法》，同年，国家税务总局出台了《出口加工区税收管理暂行办法》，进一步落实区外企业向区内企业销售货物的出口退税政策。

3. "入世"以来加工贸易商品结构向以高新技术产品为主方向迈进（2001 年至今）

经过 20 多年来的对外经贸体制改革，我国贸易投资自由化便利化逐步推进，出口体制、进口体制改革和市场开放不断深入，社会主义市场经济体制不断完善，2001 年 12 月我国加入世贸组织，对外开放进入了历史新阶段。

我国外经贸体制开始全面与国际规则互接互补，开放型经济被赋予了新的时代内涵，全方位的制度性开放被提上日程。2004 年 4 月，国家公布了修订后的《中华人民共和国对外贸易法》，大大提高了外贸管理体制和政策的统一性与透明度，提高了贸易自由化、便利化程度，基本建立了符合 WTO 规则的外贸政策体系、管理机制和促进体系。这一时期，我国发挥巨大市场空间以及更加开放的优势，积极承接以 IT 为代表的高科技产业生产制造环节的第三次国际产业转移，进一步增强了我国对国际产业的吸引力，促进了我国高新技术产业的迅速发展，高新技术产品出口比重迅速提高。

2016 年《国务院关于促进加工贸易创新发展的若干意见》提出，加工贸易进一步向全球价值链高端跃升，从产品技术含量和附加值的提升、产业链的延长、生产制造与服务贸易融合发展的转变、区域布局优化和增长动力转换等方面进一步提升加工贸易的创新发展。

2023 年商务部等 10 部门联合印发《关于提升加工贸易发展水平的意见》，提出进一步提高加工贸易的发展水平，积极培育外贸竞争的新优势，整体提升制造优势和竞争力。

资料来源：邓娜，侯少夫. 中国加工贸易的发展历程与政策演变［J］. 开放导报，2012（6）：28 - 32；中国政府网的相关内容。

二、对销贸易

对销贸易（counter trade）是指在互惠的前提下，由两个或两个以上的贸易方达成协议，规定一方的进口产品可以部分或者全部以相对的出口产品来支付。

对销贸易是一种进口和出口相结合的方式，体现了互惠的特点。在这种贸易方式下，一方商品或劳务的出口必须以进口为条件。对销贸易中，进口和出口是相互关联的。一方从国外进口货物时，不是用现汇支付，而是用相对的出口产品来支付。

对销贸易有多种形式，如易货贸易、补偿贸易、互购和转手贸易。但在我国对外经贸活动中采用较多的是易货贸易和补偿贸易。

（一）易货贸易

易货贸易（barter trade）是指不通过货币支付，直接以货换货实现进出口结合的贸易方式。

1. 易货贸易的特点

（1）买卖双方交换价值相等。

（2）不用货币支付。以经过计价的货物相互作为清偿工具，不必直接支付货币，可解决外汇短缺国家的困难，避免金融动荡、汇率波动而产生的外汇风险。

（3）可用优势商品带动滞销商品，扩大出口。

2. 易货贸易的做法

易货贸易方式主要有以下两种不同的做法。

（1）记账易货贸易。一方用一种出口货物交换对方出口的另一种货物，双方都将货值记账，互相抵冲，货款逐笔平衡，无须使用现汇支付。或者在一定时期内平衡（如有逆差，再以现汇或商品支付）。采用这种方式时，进出口可以同时进行，也可以先后进行。

（2）对开信用证方式。这是指进口和出口同时成交，金额大致相等，双方都采用信用证方式支付货款，也就是双方都开立以对方为受益人的信用证，并在信用证中规定，一方开出的信用证要在收到对方开出的信用证时才生效。

（二）补偿贸易

补偿贸易（compensation trade）又称产品返销，是指在信贷基础上进口机器设备或技术，并用其生产的产品或相关产品分期偿还进口设备的价款及利息的一种贸易方式。

补偿贸易是 20 世纪 60 年代发展起来的，目前已成为东西方贸易的重要方式之一。改革开放以后，补偿贸易在我国有较大发展，特别是在沿海省市更为突出。

1. 补偿贸易的种类

（1）直接产品补偿。这是补偿贸易最基本的做法，在计算货款时要把所贷资金和利息一起，分摊在偿还的产品计价中。

（2）其他产品补偿。如果直接产品不是对方所需要的或机器设备本身不能生产产品，经双方约定，可用其他产品来代替。

（3）劳务补偿。由进口方用向对方提供加工服务所得的报酬来偿还进口机器设备的价款和利息。这种形式常见于与加工装配业务结合的中小型补偿贸易。

2. 补偿贸易的特征

（1）补偿贸易建立在信贷的基础上。这种方式不需要先支付现汇购买机器设备，而是在进口机器设备投产后，用其生产的产品有偿地分批提交供应方，用以抵偿该机器设备的价款。这可以使进口方在缺乏现汇的情况下进口机器设备，扩大生产规模。同时，也可扩大机器设备供应方的销路。

（2）进口与出口相结合。补偿贸易是由供应方提供商品信贷，由引进方用直接产品、间接产品或劳务分批等价偿还，偿还期较长。这与传统的易货贸易不同，传统的易货贸易是以货易货，一笔对一笔，一笔交易完成，合同即终止。

补偿贸易不仅要求设备供应方提供信贷，同时还要承诺回购对方的产品或劳务，以使对方用所得货款还贷款。这两个条件必须同时具备，缺一不可。

3. 补偿贸易的作用

（1）对设备进口方的作用。第一，通过这种方式来利用国外资金；第二，通过补偿贸易，可以引进先进的技术和设备，发展和提高本国的生产能力，加快企业的技术改造，使产品不断更新，实现产品的多样化，增强出口产品的竞争力；第三，通过对方回购，还可在扩大出口的同时，得到一个较稳定的销售市场和销售渠道。

（2）对设备供应方的作用。对于设备供应方来说，进行补偿贸易，有利于突破进口方支付能力不足的问题，扩大出口，在当前市场竞争日益激烈的条件下，通过承诺回购义务加强自己的竞争地位，争取贸易伙伴。

（三）互购

互购（counter purchase）也称反购，就是交易双方互相购买对方产品的贸易。

互购贸易双方需要签订两个既独立而又相互联系的合同。一个合同是先进口国用现汇购买对方的商品，另一个合同是先出口国承诺用出口所得货款的一部分或全部在一定期限内购买先进口国的商品。

互购贸易是一种将先后两笔不一定等值的现汇贸易结合在一起的贸易方式。互购贸易一般对先出口一方比较有利，原因在于先出口一方不存在垫付资金的问题。在收到出口货款至支付进口回头货价金的这段时间里，先出口一方可以利用对方的资金。由于互购贸易的特点，先出口一方在随后的谈判中处于比较有利的地位。

互购不同于易货贸易，易货贸易不涉及货币的支付，用等值货物进行交换；而互购属于现汇贸易，而且不要求等值交换。互购也不同于补偿贸易，补偿贸易是建立在信贷的基础上，用进口的机器设备生产的直接或间接产品有偿地分批提交供应方，用以抵偿该机器设备的价款，期限较长；而互购双方没有信贷关系，先出口方回购对方的商品与原出口商品无关，回购时间较短，一般在半年至一年内完成。

（四）转手贸易

转手贸易（switch trade）又叫三角贸易（triangular trade），是一种特殊的贸易方式，是记账贸易的产物。其目的是把记账贸易项下的不可兑换货币转换成硬通货。

简单的转手贸易是拥有顺差的一方根据记账贸易将回购的货物运到国际市场，为了提高其产品的竞争能力，往往以低于市场的价格转售货物，从而取得硬通货。

实践中，转手贸易的内容较为复杂，涉及多个方面，且关系紧密，需要严格把控。由于转手贸易的复杂性，一般商人难以完成，需要专门从事转手贸易的转手商（switcher）来进行。转手贸易商通常具备雄厚的资本实力，并在多个国家和地区设有分支机构或专门网络。部分转手贸易商甚至可能是跨国公司的某一专门部门，进一步提高了转手贸易的专业性。

三、租赁贸易

租赁贸易是指出租人将商品交给承租人使用，并在约定期限内向承租人收取租金的一种贸易方式。在租赁业务中，出租人与承租人签订租赁合同来确定双方的租赁关系。承租人在租赁期间，对租用物享有占有权和使用权，并承担保护、合理使用租用物并支付租金的义务；出租人对出租物拥有所有权，并享有收取租金的权利。

租赁贸易产生于 20 世纪 50 年代的美国，1952 年世界上第一家专业性租赁公司——美国租赁公司在旧金山成立，从那时起，租赁贸易就通行于世界。现代租赁的发展已跨越了国界，不论是租用物的跨国买卖，还是租赁当事人的跨国经营，都极大地促进了国际租赁贸易的蓬勃发展。

租赁贸易的形式多种多样，主要有融资租赁、经营租赁、专业租赁和维修租赁等。

（一）融资租赁

融资租赁是采用租赁资产的方式为企业筹集资金的一种信用形式。出租人根据承租人的要求和确认的条件，与第三方当事人订立一份购买设备的合同，并将购买的设备交给承租人使用，按期收取租金。这种做法对出租人来说，比对外贷款更加安全可靠且资金收回快；对承租人来说，能及时使用所需的先进技术设备，减少大量的设备资金占用，加速资金周转，有利于改善企业财务状况。

（二）经营租赁

经营租赁也叫服务租赁，是指出租人不仅向承租人提供设备、器材，也提供特别的服务。这种租赁方式的特点是：租赁期限短，出租人可将出租物多次反复出租来获取利润；出租人在提供租赁设备的同时还需要提供必要的服务，如租赁物的维修、保养和管理等；租赁的设备为常用商品，如电脑、汽车、轮船、工程建设设备等。

（三）专业租赁

专业租赁是公司附设的租赁公司出租本公司产品的一种形式，这对出租人来说是一种销售产品的形式，对承租人来说则是一种融资形式。

（四）维修租赁

维修租赁一般是指车辆的经营租赁，出租人向承租人提供的服务范围较广，包括购车、登记、完税、保险、维修及事故的处理等。租期一般较长，租金较少。

第三节　商品交易所与期货交易

商品交易所（commodity exchange）是大宗商品的买卖场所，也是一些商人进行投机活动的场所。它是在一定时间和地点，按照一定的规则，买卖特定商品的有组织的市场。在商品交易所进行交易的商品，主要是初级产品，如谷物、棉花、橡胶、油料、咖啡、木材、金属和原油等。通常都是根据商品的品级标准或样品进行买卖，达成交易后卖方只将代表商品所有权的单证转让给买方，无须交付实物。交易所内的一切交易必须通过交易所的经纪人或交易所会员进行。商品交易所的交易分为现货交易与期货交易两种。

一、现货交易

现货交易是买卖双方协商决定的现货合约交易。现货合约是买卖双方达成的即期或在未来交付某种商品的销售合约。根据商品实际交付日期的不同，它又可分为现货即期交易和远期合约交易两种，交易所对这种交易只是提供场所和各种合同格式，并协助解决纠纷等事项。现货交易不是交易所的主要业务，约占商品交易所的10%。

二、期货交易

期货交易是买卖双方在期货交易所内按照一定的规则签订交易所制定的标准化合同的交易，是一种进行预买预卖的贸易形式。

期货交易不同于现货交易。在现货交易情况下，卖方必须交付实际货物，买方必须支付货款，商品的所有权会实现转移。而期货交易的标的物是期货交易所制定的标准化合同，成交后买卖双方并不转移商品的所有权。期货交易的目的在于通过买卖期货合约，为其现货交易进行保值或赚取期货合约的差价。因此，交易所的期货交易量很大，但订约双方实行交割的却很少，只需用货币支付价格变动的差额即可。

（一）期货交易的种类

1. 投机性交易

投机性交易也称"买空卖空"，是投机者根据自己对市场前景的判断而进行的投机性活动。如果投机者估计价格要上涨时买进期货，一旦价格实际上涨后就卖出期货，从中赚取差价，俗称"买空"；如果投机者估计价格要下跌时卖出期货，一旦期货价格下跌后再买进期货，从中赚取差价，俗称"卖空"。

2. 套期保值

套期保值也称"对冲交易"，是指从事现货交易的商人或工商企业、农场主，为了转移价格波动的风险，而以期货交易临时代替现货交易的一种市场行为。具体做法是：在现货和期货市场同时进行两种数量相等而方向相反的交易，即在现货市场买进（或卖出）现货的同时，又在期货市场上卖出（或买进）等量的期货合同。如果现货价格上涨，期货价格也会跟着上涨；反之，现货价格下跌，期货价格也会跟着下跌。这样，现货买卖的盈亏可由期货合同交易的亏盈来平衡，以避免因价格变动而受到损失。

（二）期货交易的特点

1. 期货交易是标准化的合同买卖

期货标准化合同是由交易所统一规定，并具有法律效力，不同种类的商品有不同的标准化合同。

2. 期货交易的商品需具备一定的条件

不是所有商品都适合在交易所进行交易，一般要符合以下条件：商品的质量、规格、等级容易划分确定；商品的交易量大；商品的价格取决于市场机制作用，价格上下波动；拥有众多的买者和卖者；商品可保存一定的时期且适宜运输。

3. 期货交易须缴纳保证金

交易所为了确保期货贸易顺利进行，防止顾客被欺诈和提高交易所信用，规定：凡在交易所买卖期货合同者，必须先按照合同总值的 10% ~ 15% 缴纳期货交易保证金，将其储存在清算所，只有最后通过合同买卖抵消后，才能提出保证金。

4. 期货交易具有良好的信用保证机制

期货交易实行会员制，由商品交易所担负合同的履行职责，期货交易双方无须对彼此负责。完善的监督、处罚制度，保障了期货交易的良好运作，是出口企业规避风险的一条重要途径。

第四节　国际技术贸易

国际技术贸易是指不同国家的企业、经济组织或个人之间，按照一般商业条件，向对方出售或从对方购买软件技术使用权的一种国际贸易行为。它由技术出口和技术引进两方面组成。简言之，国际技术贸易是一种国际范围内以纯技术的使用权为主要交易标的的商业行为。

一、国际技术贸易的特点

国际技术贸易与国际商品贸易有一定的相似之处，但是，两者又有很大的区别，主要体现在以下四个方面。

（一）技术贸易的标的物是无形的

技术贸易的标的物是无形的知识，而商品贸易的标的物是有形的，可以看得见、摸得着。在国际贸易中，一般把商品贸易称为"有形贸易"，把技术贸易称为"无形贸易"。

（二）技术贸易具有多次交易性

技术贸易通常转让的是标的物的使用权、制造权和销售权，而不丧失对标的物的所有权。标的物的所有者可以把标的物进行多次交易。

（三）技术贸易可使技术增值

在技术贸易中，技术不会像商品那样在使用过程中因被消费而丧失价值，它可以在使用中不断得到改进和更新，甚至发展出新的技术，实现原有技术的增值。

（四）技术贸易所涉及的问题远较商品贸易复杂且难度大

国际技术贸易比商品贸易的问题更加复杂，主要表现为：一是国际技术贸易的交易条件比较复杂，不仅涉及商品条件，还涉及特有的技术条件，而且技术贸易还与多种贸易方式相结合。二是技术贸易的履行更为复杂。技术贸易合同的履行期一般比较长，涉及的问题又比较多，除供、受双方的责任、权利和义务外，还涉及知识产权的保护、商业技术密码、技术风险等，这需要交易双方在较长时间内相互合作。三是技术贸易涉及的法律更多，国际技术贸易除合同法外，还涉及工业产权、税收、投资、技术转让等相关法律。四是技术贸易更易受到政府的干预，技术贸易通常与一国的政策相联系。发展中国家在引进重要的技术时，都必须报政府主管部门审查、批准或登记后才能生效，发达国家对高、新、尖端技术的出口进行严格的控制，甚至禁止出口。

二、国际技术贸易的方式

国际技术贸易采用的方式主要有许可贸易、特许经营、技术服务和咨询、合作生产、国际承包工程，以及含有技术、专利的补偿贸易。

（一）许可贸易

许可贸易（licensing trade）实际上是一种许可方用授权的形式向被许可方转让技术使用权，同时也让渡一定市场的贸易行为。许可贸易转让的是技术的使用权而不是所有权。许可贸易是国际技术贸易中最常见、使用最广的交易方式。

在国际技术贸易中，许可贸易按其标的内容可分为专利许可、商标许可、专有技术许可等多种交易形式。

（二）特许经营

特许经营（franchising）是20世纪90年代以来迅速发展起来的一种新型商业技术转让方式，它是指由一家已经取得成功经验的企业，将其商标、商号名称、服务标志、专利、专有技术以及经营管理的方式或经验等全盘地转让给另一家企业使用，由后一企业（受许人）向该企业（特许人）支付一定金额的特许费的技术贸易行为。

特许经营合同是一种长期合同，它可以适用于商业和服务业，也可以适用于工业。特许经营是发达国家的厂商进入发展中国家的一种非常有用的形式。由于风险小，发展中国家的厂商也乐于接受。

（三）技术服务和咨询

技术服务和咨询是指独立的专家或专家小组或咨询机构作为服务方，应委托方的要求，就某一个具体的技术课题向委托方提供高知识性服务，并由委托方支付一定数额的技术服务费的活动。

（四）合作生产

合作生产是指一个国家或地区的公司、企业与另一个国家或地区的公司、企业根据所签订的合同，合作生产某种产品或合作研制某个项目或联合设计某种产品的一种经济合作和技术转让的综合方式。它包括共同制订生产计划、转让生产技术、双方技术人员共同研制以及相互提供零部件等。

合作生产并不是一种独立的、基本的技术贸易方式，实际上它只不过是建立在各方合作生产目的之上的许可贸易和技术服务咨询而已。这种技术贸易的目的与单纯的技术贸易不同，它是为各方的合作生产服务的。

（五）国际承包工程

国际承包工程是指一国的企业通过投标或其他协议的方式，承包建设外国发包人所委托的工程项目，从而取得一定报酬的贸易活动。工程承包项目大多是大型建设项目，一般都伴随着技术转让。

（六）含有技术、专利的补偿贸易

通过补偿贸易引进机器设备，大多伴随着先进技术、专利的转让。对出口方而言，既获得了转让设备和技术的价款，又从返销商品的销售中获得利润；对进口方而言，可解决其缺少资金进行设备更新和技术升级的问题，进而促进产品的换代升级，增强市场竞争力。

三、国际技术贸易合同

（一）许可合同

许可合同是指许可贸易的技术供方为允许技术的受方有偿使用其知识产权或专有技术而与对方签订的一种授权协议。

合同内容主要包括：供方提供的技术的具体内容；供方提供的技术资料；供方提供的设备；价格条款；技术改进和发展的交换；保证条款；侵权和保密；等等。

（二）技术服务和咨询合同

技术服务和咨询的内容、范围和形式相当广泛，但一般来说，主要包括以下几个方面的内容：合同的标的；技术服务与技术培训；验收和处理；税费；风险责任条款；其他条款。

本章要点

（1）传统的国际贸易方式。

①包销是出口商与国外包销商签订包销协议，把某一种商品或某一类商品在一定期限内和一定地区内的独家经营权给予国外包销商的贸易做法。

②代理是指出口商（委托人）授权进口商（代理人）在一定地区和一定时期内，代表出口商销售指定商品的一种贸易方式。

代理的种类有独家代理、佣金代理和总代理。

③寄售是指委托人（货主）先将货物运往寄售地，委托国外一个代销人（受托人），按照寄售协议规定的条件，由代销人代替货主进行销售，在货物出售后，由代销人向货主结算货款的一种贸易做法。

④招标与投标：招标是指招标人（买方）在规定的时间、地点发出招标公告或招标单，提出准备买进商品的品种、数量和有关买卖条件，邀请投标人（卖方）投标的行为。

投标是指投标人（卖方）应招标人（买方）的邀请，根据招标公告或招标单的规定条件，在规定投标的时间内向招标人递盘的行为。

招标的主要方式：国际竞争性招标、谈判招标、两段招标。

⑤拍卖是由经营拍卖业务的拍卖行接受货主的委托，在规定的时间和场所，按照一定的章程和规则，以公开叫价的方法，把货物卖给出价最高的买主的一种贸易方式。

⑥展卖是出口商利用展览会、博览会、交易会及其他会展形式，将自己的商品展示给客户，从而进行销售的一种贸易方式。展卖的形式有：展览会、展销会、博览会。

（2）新兴的国际贸易方式。

①加工贸易是指经营企业进口全部或者部分原辅材料、零部件、元器件、包装物料，经加工或装配后，将制成品再出口的经营活动。加工贸易主要有来料加工、进料加工和来件装配三种方式。

②对销贸易是指在互惠的前提下，由两个或两个以上的贸易方达成协议，规定一方的进口产品可以部分或者全部以相对的出口产品来支付。对销贸易的形式包括易货贸易、补偿贸易、互购和转手贸易。

③租赁贸易是指出租人将商品交给承租人使用，并在约定期限内向承租人收取租金的一种贸易方式。租赁贸易的形式有融资租赁、经营租赁、专业租赁和维修租赁。

（3）商品交易所与期货交易。商品交易所是在一定时间和地点，按照一定的规则，买卖特定商品的有组织的市场。商品交易所的交易分为现货交易与期货交易两种。现货交易是买卖双方协商决定的现货合约交易。期货交易是买卖双方在期货交易所内按照一定的规则签订交易所制定的标准化合同的交易，是一种进行预买预卖的贸易形式。期货交易的种类主要有投机性交易和套期保值两种。

（4）国际技术贸易。国际技术贸易是指不同国家的企业、经济组织或个人之间，按照一般商业条件，向对方出售或从对方购买软件技术使用权的一种国际贸易行为。

①国际技术贸易的特点。

②国际技术贸易的方式：许可贸易；特许经营；技术服务和咨询；合作生产；国际承包工程；含有技术、专利的补偿贸易。

③国际技术贸易合同：许可合同；技术服务；咨询合同。

练习题

一、填空题

（1）包销协议中的专营权包括_____和_____。

（2）国际贸易代理方式中代理人和委托人的关系是_____关系。

（3）国际上普遍采用的招标方式有_____、_____、_____。

（4）拍卖的出价方式有_____、_____、_____三种。

（5）在一般情况下，购买专利技术是指购买专利技术的_____。

（6）租赁贸易的形式主要有_____、_____、专业租赁和维修租赁。

二、单项选择题

（1）包销方式中，包销人与供货之间的关系为（　　）。

A. 代理关系　　　　B. 买卖关系　　　　C. 委托关系　　　　D. 互购关系

（2）补偿贸易的前提条件是（　　）。

A. 银行信贷　　　　B. 信贷　　　　C. 延期付款　　　　D. 分期付款

（3）在独家代理和包销两种贸易方式中，（ ）。

A. 前者是代理关系，后者是买卖关系　　B. 前者是买卖关系，后者是代理关系

C. 都是代理关系　　　　　　　　　　　D. 都是买卖关系

（4）在来料加工业务中，料与成品的所有权（ ）。

A. 均属于供料方　　　　　　　　　　　B. 料属供料方，成品属加工方

C. 成品属供料方，料属加工方　　　　　D. 均属加工方

（5）下列有关国际竞争性招标投标的说明中，正确的是（ ）。

A. 招标投标是一种竞卖方式，对买方比较有利

B. 招标投标是一种竞卖方式，对卖方比较有利

C. 招标投标是一种竞买方式，对买方比较有利

D. 招标投标是一种竞买方式，对卖方比较有利

（6）对外加工装配业务从性质上讲是一种（ ）。

A. 资本输出　　　B. 技术出口　　　C. 劳务出口　　　D. 货物买卖性质

（7）某工厂购进一批铜，准备出口，在找到买主前，该厂长又担心铜的价格会下跌，为了转移价格波动的风险，可以在期货市场上进行（ ）。

A. 买空　　　　　B. 卖期保值　　　C. 买期保值　　　D. 卖空

（8）在补偿贸易业务中，设备供应方承诺购买一定数量或金额的由进口设备生产出来的产品，这种做法被称为（ ）。

A. 直接补偿　　　B. 间接补偿　　　C. 劳务补偿　　　D. 其他产品补偿

三、多项选择题

（1）寄售货物的作价办法大致有（ ）。

A. 规定最低限价　　　　　　　　　　　B. 随行就市

C. 售前征得寄售人意见　　　　　　　　D. 规定结算价格

（2）我国承接来料加工业务，主要有（ ）。

A. 机械产品　　　B. 轻纺工业品　　C. 电子产品　　　D. 化工产品

（3）在一般的销售代理协议中，最主要的是明确规定（ ）。

A. 定义条款　　　　　　　　　　　　　B. 委托人的权利与义务

C. 代理人的权利与义务　　　　　　　　D. 佣金条款

（4）国际竞争性招标包括（ ）。

A. 公开招标　　　B. 议标　　　　　C. 选择招标　　　D. 两段招标

（5）来料加工与进料加工的区别在于（ ）。

A. 是否属于"两头在外"的加工贸易

B. 原料的运进与成品的运出是否属于一笔交易

C. 中方是否承担成品的销售及风险

D. 原料供应者是否为成品接受者

（6）国际贸易中寄售方式的特点主要有（　　　）。

A. 寄售人和代销人是委托代售关系

B. 先发货，后成交，凭实物进行现货交易

C. 货物售出前的风险和费用均由寄售人承担

D. 货物的所有权在货物发运时转给代销人

（7）包销是常见的出口经销方式，在包销方式下（　　　）。

A. 供货人和包销商之间是卖方和买方的关系

B. 供货人可在同一地区和期限内指定几个包销商

C. 包销人在其经营活动中要自担风险、自负盈亏

D. 供货人要付给包销人佣金，以调动其积极性。

（8）在下列贸易中，属于对销贸易范畴的是（　　　）。

A. 产品回购　　　　　　　　　　B. 互购或反购

C. 招标与投保　　　　　　　　　D. 进料加工

四、判断题

（1）包销商品的范围越大，越有利于出口商。　　　　　　　　　（　　）

（2）总代理人不可分享分代理人的佣金。　　　　　　　　　　　（　　）

（3）寄售属于先买断后发货。　　　　　　　　　　　　　　　　（　　）

（4）对销贸易是指一种新的单一贸易行为。　　　　　　　　　　（　　）

（5）互购不要求等值交换。　　　　　　　　　　　　　　　　　（　　）

（6）谈判招标须用公开开标的形式。　　　　　　　　　　　　　（　　）

（7）品质不易高度标准化，或难以久存的商品，多采用拍卖方式。（　　）

（8）套期保值能完全排除价格风险。　　　　　　　　　　　　　（　　）

（9）互购一般对先出口方比较有利。　　　　　　　　　　　　　（　　）

（10）在技术贸易中，技术经所有人转让后，其所有权亦随之转移给受让人。（　　）

五、名词解释

包销　　　拍卖　　　招投标　　　对销贸易　　　套期保值　　　补偿贸易

六、简答题

（1）简述套期保值的做法。

（2）简述寄售方式的利弊。

（3）简述代理协议的内容。

（4）拍卖的出价方法有哪几种？

（5）国际技术贸易的方式有哪些？

（6）简述包销协议的主要内容。

七、案例题

招标机构接受委托，以国际公开招标形式采购一批机电产品，要求投标人制作规格和

价格两份投标文件。开标时，先开规格标，筛选出符合条件的投标人，再开价格标，确定中标者。共有 15 家企业投标，初步选定 9 家企业。招标机构通知 9 家对规格标进行澄清，并要求将投标有效期延长 2 个月。5 家送来澄清函并同意延长有效期，另 4 家提出若延长有效期，将提高报价 10% 或更多；否则将撤销投标。招标机构拒绝了后 4 家的要求。到了价格标的开标日期，对仅有的 5 家开标后，发现 5 家报价均过高，超过招标机构的预定标底 30% 以上。无奈，招标机构只得依法宣布此次招标作废，重新招标。此次公开招标采购机电产品以失败告终。

请分析：此次招标失败的原因以及应吸取的教训。

◇ 课堂讨论题

运用本章所学知识进行某钢铁企业套期保值操作实训。（假设：$2 \times \times 1$ 年 3 月 1 日，我国钢材现货价格达到 4 300 元/公吨。与此同时，期货市场上交割期为 7 月的钢材期货合约价格为 4 260 元/公吨。某钢材企业已与下游买家签订销售合同，预计未来四个月后将有大量钢材采购需求，总计 1 000 公吨。企业担心未来钢材价格可能会上涨，从而影响企业利润。企业该如何在期货市场上进行套期保值？）

第十一章　国际电子商务

 **学习要求**

●・ **重点** ・●

（1）电子商务的含义。

（2）电子商务的主要功能。

（3）电子商务的分类。

（4）电子商务对国际贸易的影响。

●・ **掌握** ・●

（1）电子商务在国际贸易中的应用。

（2）我国国际电子商务发展态势与存在的问题。

●・ **了解** ・●

电子商务的未来趋势。

 **引题案例**

作为某国最大的零售商，A 企业拥有超过 2 500 家商店，并在该国以外拥有 700 多家商店。A 企业通过优化供应链流程和实施低价策略，巩固了其在零售业的领导地位。尽管在线销售占 A 企业在该国销售额的 10%，但其目标客户群（年收入 25 000 美元的人群）与网上消费者的平均收入（60 000 美元）存在差距。主要竞争对手 B 公司通过提供免费上网服务吸引目标客户，这对价格敏感、低收入的顾客具有很大的吸引力。A 企业与某在线平台合作，向小区居民提供合作品牌的上网服务，旨在开辟新市场并消除同室操戈效应。

问题：A 企业是否会成为在全世界占统治地位的电子零售商？哪些因素可以帮助它在网上市场中取得成功？哪些因素会削弱它像统治实体零售市场那样统治在线销售市场的能力？对 A 企业网站进行战略分析，它有哪些竞争者、顾客和供应商？

本章将介绍国际电子商务的功能及其对国际贸易的影响。

随着现代信息技术的应用与国际商务交往的深入发展，电子商务（electronic com-merce/electronic business）正以前所未有的力量展示其在国际经济与贸易中的地位与作用。在发达国家，电子商务已经成为企业从事进出口业务的主要方式，世界各国也均将电子商务作为拓展进出口贸易的重要手段，积极推动本国企业应用电子商务从事国际贸易，进而占领国际市场。作为21世纪经济增长以及提升国家实力和竞争力的新手段，我国管理部门也正加紧研究制定相应的法律法规和技术标准，以期营造良好的电子商务环境，促进我国对外贸易更好更快地发展。

第一节 电子商务概述

一、电子商务的概念

电子商务通常是指在广泛的商业贸易活动中，在开放的网络环境下，买卖双方不谋面地进行各种商贸活动，实现消费者的网上购物、企业之间的网上交易和在线电子支付以及各种商务活动、交易活动、金融活动和相关的综合服务活动的一种新型的商业运营模式。

电子商务是一个不断发展的概念，电子商务的先驱IBM公司于1996年提出了"Elec-tronic Commerce（E-Commerce）"的概念，到了1997年，该公司又提出了"Electronic Bus-iness（E-Business）"的概念。但中国在引进这些概念的时候都翻译成"电子商务"。两者的区别在于，"E-Commerce"是指实现整个贸易过程中各阶段贸易活动的电子化。"E-Bus-iness"是利用网络实现所有商务活动业务流程的电子化。"E-Commerce"集中于电子交易，强调企业与外部的交易与合作；而"E-Business"则把涵盖范围扩大了很多，广义上指使用各种电子工具从事商务或活动，狭义上指利用互联网从事商务或活动。

电子商务具有降低交易成本、增加贸易机会、简化贸易流程、提高贸易效率、改善物流系统、提高生产力的作用。电子商务是一种替代传统商务活动的新形式。基于电子商务巨大的发展潜力和其活动的本质特征，世界各国政府和许多国际组织都对其给予了高度重视。联合国（UN）、世界产权组织（WIPO）、经济合作与发展组织（OECD）、亚太经合组织（APEC）等都专门成立了电子商务工作组，提出了一些国际标准规范。

二、电子商务的主要功能

（一）网上在线广告宣传

使用互联网做网上广告对于企业来说，成本低、覆盖面广且效果好。企业可以凭借

Web 服务和客户的浏览器，在互联网上发布各类商业广告和产品或服务信息，还可以利用网页和电子邮件在全球范围做广告宣传。常见的网上广告计费方式有每千人成本、每点击成本、每行动成本、每回应成本、每购买成本、包月方式、按业绩付费等。

（二）网上在线贸易洽谈和网上交易

互联网提供了多种用户信息交流方式，如在线通信工具（通信软件）、E-mail、BBS、新闻组和网络会议等。用户可以借助这些方式了解商品信息、洽谈贸易。电子商务通过网络进行咨询和洽谈的模式，打破了传统贸易面对面洽谈模式的局限性。

（三）网上在线订购与网上支付

利用互联网，用户可以方便地实现在线浏览和订购商品。网上在线订购时，订购信息会采取加密方式，以保证客户和商家的信息不被泄露。客户在网上订购商品后，可以采取网上银行提供的网银支付功能或其他在线电子货币支付功能进行网上支付。直接在网上采用电子支付方式，既可以节约买卖双方在交易中的开支，又可以加速资金的流转。值得注意的是，网上支付需要绝对安全可靠的加密保障，以防止交易信息被篡改、泄露、冒用等。

（四）电子账户管理

用户可以借助银行、金融单位、保险单位、信用卡公司等提供的网上服务来完成电子账户的管理。银行卡和信用卡都是电子账号的工具，其可信度必须有可靠的技术措施加以保证。一般可用数字凭证、数字签名、数据加密等手段来保障电子账户操作的安全性。

（五）网上商品物流及查询

客户在支付货款后，企业或商家应将客户订购的商品尽快通过合适的物流渠道送到客户手中。商家可以通过本外地的销售系统将商品送货上门，也可委托货运公司、快运公司或邮政部门邮递到客户手中。客户则可以通过网络系统实时查询到所订购的商品的运送情况和到达时间。

（六）收集客户反馈意见

电子商务过程中，企业可以很方便地运用互联网来收集用户对企业产品及其服务的反馈信息。可使企业及时、方便地了解用户对其产品和服务的满意程度，获得第一手资料，从而为企业改进商品生产及其服务、树立良好的品牌形象、获得更大的市场占有率创造条件。

（七）管理交易服务

管理交易是电子商务中很重要的一个环节，它涉及人员、资金、产品及企业与企业之间、企业与客户之间以及企业内部之间等多方面关系的协调管理，还涉及有关市场法规、税务征管及交易纠纷仲裁等内容。电子商务需要一个良好的交易管理服务系统，以保障其高效顺利运行。

三、电子商务的分类

电子商务是指基于互联网的商务活动，根据其基础技术在不同商务领域的应用，可进行多种分类。

（一）企业对企业的电子商务

企业对企业的电子商务（B2B）是指企业与企业之间进行的电子商务活动。企业对企业的电子商务是指在互联网上采购商与供应商进行谈判、订货、签约、接受发票和付款以及索赔处理、商品发送管理和运输跟踪等所有活动。企业间的电子商务具体包括以下的功能。

（1）供应商管理：减少供应商，减少订货成本及周转时间，用更少的人员完成更多的订货工作。

（2）库存管理：缩短"订货—运输—付款"（order-ship-bill）环节，从而减少存货，促进存货周转。

（3）销售管理：网上订货。

（4）信息传递：交易文档管理，安全及时地传递订单、发票等所有商务文档信息。

（5）支付管理：网上电子货币支付。

根据交易关系的不同，企业间电子商务可以分为两种类型。一种是非特定企业间的电子商务，是在开放的网络环境中，针对每笔交易寻找最佳伙伴，并与伙伴进行从订购到结算的全面交易行为。这种类型的电子商务更加灵活，能够根据市场需求迅速找到合适的合作伙伴。另一种是特定企业间的电子商务，是指过去一直有交易关系且今后将继续进行交易的企业间进行的各类商务活动。这种类型的电子商务建立在已有的交易基础上，买卖双方对彼此的信誉和业务流程有一定了解，从而降低了交易风险。例如工商企业利用互联网向它的供应商采购或进行在线付款等。国内典型的 B2B 电子商务平台有阿里巴巴的中文站（http：//china. alibaba. com/）及其国际站（http：//www. alibaba. com/）。这种电子商务，特别是企业之间通过增值网采用电子数据交换（electronic data interchange，EDI）方式进行的商务活动，已经存在多年，在行业内部开展得也较为成功。

为了满足客户的需求，B2B 平台需要开发新的、具有创新性和人性化的产品。例如，某网络平台 A 没有采用阿里的盈利模式，而是发展同盟和合作伙伴，通过组织展会为会员提供服务，这一尝试已被证实是正确的。一些新型的 B2B 平台开始尝试商业化视频方面的发展，如某网络平台 X，利用其商业化视频优势，为客户提供视频化的 B2B 平台和网络广告，走在行业创新的前沿。

除了结合时代特色的产品，B2B 平台的可信度也受到关注。例如，中国 GMC 制造商群体联手打造的环球市场平台是业内第一个设立准入门槛的电子商务平台，通过设定门槛提高供应商的可信度。

从未来发展趋势看，B2B 仍将是电子商务的主流。企业之间的交易和商务合作是商业活动的主要内容。企业目前面临的激烈竞争也需要电子商务来改善竞争条件，建立竞争优势。企业在寻求自身发展的同时，不得不逐步改善电子商务的运用环境。从动态发展的角度看，B2B 仍有较大的发展空间。

（二）企业对消费者的电子商务

企业对消费者的电子商务（B2C），是企业与消费者之间通过互联网进行的在线销售活动。近年来，随着互联网的迅猛发展，B2C 电子商务活动也呈现出强劲的增长势头。网上商店的出现，让消费者得以在家中通过自己的计算机轻松购物，无须受制于时间和地点。全球化的互联网市场为消费者提供了无数的购物选择，网络多媒体技术使得商品可以360 度全方位展示，让消费者能够更加细致地了解商品。互联网上高速度、低费用的信息传递，让消费者能够高效、便捷、低成本地完成网上购物过程。无论是商品信息查询、比价，还是在线支付，都让消费者享受到了极大的便利。尤其值得一提的是，网上购物为现代社会消费时尚的个性化提供了便利。消费者不再是只能被动地购买已生产出的商品，而是可以通过网络向商家提出个人要求，甚至可以虚拟出自己想要的商品，商家获取信息后，就有可能满足消费者独特的消费愿望。

对于商家而言，建立网上商店，完全更新了原有的市场概念，传统意义上的商圈被打破，客户扩展到了全国乃至全世界，形成了真正意义上的国际化市场，赢得了前所未有的商机。另外，网上商店的交易成本比传统店堂的销售成本大大降低，因为在线销售省去了有形商场及流通设施的投资，将依靠人工完成的交易活动转化成数字化的信息传送过程，可以节省大量商流费用，这都带来了经营成本的降低，使商家更具竞争力。

目前在互联网上还出现了许多大型超级市场，从食品、饮料到汽车、电脑等，产品一应俱全、应有尽有。如百荣集团组建中国网络实体购物商城，实体与网络同步化，消费者在家即可了解商城最新的打折促销活动，同时可线下取货，实现实体与网络的完美结合。企业对消费者的电子商务发展迅速的主要原因是，互联网为企业和消费者提供了新的交易平台。随着网民人数的迅速增加，互联网使用者已成为企业电子商务活动的重要对象。

企业和消费者在进行在线零售和支付时，无须使用统一的单据，通常只需涉及电子货币、信用卡和其他支付工具，简化了交易流程。互联网提供的搜索浏览功能以及多媒体界面，使得消费者能更容易地找到自己需要的商品，并方便、直观地了解待购商品的信息。电子商务，尤其是 B2C 模式，发展迅速，成为推动其他类型电子商务活动发展的主要动力。从未来发展看，B2C 发展电子商务的障碍较小，交易成本低，因此其发展空间和发展潜力巨大。

（三）消费者对消费者的电子商务

消费者对消费者的电子商务（C2C）指的是个人与个人之间的商务活动。这里所指的个人可以是自然人，也可以是商家的商务代表。国内最典型的 C2C 电子商务平台是阿里巴巴公司旗下的淘宝网（http：//www. taobao. com/）。C2C 的电子商务能够实现对家庭或个人的消费物资再调配，充分利用个人的脑力资源和专门技能，从而最大限度地减少人类对自然资源的浪费。

C2C 模式未来将朝着精细化和区域化的方向发展，这不仅意味着我们将继续看到像淘宝这样的大型 C2C 平台，还将涌现出一批针对当地客户的 C2C 平台，这些平台的特点在于规模较小、交易平台非强制性、信任度较高。C2C 技术方面的发展趋势将体现在 3D 技术的应用上。3D 技术为 C2C 平台提供了更为人性化的服务，例如，用户可以在一些提供 3D 技术的平台上设计出跟自己体型大体一致的 3D 模型。在购买衣物或鞋子时，用户可以利用 3D 模型来代替自己试穿，这不仅节省了调换的成本和麻烦，还使得购物过程更为便捷。随着科技的发展，电子商务将不断优化用户体验，为消费者带来更为便捷的购物方式。

（四）企业对政府的电子商务

企业对政府的电子商务（B2G）是指企业与政府之间通过电子方式进行的交易和服务。这种模式通过信息技术手段，将企业的商业活动与政府公共服务紧密结合，实现信息资源共享，提高政府决策和服务的效率。B2G 的运用，可以避免传统纸质文档的处理，大大提高了工作效率；可以促进信息共享，有助于政府更好地了解企业需求，制定相关政策；可以提升服务质量；另外，可以降低交易成本，减少人力、物力资源的投入，降低交易成本。在我国，B2G 主要应用于在线行政审批、政府采购、税收征管和资源共享等方面。

（五）消费者对政府的电子商务

消费者对政府的电子商务（C2G）指的是政府对个人的电子商务活动。这类电子商务活动目前正逐步形成。随着企业对消费者、企业对政府电子商务的发展，政府也将会对个人提供电子服务方式。例如社会福利金的支付、征收个人所得税等活动均可以通过互联网进行。

第二节　电子商务与国际贸易

一、电子商务与国际贸易发展的背景

随着计算机产业的迅速发展，世界经济逐渐由工业经济向信息经济过渡，电子商务成为信息经济时代的重要特征。电子商务的迅猛发展推动了国际贸易向信息化的方向发展，为国际贸易的可持续发展开辟了新的途径，改变了传统商务模式。电子商务作为互联网技术发展日益成熟的直接结果，将在 21 世纪逐步成为一种主要的商务方式，引领全球步入数字经济新时代。电子商务的兴起推动了全球经济一体化和金融一体化的发展进程，促进了电子信息技术和网络经济在各个行业的应用。电子商务所蕴含的无限商机吸引了无数商家，促使他们纷纷把目光投向电子商务，寻求新的发展机遇。对于各国来说，要想在 21 世纪成为贸易大国或贸易强国，均需要不同程度地借助电子商务的力量，利用电子商务带来的便利和优势。

国际贸易是跨越不同国家（或地区）、不同时区的国际经济交往活动，电子商务适应了国际贸易对不受时空限制、能迅速和连续工作的系统的需要。国际贸易中大量国际通信是一笔巨大的费用，国际贸易的发展迫切需要廉价的通信手段；国际贸易中大量单据的处理，要求单据处理能实现自动化、高质量。建立在互联网基础上的电子商务系统，正有效地适应了上述要求。因此，电子商务必然会在国际贸易中发挥越来越大的关键作用，同时进一步促进了国际贸易的深入发展。

二、电子商务在国际贸易中的应用体现

传统的国际贸易活动环节众多，业务运作过程十分复杂，效率低，周期长，越来越不适应当今国际贸易业务快速发展的需要。电子商务通过互联网将交易涉及的各方连成一体，把其中部分或全部的业务处理过程转移到网上。与传统的国际贸易活动相对应，电子商务在国际贸易中的应用体现在以下几个方面。

（一）物色贸易伙伴

物色贸易伙伴是开展国际贸易的前提。利用电子商务物色贸易伙伴，既可以节省大量的人力、物力的投入，而且还不受时间、地点的限制。国内的进出口企业足不出户就可以找到国外的贸易伙伴；国外的客户也可轻而易举地物色到最理想的中国进出口企业。

（二）咨询、洽谈

咨询、洽谈是每一笔国际贸易业务的必经程序，也是交易能否成功的关键环节。互联网提供了多种方便的异地交流方式，突破了面对面洽谈的限制。

（三）网上订购与支付

电子商务可借助网站中的邮件交互传递网上的订购信息，并可通过银行和信用卡公司的参与实现网上支付。随着网络安全技术的不断发展，网上支付在国际贸易中的优势将会表现得更加明显。

（四）交易管理

电子商务使国际贸易的交易管理做到无纸化、网络化，使从事进出口业务的企业可直接通过互联网办理与银行、保险、税务、运输各方有关的电子票据和电子单证，完成部分或全部的结算以及索赔等工作，大大节省了交易过程的时间和费用。

网络、通信和信息技术孕育着无限商机，网上市场突破了关境与疆域，使得每个商业组织都必须调整其原有的组织结构与经营方式以适应变化。与传统的商务活动相比，电子商务在国际贸易中表现出以下特点：

（1）交易虚拟化：通过计算机互联网进行的贸易，双方从磋商、签订合同到支付，无须面对面进行，整个交易完全虚拟化。

（2）交易成本低：电子商务"无纸贸易"的特点，节省了企业间传递信息的费用，免去了中介等不必要的交易环节。互联网上的广告宣传避免了在传统方式下做广告、发放印刷品所产生的大量费用。

（3）交易效率高：电子商务通过互联网将贸易中的商业报文标准化，使商业报文能瞬间完成传递。即将原料采购、产品生产、需求与销售、银行汇兑、保险、货物托运机申报等工作在最短的时间内完成，极大地缩短了交易的时间。

（4）交易透明化：买卖双方从交易的洽谈、签约到货款的支付、交货通知，整个交易过程都在网上进行。通畅、快捷的信息传输可以保证各种信息之间互相对应，可以防止伪造信息的流通。

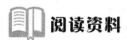 阅读资料

电子数据交换（EDI）

电子数据交换（EDI）是一种在行政和商业事务处理中，遵循国际标准，将数据以结构化的报文格式，在计算机间进行传输的技术。自20世纪60年代诞生以来，EDI逐渐成为企业间进行资料交换的重要工具。它依据特定协议和标准，通过计算机和通信技术的结合，实现了订单、发票等商业文件的电子化传输，从而简化了流程并提高了效率。

EDI的实施，使得传统的纸质文件被电子单证所替代，因此得到了"无纸贸易"或"电子贸易"的美称。从20世纪70年代开始，EDI在银行业、运输业和零售业等特定行业中得到了应用。进入80年代，EDI的应用范围迅速扩大，1986年，多个国家共同开发了统一的EDI国际标准（EDIFACT），这标志着EDI开始向更广泛的应用领域扩展。

随着增值网（VAN）的普及和行业标准向通用标准的转变，EDI的实施和应用得到了进一步的推动。到了90年代，随着互联网的兴起，EDI也随之扩展到了互联网，这一变化大幅降低了成本，使得中小企业也能够享受到EDI带来的便利。如今，EDI已经成为全

球商务活动中不可或缺的一部分，它不断地推动着商业流程的优化和贸易效率的提升。

资料来源：作者编辑整理。

三、电子商务对国际贸易的影响

（1）采用电子商务能明显地节约国际贸易中发生的成本，提高工作效率。进出口贸易是一项烦琐而复杂的工作，需要高度的商业智慧和知识投入。当事人除了需要填写各种单证单据外，还需要奔波于各类政府机关之间，稍有差错就需重来。而通过电子商务，出口商可以直接将报关单传给海关，一个鼠标点击便可代替过去无休止的等待。此外，和有关业务监管机构如商检局、贸促会等的单据传输都可在自己的电子商务平台上完成。实际上，利用企业对企业的电子商务（B2B）交易平台，不仅可以节约人力成本，也节省了时间，很好地体现了电子商务的优越性。

（2）电子商务使国际贸易扩展得更迅速。互联网提供的更快捷和更廉价的通信工具，将进一步刺激国际贸易的发展。特别是软件程序和书籍等一系列产品，能从网上下载，节省了时间和运费。因此，可以将商品和服务数字化的国际贸易增长特别强劲。互联网也将通过减少烦琐事项的高昂费用来刺激外贸。电子商务将改变包括服务旅游、娱乐、教育、医疗及政府采购等的国际贸易。在发达国家，大部分的新增国际贸易业务是通过电子商务开拓完成的。

（3）电子商务使国际贸易支付方式发生了重大变革。随着电子商务在国际贸易中的应用，对于一些有形商品，客户可以通过网络在世界各地搜寻最近的存货地点，并第一时间收到货物；无形商品可以通过计算机直接传输到客户的网络终端上完成交易。信用卡、智能卡、电子货币等电子支付工具的出现使国际贸易在不知不觉中变得更加便利、更加快捷。

（4）电子商务使国际消费趋势发生了重大变革。首先，网上的搜索功能可方便地带消费者"货比三家"，为消费者提供了更多的选择，同时消费者也能够利用网络进行结算和支付。其次，网络贸易给消费者提供了便利，节省了购物时间，使消费者足不出户便可购天下之物。最后，在经济全球化的影响下，各国间的经济联系和相互依赖程度加深，再加上网络的全球化，信息的流动加快，因此一种消费理念和消费时尚会很快在世界各地传播开来，使世界的消费偏好有趋同的倾向。

（5）电子商务使全球的福利及分配发生了重大变革。电子商务增加了国际贸易利益，但是电子商务带来的贸易利益在发达国家和发展中国家间的分配却很不均衡。发达国家经济实力强大，电脑网络设备普及率较高，技术发达，企业人员素质好，因此在电子商务方面具有先入为主的优势，占尽了市场先机；而发展中国家由于在很多方面都存在着不足，网络贸易处于劣势，远远落后于发达国家。

第三节 我国国际电子商务发展态势与存在的问题

一、我国国际贸易应用电子商务的成熟条件

从我国市场实际发展来看，采用国际贸易的 B2B 是目前一条适宜的电子商务发展道路，我国国际贸易行业发展电子商务的条件已经成熟。主要表现为以下几方面。

（一）国际贸易是一个标准化、国际化的贸易体系

首先，进出口贸易的业务流程是遵循一定标准的，并且标准长期存在，这将有利于实施 EDI 技术。同时，国际贸易在法律、流程方面都符合国际标准，这有利于我国企业向世界先进水平迈进。例如在互联网上从事贸易活动，买卖双方无法面对面洽谈，这要求商家具有良好的声誉。国际贸易中一般采用信用证结算，把进出口商之间的商业信誉转化为进出口国的大银行之间的银行信誉，基本上解决了进出口商之间互不信任的问题。从这个角度来说，我国从事国际贸易的 B2B 电子商务要比从事国内的 B2B 电子商务更安全。

（二）支付安全有保证

区别于一般的国内贸易，进出口贸易的支付实际上是在银行之间发生的，并且是凭单据而不是凭物支付。基本过程为：进口商向开证银行申请开具信用证，开证行根据申请书内容向出口商开出信用证，并寄交通知行。通知行经检查无误后，将信用证转交出口商。出口商审核信用证与合同相符后，开始备货、报关和装船等；出口商将发票、装箱单、托运单和报关单等单据汇总交议付行，议付行将单据寄给开证行，开证行核对单据无误后，付款给议付行；进口商向开证行办理付款手续并把单据取回，买方凭单取货。因此，国际贸易的支付不涉及向银行提供信用卡密码或者见货付款等问题，在网络上进行支付只需解决单据的传输和确认问题，这正是电子商务将资金流归结到信息流的具体体现。

（三）物流配送很方便

我国电子商务遇到的另外一个难题是物流配送问题，即目前在我国境内缺乏完善和成熟的物流配送体系。而在国际贸易中不存在这一问题，因为进出口货物的运输长期以来大多数都由国际航运公司来完成，国际航运公司已形成了与国际完全接轨的货物配送体系，网络服务依然可以沿用这套运输系统。B2B 运营商需要提供的服务是帮助进出口商选择经济快捷的航运公司和航线。

二、我国国际电子商务的总体状况

（一）政府主导型国际电子商务的发展状况

作为跻身世界贸易前列的发展中国家，我国对电子商务在国际贸易领域的应用予以高度重视。我国政府多次表示，加速实现国民经济信息化，建设信息基础设施，以信息化促进工业化。电子商务是国际贸易发展的必然趋势，我国要成为 21 世纪贸易大国、强国，就必须顺应潮流，创造条件，建立和发展我们自己的电子商务。

1996 年 2 月，外经贸部决定成立中国国际电子商务中心，负责研究、建设、运营中国国际电子商务工程。中国国际电子商务中心在近五年的时间内完成了"金关工程"骨干网络建设、电子商务示范工程，建成了中国国际电子商务网。1998 年 7 月 8 日，外经贸部主办的网上"中国商品交易市场"开办，是目前互联网上最大的中国商品采购基地。

当前世界电子商务高速发展背景下，我国政府对发展电子商务给予了高度的重视和极大的扶助，电子商务在我国的许多领域已得到逐步推广应用，特别是在我国的国际贸易领域，已取得了许多成果，为我国企业引进外资和技术，开拓国际市场，深度参与全球产业的分工和合作，维护多元稳定的国际经济格局和经贸关系，开展多方合作均奠定了良好的基础。

（二）我国企业国际电子商务发展的总体特点

1. 在外部环境的影响下运用电子商务

随着发达国家越来越多地使用 EDI，有的贸易商则干脆明确宣称，他们将使用 EDI 作为选择贸易伙伴的一个重要标准。在面临美国客户的要求下，我国某抽纱公司不得不加速在自己的外贸业务中采用 EDI，成为我国第一家应用 EDI 的外贸企业。该公司通过 EDI 接受外国客户的订单，并应用 EDI 进行报关和银行结算，这对我国其他外贸企业运用电子商务起到了推动作用。

2. 总体运用电子商务程度不高，但也有成功的例子

我国外贸企业运用电子商务的整体程度不高，但在国际运用电子商务的大环境影响下，一部分企业迅速跟进，也不乏成功的例子。例如一家位于山西的镁业公司，原本面临营销渠道单一和不畅通的问题，销售业绩不佳。然而，该公司把握住了电子商务的发展机遇，通过注册域名、建立网站和开展网络贸易，成功打破了地域和渠道的限制，实现了产品的全球化营销。其销售额和利润因此连续多年稳步上升，从一家亏损的企业转变为盈利能力较强的企业，充分展示了电子商务在外贸领域的巨大潜力。

（三）我国企业国际贸易运用电子商务的具体体现

我国自 1990 年开始从事 EDI 的研究、启用和推广，具体做了以下几项工作。

（1）电子数据交换（EDI）的推广与应用。自 1990 年开始，我国就开始了 EDI 的研究和推广工作，并采用了国际通用的 UN/EDIFACT 标准。通过 EDI，企业能够实现电子化交换商业文档，如发票、订单等，大幅提高了贸易效率和准确性。

（2）标准化工作。1991 年成立的中国 EDIFACT 委员会，不仅推动了 EDI 在本国的发展，还积极参与国际标准化工作，促进了全球贸易的电子化进程。

（3）计算机应用与电子通信网络的建设。我国积极推动计算机应用和电子通信网络的发展，为电子商务的实施提供了技术基础和网络环境。

（4）在线交易平台的兴起。随着互联网技术的普及和发展，我国出现了一系列在线交易平台，如阿里巴巴、京东等，这些平台为企业和消费者提供了便捷的交易渠道。

（5）电子支付系统的普及。我国迅速发展的电子支付系统，如支付宝、微信支付等，为国际贸易提供了安全、便捷的支付方式。

（6）跨境电商的快速发展。我国企业通过跨境电商平台，如亚马逊、eBay 等，直接向海外消费者销售产品，拓展了国际市场。

（7）数字化转型的探索。一些领先的企业开始尝试数字化转型，利用大数据、云计算、人工智能等先进技术，提高企业的运营效率和市场竞争力。

三、我国国际电子商务发展中存在的问题

电子商务是将信息流、资金流和物流在网络环境下进行整合的商务模式，基于这点进行分析，就可找到电子商务发展中的症结所在。整合过程中的不协调、不统一和冲突就是我国国际电子商务发展中存在的主要问题，主要体现在以下几个方面。

（一）我国国际电子商务发展中的诚信问题

一般情况下，影响电子商务发展的最大问题是信用问题，其次才是安全性问题。在网上交易过程中，供需双方不必面对面（甚至就未曾谋面），而是通过互联网进行交易。那么，如何评价企业的资质？如何确定客户的身份和支付能力？交易前、中、后全过程如何进行监督？企业如何按期、按质、按量提供货物或服务？现在全社会都在关注诚信问题，对于国际电子商务来说，诚信保障更是不可缺失，因为国际贸易中，面临的国际市场环境更加复杂、竞争更激烈、风险更大。

（二）我国国际电子商务发展中的安全问题

电子商务运作过程中涉及多方面的安全问题，如信息安全、支付安全、物流安全等。互联网的方便性与开放性使得它很容易受到黑客的入侵或病毒的攻击，所以网络的不安全因素造成了电子商务的先天缺陷。一个安全的电子商务系统首先必须具有一个安全、可靠的网络环境，目前主要采用防火墙技术来解决这个难题。

在电子交易的诸多环节中，即使获得交易各方的信用保证，仍不可忽视来自他方的网络欺诈、商业窃听、篡改商业文件等破坏交易的恶劣行为。针对交易安全提出的解决方案很多，包括密码技术、认证技术、留痕技术等，国际上也已制定了各种关于电子交易的安全技术标准（如 SSL 和 SET），一些权威机构也先后建立了认证中心以加强数字认证工作。但是电子商务的安全问题依然十分严峻，尤其对于我国来说，电子商务应用中的网络高端产品几乎都是舶来品，本身就有着安全隐患，加上受技术、人为等因素的影响，不安全因素更显突出。可见，电子商务的成功运作仍需我们不断地努力，如何保障电子商务活动的安全，现在是将来也是电子商务的核心研究领域。

（三）我国国际电子商务发展中的技术问题

电子商务发展中遇到的技术问题十分广泛，以下从网络基础建设、网络安全技术、交易管理技术三个方面来做简单讨论。

1. 网络基础设施薄弱

电子商务是基于信息网络通信的商务活动，成功的网上交易要求网络有非常快的响应速度和较高的带宽，这首先得依赖于高速的网络设备的支持。目前，网络的高端设备甚至多数的低端设备几乎都由发达国家研究和开发，这些国家的网络基础设施相对比较完善，电子商务也得到广泛发展应用。发展中国家由于经济实力和技术方面的原因，网络的基础设施建设还比较缓慢和滞后。例如，我国早在 20 世纪 90 年代就开始相继实施"三金工程"，但是至今仍未完全实现个人、企业、银行与政府职能部门之间的互联互通。网络技术应用水平与电子商务的要求相距甚远，基础设施投入不足阻碍了电子商务的发展。因此，如何加大技术开发的力度，改变基础设施方面的落后面貌，是促进电子商务应用普及的重要问题。

2. 网络安全技术滞后

无疑，网络安全技术本身的发展存在一个时滞问题，即安全技术的发展永远滞后于网络的应用水平。摒弃人为的因素，大量的网络安全灾难是技术上的不成熟和安全漏洞造成的。时代要求电子商务提供商们提供更加安全的产品和服务，建立一个让人放心的电子商务安全体系。在这方面，我国更应加强自主研发力度，打造电子商务安全产品的国产品牌，以免受制于人。

3. 交易管理技术不完善

除了人们抱怨最多的安全问题和网络带宽的瓶颈问题，网上支付技术、物流配送与管理技术也是令人头痛的薄弱环节。电子商务的运作实际上是信息流、资金流和物流通过互联网重新整合和自动化处理的过程。但是，目前金融电子化缺乏总体规划和标准的约束，网上支付系统应用规模小，整体效能差，限制了电子商务的发展。

（四）我国国际电子商务发展中的认识问题

电子商务与传统商务有很大的不同，它要求企业的经营方式和客户的消费方式有很大的转变。曾经有人提出了"电子商务的核心是人"这一重要思想，但至今仍没有引起足够重视。当电子商务基本环境成熟之后，如果经营业绩不佳，仍然将原因归结于用户的消费习惯等问题显然是不合适的，这并非消费者单方面的问题，更多的还在于企业经营者自身的认识问题。许多成功的纯电子商务企业给人们带来了很多启示，电子商务对旧企业的再造优势需要企业管理者们认真研究。

（五）我国国际电子商务发展中的政策与法规问题

电子商务应用不仅牵涉到企业、消费者、银行之间的关系，还与政府职能部门密切相关，如工商、税务、海关等。电子商务正渗透到社会的方方面面，这种势头不应受到政府的干预和限制，相反应得到足够的扶持和服务。现在，各国政府都十分重视发展电子商务，纷纷制定出台相应的电子商务发展战略和政策法规。我国也在逐步加强对电子商务这一重点领域的立法工作，统筹推进国内法治和涉外法治，以良法促进发展、保障善治。

四、电子商务在我国国际贸易中的未来发展趋势

随着我国互联网使用人数的增加，网络购物以及通过银行卡付款的消费方式正逐渐成为主流。市场份额也在快速扩大，电子商务逐渐成为各界关注的焦点。各类电子商务网站如雨后春笋般涌现。

当前，中国电子商务市场既充满机遇，又面临挑战。政府和企业的紧密合作成为抓住机遇、应对挑战的基础。只有这样，中国电子商务市场才能逐步缩小与发达国家电子商务水平的差距。在电子商务市场的快速发展中，政府和企业需要共同应对挑战，把握机遇。通过不断努力和创新，推动我国电子商务市场向更加成熟、规范的方向发展。

随着消费者对网络购物的接受度不断提高，网络购物市场规模持续扩大。一些搜索网站洞察到 B2C 市场的潜力，开始将其业务拓展至 B2C 领域。越来越多的传统经销商开始涉足 B2C 电子商务，以拓展在线零售业务。苏宁、国美、迪信通等全国性连锁企业以及广州百货等地方企业纷纷开设自己的 B2C 网站，加入电子商务竞争。为满足多样化需求，越来越多的 B2C 厂商开始准备进入垂直细分市场。消费者对新型购物渠道的需求催生了 B2C 市场的崛起，B2C 市场逐渐成为电子商务的主导力量。在超越 C2C 市场后，B2C 市场迎来了新一轮的快速增长，预示着电子商务市场的广阔前景。

电子商务在金融行业中的应用已经悄然来临，正逐步成为 21 世纪的主流商业和贸易形式。在参与电子商务的过程中，需要冷静思考其保密性、安全性，以确保消费者和企业的利益不受损害。为保证电子商务的有效、合法进行，还需要制定一些法律和国际条约来规范和约束相关行为。此外，在电子商务中，了解公平解决争端的部门和方式以及所依据的法律至关重要，这有助于防范潜在风险，确保业务的稳定和持续发展。

本章要点

（1）电子商务通常是指在广泛的商业贸易活动中，在开放的网络环境下，买卖双方不谋面地进行各种商贸活动，实现消费者的网上购物、企业之间的网上交易和在线电子支付以及各种商务活动、交易活动、金融活动和相关的综合服务活动的一种新型的商业运营模式。

（2）电子商务具有降低交易成本、增加贸易机会、简化贸易流程、提高贸易效率、改善物流系统、提高生产力的作用。电子商务是一种替代传统商务活动的新形式。

（3）电子商务的主要功能有：网上在线广告宣传、网上在线贸易洽谈和网上交易、网上在线订购与网上支付、电子账户管理、网上商品物流及查询、收集客户反馈意见和管理交易服务等。

（4）根据不同商务活动群体的业务性质或者根据交易对象，电子商务可分为：企业对企业的电子商务（B2B）、企业对消费者的电子商务（B2C）、消费者对消费者的电子商务（C2C）、企业对政府的电子商务（B2G）、消费者对政府的电子商务（C2G）。

（5）电子商务的迅猛发展推动了国际贸易向信息化的方向发展，同时也为国际贸易的可持续发展开辟了一条新的途径。采用电子商务能明显地节约国际贸易中发生的成本，提高工作效率。

（6）我国国际电子商务发展中存在的技术问题主要有：网络基础设施薄弱、网络安全技术滞后、交易管理技术不完善等。

练习题

一、单项选择题

（1）目前，在互联网上遍布各种类型的商务中心，面向广大消费者提供从鲜花、书籍到计算机、汽车等各种消费商品和服务，这属于（　　）的电子商务。

A. B2B　　　　　　　B. B2C　　　　　　　C. B2G　　　　　　　D. C2C

（2）企业间网络交易是电子商务中（　　）的基本形式。

A. G2B　　　　　　　B. G2C　　　　　　　C. B2C　　　　　　　D. B2D

（3）相对于传统书店，网上书店容易做到（　　）。

A. 存书量最小、成本最高　　　　　　　B. 存书量最大、成本最小

C. 存书量最大、成本最高　　　　　　　D. 存书量最小、成本最小

（4）互联网络是一种功能最强大的营销工具，它所具备的（　　）营销能力，正符合定制营销与直复营销的未来趋势。

A. 一对多　　　　　B. 一对一　　　　　C. 多对一　　　　　D. 多对多

（5）以下（　　）属于网络商品直销的优点。

A. 能够有效地增加交易环节

B. 大幅度地增加交易成本

C. 增加消费者得到的商品的最终价格

D. 有效地减少售后服务的技术支持费用

二、多项选择题

（1）电子商务按照交易对象分为（　　）。

A. B2B 电子商务

B. G2C 电子商务

C. B2C 电子商务

D. B2G 电子商务

（2）B2B 电子商务的形式有（　　）。

A. 企业间网络交易

B. 网络商品中介交易

C. 企业面向消费者的网络交易

D. 企业与政府的一切交易

（3）电子商务按照使用网络类型分为（　　）。

A. EDI 电子商务

B. Internet 电子商务

C. 外联网电子商务

D. Intranet 电子商务

（4）下列关于电子商务的表述，正确的有（　　）。

A. 电子商务是一种采用最先进信息技术的买卖方式

B. 电子商务是人们利用现代信息技术所进行的商务活动

C. 电子商务实质上形成了一个虚拟的市场交易场所

D. 电子商务也就是商务电子化

（5）真正的电子商务包括（　　）。

A. 企业前台的电子商务

B. 企业后台作业的信息化

C. 企业后台作业的信息化

D. 企业整体经营流程的优化和重组

（6）网络直销的优点有（　　）。

A. 能够有效地减少交易环节，降低交易成本

B. 降低消费者所得到商品的最终价格

C. 能有效地减少售后服务的技术支持费用

D. 购买者从网络广告上判断商品的情况，对实物没有直接的感知

三、判断题

（1）Bob 在亚马逊网站上购买了一本书，这是一个典型的 B2B 交易。（　　）

（2）一家贺卡公司设立了一个网站，人们在这个网站上可以选择各种精美的电子贺卡发送给他们的亲人朋友，这是一个典型的 B2B 交易。（　　）

（3）电子商务是以电子通信为手段的经济活动，通过这种方式，人们可以对带有经济价值的产品和服务进行宣传、购买和结算。但这种交易的方式受到地理位置、资金多少和零售渠道的所有权影响，因此，竞争非常激烈。（　　）

（4）企业合作伙伴之间进行的商务活动叫作企业内部电子商务。（　　）

（5）网络营销不会有太好的前景，其主要原因是上网的群体大多数是男性，他们都没

有网上购物的爱好。　　　　　　　　　　　　　　　　　　　（　　）

（6）降低交易成本是电子商务带给企业的益处之一。　　　　（　　）

（7）所有上网的企业都在网上进行销售活动。　　　　　　　（　　）

四、案例题

A 公司作为茶叶行业的知名品牌，其在业界的地位不容忽视。A 公司网站并未将茶叶作为主题，而是以美食为切入点，吸引了众多美食爱好者和家庭主妇。通过《各国食谱大全》和《每日烹调一课》等先导栏目，使消费者在享受美食的同时，自然而然地接触到 A 公司的茶叶产品。A 公司网站以普通民众为定位，以饮食为切入点，成功吸引了大量网络用户。网站以超市食品货架为背景，搭配饮食主题，呈现出富有生活气息的视觉形象，具有较强的感召力。网站先介绍意大利老太太和寻求浪漫生活的年轻女士，最后引入茶叶产品，使得茶叶产品更具吸引力。A 公司站点通过富有诗意的菜肴介绍和亲情的烘托，使网站整体意境在亲情关爱中得以升华，与其他冷冰冰的生意站点形成鲜明对比。

根据上述案例分析，请回答下列问题：

（1）网站定位应考虑哪些因素？

（2）A 公司网站建设的成功之处有哪些？

（3）假设你是一家咖啡生产企业的网站规划人员，为你的公司制定一份网站建设规划书。

◇ **课堂讨论题**

B2B 电子商务将为企业带来的好处有哪些？

附录　国际贸易实务中的主要单据

一、商业发票

×××× CO., LTD COMMERCIAL INVOICE

ADD: NO. 888 WENER RD

HANGZHOU, ZHEJIANG　　　　　　　　　INVOICE NO. :

CHINA

TEL: 0086 88886666　　　　　　　　　L/C NO. :

FAX: 0086 88886665

ZIP: 310012　　　　　　　　　　　　S/C NO. :

TO:

FROM: ＿＿＿＿＿＿＿ TO ＿＿＿＿＿＿＿　　DATE:

MARKS AND NOS.	DESCRIPTIONS OF GOODS	QUANTITY	UNIT PRICE	TOTAL PRICE

TOTAL

×××× CO., LTD

二、装箱单

×××× CO. , LTD PACKING LIST				
MARKS AND NOS:			INVOICE NO. :	
			L/C NO. :	
TO: _____			S/C NO. :	
FROM: _____ TO _____			DATE:	
DESCRIPTIONS OF GOODS	MEAS	QUANTITY	GROSS WT	NET WT
TOTAL				

×××× CO. , LTD

三、运输单据（海运提单）

Shipper	BILL OF LADING　　B/L NO.
	COSCO
Consignee	
	中国远洋运输公司
Notify Party	CHINA OCEAN SHIPPING COMPANY

Pre-carriage by	Place of Receipt	
Ocean Vessel Voy. No.	Port of Loading	

Port of discharge	Final destination	Freight payable at	Number of original B/L

TOTAL PACKAGES（IN WORDS）

Freight and charges

Place and date of issue

Signed for the Carrier

Applicable only when document used as a through B/L

四、一般原产地证明书

1. Exporter	Certificate No.
2. Consignee	CERTIFICATE OF ORIGIN OF THE PEOPLE'S REPUBLIC OF CHINA
3. Means of transport and route	
4. Country/region of destination	5. For certifying authority use only

6. Marks and numbers	7. Number and kind of Packages; description of goods	8. H. S. Code	9. Quantity	10. Number and date of invoices

11. Declaration by the exporter The undersigned declares that the above details and statements are correct, that all the goods were produced in China and that they comply with the Rules of Origin of the People's Republic of China. Place and date, signature and stamp of authorized signatory.	12. Ceritification It is hereby certified that the declaration by the exporter is correct. Place and date, signature and stamp of certifying authority.

五、保险单

PICC 中国人民财产保险股份有限公司
PICC Property and Casualty Company Limited
总公司设于北京　1949 年创立
Head Office：BEIJING　Established in 1949

货物运输保险单
CARGO TRANSPORTATION INSURANCE POLICY

发票号码：	保险单号次：
INVOICE NO. ：	POLICY NO. ：

被保险人：
（INSURED）

中国人民财产保险股份有限公司（以下简称本公司）要求，以被保险人向本公司缴付约定的保险费为对价，按照本保险单列明条款承保下述货物运输保险，特订立本保险单。

THIS POLICY OF INSURANCE WITNESSES THAT PICC PROPERTY AND CASUALTY COMPANY LIMITED（HEREINAFTER CALLED "THE COMPANY"）AT THE REQUEST OF THE INSURED AND IN CONSIDERATION OF THE AGREED PREMIUM PAID TO THE COMPANY BY THE INSURED，UNDERTAKES TO INSURE THE UNDERMENTIONED GOODS IN TRANSPORTATION SUBJECT TO THE CONDITIONS OF THIS POLICY AS PER THE CLAUSES PRINTED BELOW.

标记 Marks & Nos.	包装与数量 Quantity	保险货物项目 Description of Goods	保险金额 Amount Insured

总保险金额：
TOTAL AMOUNT INSURED：

保费：　　　　启运日期：　　　　　装运工具：
PREMIUM：＿＿＿＿　DATE OF COMMENCEMENT：＿＿＿＿　PER CONVEYANCE：＿＿＿＿

自：　　　　　至：
FROM：＿＿＿＿＿＿　TO：＿＿＿＿＿＿

承保险别：
CONDITIONS：＿＿＿＿＿＿＿＿

所保货物如发生保险单项下可能引起索赔的损失，应立即通知本公司或下述代理人查勘。如有索赔，应向本公司提交正本保险单（本保险单共有＿＿份正本）及有关证件。如有一份正本已用于索赔，其余正本自动失效。

IN THE EVENT OF LOSS OR DAMAGE WHICH MAY RESULT IN A CLAIM UNDER THIS POLICY，IMMEDIATE NOTICE MUST BE GIVEN TO THE COMPANY OR AGENT AS MENTIONED HEREUNDER. CLAIMS，IF ANY，ONE OF THE ORIGINAL POLICY WHICH HAS BEEN ISSUED IN ＿＿＿ ORIGINALS TOGETHER WITH THE RELEVANT DOCUMENTS SHALL BE SURRENDERED TO THE COMPANY. IF ONE OF THE ORIGINAL POLICY HAS BEEN ACCOMPLISHED，THE OTHERS TO BE VOID.

中国人民财产保险股份有限公司杭州市分公司
PICC Property and Casualty Company Limited Hangzhou Branch

赔款偿付地点（CLAIM PAYABLE AT）：

日期（DATE）：＿＿＿＿＿＿　　　　Authorized Signature

地址：　　　　　　　电话（TEL）：
ADD：　　　　　　　传真（FAX）：
邮编（POST CODE）：　　　电子邮箱（E-MAIL）：

六、品质检验证书

中华人民共和国出入境检验检疫 　　　　　　　　正本

ENTRY-EXIT INSPECTION AND QUARANTINE 　　　　ORIGINAL

OF THE PEOPLE'S REPUBLIC OF CHINA 　　　共　页第　页 Page　of

　　　　　　　　　　　　　　　　　　　　编号 No. ：

品质检验证书 INSPECTION CERTIFICATE OF QUALITY

发货人

Consignor

收货人

Consignee

品名	标记及号码
Commodity _____	Mark & No. _____

报检数量/重量

Quantity/Weight Declared _____

包装种类及数量

Number and Type of Packages _____

运输工具

Means of Conveyance _____

检验结果

Results of Inspection _____

印章　　　　　签证地点 Place of Issue _____ 签证日期 Date of Issue _____

Official Stamp　　　　授权签字人 Authorized Officer _____ 签名 Signature _____

我们已尽所知和最大能力实施上述检验，不能因我们签发本证书而免除卖方或其他方面根据合同和法律所承担的产品质量责任和其他责任。

All inspections are carried out conscientiously to the best of our knowledge and ability. This certificate does not in any respect absolute the seller and other related parties from his contractual and legal obligations especially when product is concerned.

参 考 文 献

[1] 戴宾，陈有真. 外贸单证实务 [M]. 成都：西南交通大学出版社，2004.

[2] 杜扬. 国际贸易理论与实务 [M]. 北京：机械工业出版社，2015.

[3] 费景明，罗理广. 进出口贸易实务 [M]. 北京：高等教育出版社，2018.

[4] 冯世崇. 国际贸易实务 [M]. 广州：华南理工大学出版社，2009.

[5] 葛正鹏，琚向红，等. 国际贸易概论 [M]. 北京：中国水利水电出版社，2021.

[6] 龚玉和，齐朝阳，杨裕鼎. 国际实务单证教程 [M]. 北京：科学技术文献出版社，2006.

[7] 郭晓晶. 国际结算 [M]. 北京：科学出版社，2011.

[8] 侯淑波. 国际货物贸易法 [M]. 北京：法律出版社，2003.

[9] 侯铁珊等. 国际贸易实务案例与习题 [M]. 大连：大连理工大学出版社，2002.

[10] 胡胜华等. 新编国际贸易理论与实务 [M]. 北京：北京理工大学出版社，2009.

[11] 冷柏军. 国际贸易理论与实务 [M]. 北京：中国财政经济出版社，2019.

[12] 黎孝先，王健. 国际贸易实务 [M]. 7 版. 北京：对外经济贸易大学出版社，2018.

[13] 李良雄. 论票据无因性理论与实践 [J]. 网络财富，2010 (22)：189–190.

[14] 刘诚. 国际贸易 [M]. 北京：中国金融出版社，2005.

[15] 尚玉芳等. 新编国际贸易实务习题与解答 [M]. 大连：东北财经大学出版社，2005.

[16] 邵作仁. 国际贸易实务 [M]. 大连：东北财经大学出版社，2015.

[17] 石玉川. 国际贸易方式 [M]. 北京：对外经济贸易大学出版社，2021.

[18] 孙国忠. 国际贸易实务 [M]. 北京：机械工业出版社，2016.

[19] 唐义红. 论票据的流通性 [J]. 泸州职业技术学院学报，2008 (2)：26–30.

[20] 田运银. 国际贸易实务精讲 [M]. 北京：中国海关出版社，2012.

[21] 王晓明. 国际贸易实务 [M]. 北京：中国人民大学出版社，2012.

[22] 吴百福，徐小薇. 进出口贸易实务教程 [M]. 上海：上海人民出版社，2015.

[23] 吴百福，周秉成，李正方，徐小薇，聂清. 进出口贸易实务教程 [M]. 7 版. 上海：上海人民出版社，2015.

[24] 吴国新，李元旭，何一红．国际贸易单证实务 [M]．5 版．北京：清华大学出版社，2021.

[25] 肖文．国际贸易基础知识 [M]．北京：高等教育出版社，2012.

[26] 徐宣全．国际贸易实务 [M]．杭州：浙江大学出版社，2022.

[27] 姚大伟．国际贸易实务 [M]．上海：复旦大学出版社，2015.

[28] 张晶华．论票据无因性与要式性、文义性的关系 [J]．法制与社会，2008 (34)：383.

[29] 张魁峰等．贸易实务 [M]．北京：经济科学出版社，2004.

[30] 张卿．国际贸易实务 [M]．北京：对外经济贸易大学出版社，2015.

[31] 张亚芬．国际贸易实务与案例教程 [M]．北京：高等教育出版社，2013.

[32] 中国国际贸易学会商务专业培训考试办公室．外贸业务理论与实务 [M]．北京：中国商务出版社，2012.

[33] 钟昌标，叶劲松．国际贸易实务 [M]．北京：人民邮电出版社，2016.

[34] 祝卫，程洁，谈英．出口贸易模拟操作教程 [M]．3 版．上海：上海人民出版社，2019.